芸文庫

反オブジェクト

建築を溶かし、砕く

隈 研吾

筑摩書房

反オブジェクト【目次】

はじめに 7
第一章 接続する事 日向邸 11
第二章 流出する事 水／ガラス 79
第三章 消去する事 亀老山 107
第四章 極少とする事 森舞台 133
第五章 線へほどく事 ベネチア・ビエンナーレ 157
第六章 転倒する事 劇場の反転 183

第七章　電子に置換する事　慰霊空間　211
第八章　粒子へ砕く事　231
自著解説　281

反オブジェクト　建築を溶かし、砕く

はじめに

一言で要約すれば、自己中心的で威圧的な建築を批判したかったのである。それは特定の建築様式に対する批判ではない。ある種の建築が発する、独特の存在感、雰囲気。それを批判したかった。それをオブジェクトという言葉で表現してみたのである。オブジェクトであるか否かは、本来建築様式とは無関係であり、建築の根底にある体質、気質と呼ぶべきものかもしれない。もう少し、客観的な言い方をすれば、オブジェクトとは、周囲の環境から切断された、物質の存在形式である。すべての建築は環境の中に人間がうちたてた特異点であり、当然、オブジェクトに違いないではないかといわれれば、あえてそれを否定しようとは思わない。切断は建築の宿命である。しかしその切断を自ら望むのか、あるいは、切断を可能な限り回避しようとするのか。その違いは、建築にとって決定的であり、その建築を体験するものに対して、決定的な差異として出現するように、僕には思える。

切断を志向するものを批判しているうちに、批判の対象は結局あらゆる建築様式におよぶ事が明らかになってきた。西欧の伝統的建築の基本的原理は、建築をオブジェクト化する事であった。しかし、透明性と開放性を基本テーマとして出発したはずの二十世紀のモダニズム建築さえも、実はオブジェクトという病に深くおかされているのである。むしろ、モダニズムはオブジェクトという戦略によって、世界を制覇したといってもいい。ポストモダニズムも、その後の建築群も、オブジェクトという病から、決して逃れてはいない。建築という存在形式、建築という宿命自体に対する批判へと、思考は進んでいった。建築を批判しなくてはならないのである。そして、それは建築家である自分自身を批判し、否定していく事に他ならない。

しかし、にもかかわらず、オブジェクトとは別の形式がありえるという思いもまた、同様に強まっていった。歴史の中にも、そのような反オブジェクトを見出す事は可能である。しかし、それらはほとんど、すぐに忘れられ、建築という形式のメインストリームとなる事はなかった。それを建築と呼ぶか、ランドスケープと呼ぶか庭と呼ぶかという名称の問題は、あまり意味がない。また、そのような形式が二十一世紀に支配的な形式であってほしいという思いはあっても、今はその確証はない。

ただ明らかな事は、建築家が他人事のように建築という形式を批判したところで、誰もそんな話を聞きたいとは思わないという事である。建築家がオブジェクトを批判するならば、オブジェクトにかわる別の形式についての具体的な提案を行い、それを人々に晒さなければならないのである。そのように考えて、自分自身の作品を用い、晒しながら、論を展開する事にした。ここに取り上げたものは一つの作品（ブルーノ・タウトの設計した日向邸）をのぞいて、すべてここ数年の間に、われわれの事務所で、実際に設計を行ったものである。批判すると同時に、自分を晒し、自分の限界を晒そうと思ったのである。それらの作品は、依然として充分にオブジェクトであるという批判があったとしても、当然であろう。むしろ、さまざまなる批判を喚起し、それによってオブジェクトに対する注意を喚起し、オブジェクトという形式を包囲する事ができればおもしろいだろうと考えた。建築を作り続ける自分にとって、オブジェクト批判はそのような具体的な形をとらざるをえないし、とるべきであると考えたのである。

第一章　接続する事　日向邸

不思議な出会いだった。太平洋を真下に見下ろす熱海の崖の上で、「あの人」に出会うなどとは予想もしなかった。

ひとつの設計の依頼が、そもそものきっかけであった。熱海の東山に、小さなゲストハウスを建てたいという依頼である。一枚の敷地案内図を手渡された時にも、「あの人」に出会うことなど、想像していなかった。暑い日であった。熱海駅を降り、伊豆山の方向に少し戻るように海の方角へ向かい、道幅の狭い坂道を登ること約十分。東山と呼ばれる小山の上に、めざす計画予定地はあった。四〇〇坪ほどの敷地である。敷地の中を歩き廻り、あちこちに立って前方の海の見え方、裏側の山の見え方をチェックする。一段落してから、工事の期間中、迷惑を掛ける事になるかもしれない隣のお宅に、挨拶に伺った。この一帯は熱海の中でも、最も早く開発の手がはいったエリアであり、隣のお宅も、典型的な昭和初期の住宅という風情が漂っていた。松を中心とする手入れの行き届いた植栽に、こぢんまりとした木造二階建てのスケールがしっくりとなじんでいた。

この家の中に、「あの人」ブルーノ・タウト（Bruno Taut、一八八〇〜一九三八、ドイツの建築家。建築における表現主義の代表者とみなされている。代表作にドイツ工作連盟展での「ガラスの家」がある。その後ワイマール共和国のもとで、ジートルンクと呼ばれる公営住宅を数多く設計し、後に日本、トルコに渡り、トルコで没する）がいたのである。

小さくて地味な住宅であった。世界的な大建築家が関わった作品とはとても思えない。しかし、その住宅こそ、ブルーノ・タウトの設計による「日向邸」（図14、六五頁参照）そのものであった。彼は一九三三年から三六年の三年間、日本に滞在している。その間、設計に携わったのはわずか二件。その中でも「日向邸」は彼の自信作であった。もう一件の住宅、大倉邸は、すでに設計案が固まった後に、タウトは監修者として参加している。彼は出来映えにも不満であった。

一方妙な言い方ではあるが、「日向邸」の方も、設計を依頼された時に、すでにこの家は存在していた。白いリシン吹きの外壁に青い瓦の切妻屋根をのせた、ごくあたり前の姿の木造住宅が、タウトが関わる以前からそこには存在していたのである。その住宅の前面に、海側の急斜面にむかって張り出すような形で、芝生をはった庭が作られていた。一種の空中庭園である。その庭を支えるためのコンクリートの柱と梁とを利用して、その庭の下に地下室を増築しようと、施主の日向氏は思いついた。その地下室の設計が、当時、日本に滞在中のタウトに依頼されたわけである。

小さな地下室を増築するからインテリアを設計してくれという、思いつきのような依頼である。設計の専門家に頼むたぐいの仕事ではない。出入りの大工で充分に間に合うはずである。地下室とはいっても、斜面につき出た庭の下だから、一応窓はとれるし外光もはいる。しかし、それでも外観や建築形態のデザインをする余地は皆無である。コンクリートの構造体はすでにあるのだし、部屋の外形すら決まっている。近代建築の巨匠として、すでに世界に名を知られているタウトが引き受けるような仕事とはとても思えない。

しかし、それでもタウトは引き受けた。喜んで引き受け、しかも出来上がりにも大いに満足し、自信を持っていた。ベルリン時代からの友人に対して、わざわざ手紙（ベルリン市建築監督官で、当時イスタンブールに滞在していたマルティン・ワーグナー宛の一九三六年六月の書簡）を書いて、その出来上がりを誇っているほどである。作品の規模、依頼の条件とは、あまりにも不釣り合いなこの自信。それは、どこからきたのだろうか。

その問いに答えるためには、オブジェクトとしての建築というテーマについて考えなければならない。通常建築とは、ひとつのオブジェクトであると考えられている。オブジェクトとは周囲の環境から自立した、ひとつの独立した物体のことである。建築はオブジェクトとして人々から認識されているし、建築家もまた、そのように考えている。美しい建築とは美しいオブジェクトのことであり、すぐれた建築家とは美しいオブジェクトを設計ト、アーティストであるという概念を拡張して、アーティストとは環境と建築とを調停する能力を有する建築家であると、一般的には考えられている。

しかし当時のタウトは、そのような考え方に対して疑問を抱いていた。建築とはオブジェクトではなく関係性であるという考え方を、彼は持っていた。彼はオブジェクトを嫌悪していた。それゆえに、日向邸の地下室の設計のような種類の仕事にも興味を示したのである。日向邸の地下室は既存の環境に対して埋没するように接続されており、独立も切断もされてはいない。自立したオブジェクトとして認識することは到底不可能であり、反オブジェクトそのものであり、環境への寄生物といってもよかった。しかし、それだからこそ日向邸は、環境と建築との関係性を実験する場としては、得難い場所であった。そこで彼はいくつかの実験を試み、自分で納得のいく結果を得る事もできたのである。

もちろん彼も、キャリアのはじめからそのような認識にもとづいて建築を作っていたわけではない。そこに到るまでに、随分と寄り道をしている。その思考の変遷において、最終の決定的なきっかけを作ったのが日本体験であり、とりわけ、しばしば問題とされる桂離宮体験であった事は間違いがない。ただし、その有名な「事件」について論じる前に、まずは彼がオブジェクトを嫌悪するに到った、その原点にまで立ち返って考えてみなければならない。彼の中には、そもそもひとつの分裂が巣食っていた。その分裂が彼をしてオブジェクトから引き離し、オブジェクトへの嫌悪を育んでいったのである。

タウトは分裂からスタートした建築家であった。しかも自らのうちに、調停しようのないほどの深い分裂の淵が潜んでいる事を、明確に意識し続けていた。そして、彼の分裂は、時代の分裂の投影でもあったのである。では何と何に分裂していたのか。
一九三八年六月、トルコで彼の回顧展が開かれた。その年の十二月に彼はその地で急死するので、死の半年前ということになる。その時タウトは、次のように少年時代を振り返るのである。

「わたしの生涯に影響を与えた二つの傾向。フィッシャー教授（シュトゥットガルト工科大学教授のテオドール・フィッシャー。一九〇四年から八年まで、タウトは彼の事務所に勤務している）からもらった小さなゴシック教会の修復と、製鋼工場のタービン館の工事。そこにあらわれている古い建築的伝統への適合と、現代産業の課題の建築的解決という二つの傾向は、わたしのまだごく早い少年時代にもすでにありました。というのは、わたしが学んだケーニヒスベルクの文科ギュムナジウムの校庭は、古いゴシックの聖堂とイマヌエル・カントが百年前に教えていた古い大学の校舎と、この偉大な哲学者の墓のある礼拝堂とによって、囲まれていました。そしてわたしたち少年は、カントの忌日にはいつも、物珍しい金色の次のような墓碑銘を読んだものです。『わたしの上なる星空と、わたしの内なる道徳律』〔…〕皆さんは、わたしの初期の作品から今日までの展示で、相異なる二つの傾向がわたしの若いころは、一方ではロマン主義にまでなり、他方では鋼鉄や鉄筋コンクリートや多くのガラスを用い、また強烈な色彩をまじえた建築上の、その当時はセンセーショナルな二、三の解決にまでなりました。」（ブルーノ・タウト『続建築とは何か』「一つの挨拶」）

タウトは単に同郷の出身という以上の親近感をカントに対して抱き、カントの哲学を建築を通じて実践する事を、生涯の目的とまで考えていた。自分の内に巣食う分裂。それと同質の分裂をカントの中に見出したがゆえに、彼はカントへとのめり込んでいくのである。カントの哲学の根底にあるのは、分裂という意識である。カントはあらゆるところに執拗に分裂を見出し、そこに安易に予定調和を導入することを潔しとしなかった。その点において、彼は前の世代のデカルトとも区別され、後に続くヘーゲルとも峻別されるのである。カントは物自体と主観とが分裂しているとし、世界は現象と叡知界とに分裂しているとした。

タウトは主観的なロマン主義、幻想主義と、客観的な即物主義、技術主義との間で、自分は分裂し引き裂かれていると捉えていた。カントならば、この分裂の根底にあるのは主体（サブジェクト）と客体（オブジェクト）との間の、決定的な分裂であるというに違いない。それは、カントやタウトという特定の個人の上に課せられた分裂ではなく、近代という時代の全体に課せられた大きな分裂であった。

しかし、実際のところ、分裂は近代に始まったわけではない。一般には、古典主義的な世界観の支配の下において、主体と客体（オブジェクト）との分裂は存在しないと考えられている。古典主義的世界とは厳密な秩序を有する客体の集合体であり、それは主体とは無関係に存在する客観的な世界であると。しかし、古典主義建築の復興を成し遂げたルネサンスにおいて、すでにこの分裂が建築家達を悩ませていたのである。ルネサンスは透視図法の時代であるといわれる。事実、この時代の建築家は全員透視図法に魅せられていた。しかし考えてみれば、透視図法という技法はすでにその内側に、決定的な矛盾を内包していたのである。透視図法は数学的な作図法であり、厳密な幾何学的構成を誘導する方法であり、古典主義世界にふさわしい表現法であると、一般には考えられている。幾何学によって建築を統制しようとする古典主義的な思考方法と透視図法とは、一体のもののように考えられているのである。しかし、透視図法とは、空間の中に、極めて主観的、個人的なひとつの特異な視点を代入することであった。その視点が空間の中に投入された途端、意識と客体との分裂が露呈されてしまうのである。古典主義的世界の客観性はまたたくまに崩壊してしまうのである。たとえばその分裂は、透視図法によって描かれた空間と、実際に主体が体験する空間との間のギャップという形で露呈される。画面の中心においてそのギャップは無視できるほどに小さい。しかし画面の周縁において、そのギャップは図像の大きな歪みという形を取る。さらに主体が空間の中を移動し、視線を移動させせはじめたならば、透視図法によるスタティックな空間認識はほとんど用をなさない。三次元を認識するとはそれほどに困難な作業であった。この主体と客体との切断を本気で解消しようとするならば、アルベルティ（Leon Battista Alberti、一四〇四～七二）が敢えて試みたような、ぺらぺらの書き割り建築を作るほかなかったのである。その奥行きのないフラットな二次元の建築の正面（ファサード）に正対している時だけ、主体は分裂を忘却し、建築は客観性を仮装することが可能となったのである。

主体と客体との分裂は、過去の全ての建築家を悩ませた課題であったと言ってもいい。この分裂を動力として、建築様式が振幅運動を開始するのである。ある時は、客体、客観性の側に振れ、またある時は主体、主観性の側に振れるという振幅であった。ルネサンスは客体の側に建築が振れた時代である。そこでは、幾何学が重視され、建築は厳密で透明な構築体であると考えられた。数学的比例に従って、建築物は設計されたのである。しかし、その構築体の内部に、空間を認識する主体を代入した途端に、その厳密な構成は破綻する。すなわちはるかかなたの上方から建築を見下ろす神の視点を前提とした時にのみ、厳密な構成、比例、客観性が存在するように錯覚されるのである。地上に視点を降ろした途端に、すべての幾何学は無効となる。その地上的、人間的な視点を前提にして、いかに建築を効果的に歪ませ、変形させるかがデザインの目的となるのである。建築が主観に対して媚びはじめるのである。かくしてルネサンスが苦心の末に作りあげた透明な構築体は、誇張と変形に満ちた歪んだ物質、すなわちバロックへと変身を遂げてしまうのである。そこでは幾何学に代わって視覚的効果を指標にしてデザインが決定され、古典主義が好んだ厳密な物体としての円や球に代わって、より視覚的効果の高い楕円が空間の主旋律を奏でるのである。

バロックは、地上的視点が重要視され、主体の側に建築が揺れた時代であった。しかし、地上的視点に基づく、限りない形態の溶融は、やがて新古典主義によって厳しく批判されるのである。新古典主義は再び客体の側に振れた様式であり、客観性に振れた様式であった。しかし、新古典主義は単なる古典主義の再来ではない。新古典主義の建築とは、自然の中に自立するオブジェクトであった。たとえばバロックを代表するベルサイユ宮殿の壮大なる歪みに対する批判として、その庭園の自然の中に、新古典主義の代表作であるプチ・トリアノン（図1）という純粋形態が建設されたのである。新古典主義は基本的にそのような「離れて立つ」立地を選択した。主体は、その離れた位置からオブジェクトを眺めるという想定であった。その時、主体と客体はすでに距離によって隔てられている。距離が介在するな

図1　プチ・トリアノン　設計アンジュ・ジャック・ガブリエル　1764年

らば、透視図法による歪みという問題も発生しない。このような形で新古典主義は、主体と客体の分裂の問題を解決したのである。だからこそ新古典主義のインテリアは少しも古典主義的ではない。インテリアにおいては、主体と客体とは距離を確保することができず、それゆえこの新古典的解決が無効であることを、新古典主義の建築家は充分に察知していた。彼らはインテリアにおいては幾何学を放棄し、平然として、非構築的な装飾の集積としてのロココ様式を採用するのである。

この解決は、デカルトにおける哲学的解決と同型であった。デカルトは古典主義的世界観を単純に哲学化したわけではない。デカルトは、すでに分裂を予想していたのである。だからこそ物心二元論という形で、物体と精神とを分離し、物体が精神から独立した形で存在すると主張したのである。その意味において、彼の解決法は少しも古典主義的ではなく、新古典主義的であった。

この新古典主義的解決に対してまず疑問を呈したのが、ヒューム、ロックに代表されるイギリス経験論であり、そのデザイン領域における対応物がイギリス流の風景式庭園であった。それらはともに、再び主体の側に立って、分裂を解消しようとする方法論であった。客観的な方法によってではなく、主観的な経験というものに根拠を置いて、世界を組みたてなおそうという試みであった。風景式庭園はフランス流の幾何学式庭園に対する批判として登場した。幾何学式庭園とは、庭園をもまた客観的オブジェクトへと還元しようという試みである。それゆえ、植物までもが幾何学的に刈り込まれ、オブジェクト化されているのである。しかし、庭園はそもそもオブジェクト化にはそぐわなかった。植物や土といったものがオブジェクト化に適していない以上に、庭園というもののあり方が、基本的にオブジェクト化にそぐわなかったのである。建築とは、ひとつの独立したフィギュア（図）としてグラウンド（地）から切断され、自立した形で建設されてきた。一方庭園とは、その本質において連続体であり、グラウンドそのものであって、それをオブジェクトとして計画する事にそもそも無理があったのである。

それゆえ経験主義的なデザイン手法は、建築という領域からではなく、庭園デザインの中からめばえたのである。その担い手もまた建築家ではなく、造園家と呼ばれる新しいタイプの人であった。建築家はいつの時代においてもオブジェクト型の思考方法に毒されているからである。その毒に染まることのない新しい人々の手によって、風景式庭園は創始された。

彼らは単一の幾何学がすべての部分を支配する幾何学式庭園にかわって、複数の異質な経験の時間的連鎖として、庭園をデザインした。経験相互の矛盾は、問題とはされなかった。ある部分には、中世ヨーロッパ風の石積みのパビリオンが配置され、またある部分には中国風のパゴダが建設された（図2）。俯瞰的に見るならば相矛盾する諸断片が、ひとつづきの経路によって強引に連結されるのである。主体はその経路に沿って、庭園内を回

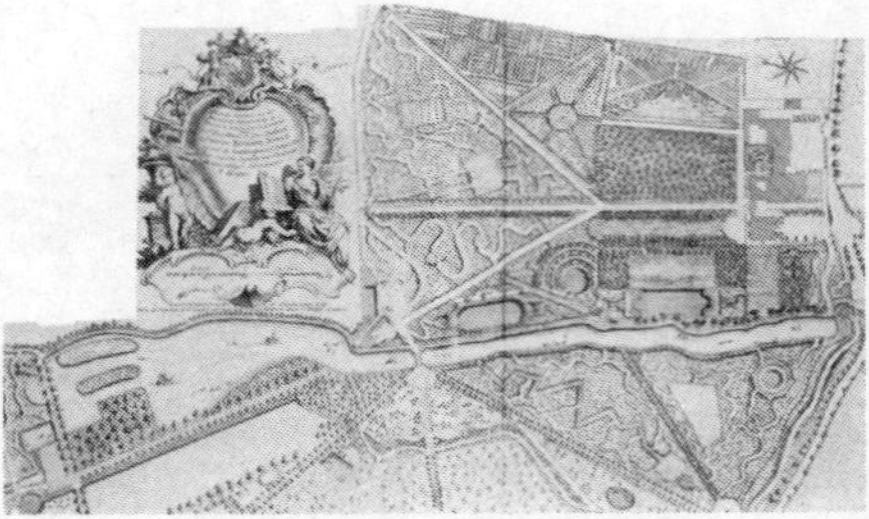

図2　チズウィックハウスの庭園　設計ウィリアム・ケント　1736年　主人の居館であるチズウィックハウスは、庭園の右端に位置している。ウィリアム・ケント（1685〜1748）は風景式庭園の創始者と呼ばれる。

遊する。ある瞬間において、主体は諸断片のうちの一つだけしか経験をする事ができない。それが人間という生物に課せられた与条件である。それゆえ、いかに断片が多様で乱雑であろうと、そこには何の矛盾も存在しないのである。経験主義とはそのような立場であり、風景式庭園はその思考形式の物象化であった。

　この経験論的批判を充分に踏まえた上で、さらにその方法を批判する形で、カントの批判哲学が登場する。客観的存在（物自体、あるいはオブジェクト）は存在するが、主体はそれを正確には認識できないというのが、カントの基本的な姿勢であった。その際、認識は各人各様、恣意的に行われるわけではなく、認識の仕方にもひとつの普遍的な形式性があると、カントは考えたのである。形式性を認める点において、カントはイギリス経験論と一線を画するのである。タウトが親しんでいたカントの墓碑銘の一節「わたしの上なる星空と、わたしの内なる道徳律」は、認識の普遍的形式（星空）が、それぞれの個人のなかに、道徳律という形で内面化され、共有されている事に対する確信を語っていたわけである。

ここにおいて、カントは古典主義を批判し、同時にイギリス経験論とも決別しているのである。風景式庭園を回遊しながらも、主体はそれぞれの異質な部分の体験に安住しているわけではなく、それらの部分の総和としての全体を、すなわちそれらの多様性を成立させているひとつの全体を、何らかの形で認識し定義しているはずだとカントは考えた。人間の精神は、眼前の表層的な経験には決して満足せず、絶えずその奥に、普遍性をもった全体なるものの存在を措定せずにはいられないというわけである。すべての経験主義、相対主義は、普遍的な認識形式への盲目的な信頼の上にかろうじて成立している事を証明する事によって、カントは経験主義、相対主義を批判し、乗り越えたのである。

相対主義の背後には、安易で凡庸な全体性が、きまって忍び込んでいる。全体性。一見異質な世界の混在とみえる風景式庭園においても、その中心は、新古典主義様式に従って建設されたオーナーの邸館によって占められていた。このきわめて保守的な邸館のデザインこそ、カントがいうところの安易なる全体性を象徴するものに他ならない。新古典主義の傑作と呼ばれる格調高い邸館は、きまって風景式庭園の中心に、その全体を統御するようにして配置されていたのである。庭園のあるじ（主体）は、古典的世界（新古典主義の邸館）に安住しながらも、あるいは安住していたからこそ、多様なる相対的世界を経験主義的に享受する事が可能だったのである。この意味において、風景式庭園とは、まさにコロニアリズムであった。コロニアルな世界観を、庭園という媒体を用いて実現したものであった。そしてカントの批判とは、経験主義の中に存在するコロニアリズムへの批判に他ならなかった。表層的な経験主義、相対主義の裏側に、古典主義への安住が潜んでいる事。主体と客体との分裂に対する無視と鈍感とが潜んでいる事を、カントは批判したのである。そして、その批判の形式は、ケーニヒスベルクという小さな世界から一歩も外へ出ようとしなかった、徹底してアンチ・コロニアルなカントのライフスタイルから導き出されたものに違いないのである。

カントの試みは、古典的世界観と経験論的世界観とを、ともに批判する立場を確立することであった。カントはまず主体と客体（オブジェクト）、すなわち意識と物とは、基本的に分裂していると考え、認識形式の普遍性が、その分裂をつなぎとめていると考えた。しかし、その認識形式は、本当にすべての人間に共通する、普遍的なものであろうか。カントは、そのようなものの存在を肯定し、その肯定ゆえに自らの内に分裂をかかえる事になった。一方経験主義は、そのようなものの存在を否定し、無視したがゆえに、分裂から逃れる事が可能となったのである。

普遍的な認識形式とは存在するのか。

この問いは、空間における次の問いと同型である。すなわち風景式庭園における相対主義的な景観の羅列は、その中央に位置する新古典主義の邸館によって、つなぎとめられていた。しかし、その当の新古典主義は、そしてその原型であるところの古典主義は、はたして、すべての人間に共通の普遍的形式と呼びうるだろうかという問いである。ギリシャ、ローマという限定された世界において、あるいはその古典世界の再生をもくろんだルネサンス以降の西欧社会においてのみ、古典主義は普遍性を擬装する事が可能となったのではないかという問いである。この形式の設問に正面から答えようとしたのが、ヘーゲルに代表されるドイツ観念論であった。観念論の目的は認識の形式性を突き詰める事である。その時、二つの陥穽が観念論を待ち受けていた。ひとつは政治という陥穽である。認識形式の普遍性を論じようとするならば、もっとも安易な結論は、ひとつの共同体には、ひとつの認識形式が対応しているという結論である。共同体の内部に限った場合のみ、認識形式の普遍性が存在するという結論である。もしその前提に立った上で、認識形式のさらなる普遍性を追求しようとするならば、そこで要請されるのは特定の共同体の拡張、すなわち侵略である。その意味において侵略戦争とは、ヘーゲルを中心とするドイツ観念論を短絡的に現実世界に投影したものであった。

観念論のもうひとつの陥穽は、そこに物質を軽視する思想がめばえる事である。物質と認識との乖離、すなわちオブジェクトと主体との分裂が問題であるとするならば、物質を媒介としない認識こそ、その乖離を排除した純粋な認識である事になる。それゆえ、建築は物質を多く使うので低級な芸術であり、音楽や詩は物質を使う事が少ないので高級な芸術であると、ヘーゲルは考えたのである。

十九世紀を支配したのは観念論であり、同時に十九世紀は経験科学の時代でもあったのである。一方に観念論の徹底した物質軽視があり、もう一方で、経験科学は物質の世界の中でかつてないほどの豊かな成果をあげた。検討対象を物質の世界に厳しく限定した上で、その物質の世界に深くわけいり、物質界を次々と解き明かしていったのである。時代そのものが決定的に分裂していたという他はない。やがて分裂に耐えきれなくなるのは観念論の側であり、哲学のサイドであった。観念論の物質軽視は、やがて経験科学の陣営からの嘲笑にさらされ、その嘲笑への対応をせまられる事になったのである。哲学においては、新カント主義（十九世紀後半からドイツにおこり、一時期を画した哲学上の一派であり、リープマン、一八四〇〜一九一二、の「カントへ帰れ」、一八六五、の叫びから発するといわれる。第一次世界大戦後、実存主義的傾向の哲学の隆盛と共に急激に凋落した）が、そして建築においてはブルーノ・タウトが、経験科学からの観念論哲学への批判に答える形で登場するのである。

新カント主義も、ブルーノ・タウトも、その目的とするところは、経験科学の手法を踏まえたうえで、物質と意識とを再び架橋する事であった。新カント主義は感覚生理学や心理学における経験科学的な手法を援用しながら、再び物質と意識との間の関係性を探ろうとした。一方、ブルーノ・タウトは、新しいテクノロジーを用いながら、すなわち経験科学の成果であるところの新しい建築技術を用いながら、人間の意識に対し、かつてないような強い幻想を与える建築を作ろうと試みた。十九世紀の経験科学的手法の隆盛は、建築の世界に数々の新技術、新素材をもたらした。しかし、それらのテクノロジーが、新しい空間体験に結びつく事はほとんどなかった。鉄骨構造によって大スパンの橋は可能になったが、その技術を用いて新たな空間体験や豊かな幻想を生みだそうと試みる者はいなかった。技術者の関心は技術というフレームの内側に限定されていたし、一方既存のアカデミックな教育と資格制度のもとに保護されていた建築家なる職能は、新しいテクノロジーに一切関心を示さなかった。すなわちテクノロジーによって進化した物質と、意識との間を架橋しようとする者は皆無であった。タウトはそのような状況を批判し、新しいテクノロジーを用いる事によって、かつてない強度をもった幻想を獲得しようと試みたのである。

タウトは、そのキャリアの初期から、テクノロジー（物質）への指向性と、幻想（意識）への指向性の二つが、自らの内側に存在している事を意識していた。彼はそれを、個人の中の分裂という形で捕えていたが、むしろ分裂していたのは時代の方である。テクノロジーと意識とを接合する手段を、十九世紀という世紀は喪失していたのである。一人の個人の中に、その二つの領域への関心がめばえたならば、それは悲劇的な分裂という形をとるほかなかったのである。

タウトは、建築という一種の具体的で奇跡的な出現を通してしか、この分裂を解消する

図3　ガラスの家　設計ブルーノ・タウト　1914年

途がないという事を察知していた。彼が最初に生み出した奇跡は、一九一四年、ドイツ工作連盟ケルン博覧会において、ガラス工業組合のパビリオンとして建設された「ガラスの家」（図3）である。さかのぼること三年、同じく近代建築の巨匠と呼ばれるワルター・グロピウス（Walter Gropius、一八八三〜一九六九、ドイツの建築家。近代建築の先駆者の一人。一九一九年から二八年までバウハウスの校長を務め、一九三八年にはハーバード大学の教授としてアメリカに渡り、アメリカにおける近代建築の普及において、中心的役割をはたした）は、同じように大量のガラスを用いて、「ファグスの工場」（図4）をデザインした。両者はともにガラスという新しいテクノロジーの産物をテーマにしているが、その印象は対極的である。一般的には、「ファグス」は近代のテクノロジーの成果を踏まえた正統的な近代建築であり、「ガラスの家」は、十九世紀に片足を残した作品だと認識されている。しかし、タウトの狙いは「ファグス」を批判し、「ファグス」の先をいく事であった。「ファグス」には、物質としてのガラスはあっても、意識と物質とを結びつけようとする意志が欠如しているとタウトは考えた。それはガラスという新素材で作られた、主体の外部にある醒めたオブジェクトにすぎなかった。このガラスの箱は、環境の受け手である主体に対して何ら働きかける事はなく、主体とガラスとは絶対的な距離によって永遠に隔てられていると、彼は考えたのである。

ガラスとは、そのような冷たく孤独なものではないと、タウトは考えた。ガラスはわれわれの意識に、直接強く働きかけ、精神を解き放つ力を内蔵していると、タウトは確信していた。ガラスの家には、タウトの師でもあった詩人、パウル・シェーアバルトの詩が刻印されている。

図4　ファグスの工場　設計ワルター・グロピウス＋アドルフ・マイヤー　1911年

ガラス宮がなければ人生は重荷
多色なガラスは憎しみをうち砕く
光は宇宙万有を貫き、結晶体は生き続ける

ガラスと意識との間を接続し、架橋するために、彼はガラスという素材に内蔵されたあらゆる可能性を全開しようと試みた。まず、建物は基礎部分を除き、基本的にすべてガラスによって作られている。ドーム部分はガラスの二重皮膜で構成され、外側は透明な磨き板ガラス、内側はレリーフ状の凹凸を有する「ルックスファー・プリズム」と呼ばれる色つきガラスの小片で埋めつくされている。さらにその色は、底部での深い青に始まり、モスグリーンを経て上部で黄金色へと変わり、最上部では発光するような黄白色に至るという劇的なグラデーションによって構成されている。色のグラデーションに応じて、プリズムガラスのレリーフの形状も、次々に変化していくという、手の込みようであった。

しかし残念乍ら、博覧会の期間中にこのパビリオンを訪れた数少ない人々を除いては、この不可思議な光に満たされた空間を体験する事はできなかった。「ガラスの家」は、モノクロームで解像度の悪い一枚の外観写真を媒介として、世界にディストリビュートされ、歴史に記録される事になった。これが当時のメディアの限界であり、二十世紀という時代における建築の受容形式の限界であった。数枚のモノクロームのスティル写真を通じて、建築は評価され、判断されざるをえなかったのである。

ここにタウトという建築家の悲劇の一因があった事は間違いがない。「ガラスの家」は、当時の人々、特にその空間を直接体験した人々に強いインパクトを与えた。しかし、一枚のモノクロのスティル写真に写しとられた「ガラスの家」は、奇妙で恣意的なひとつの形態、ひとつのオブジェクトにしか見えなかった。そこには透明性も光も感じられなかった。

多様な色彩のグラデーションすら、人々に伝達する事はできなかった。曲線、曲面を多用した恣意的形態をもつオブジェクトは、すべてひとからげに表現主義として括られたのである。当然「ガラスの家」は典型的な表現主義の作品とみなされた。結果として、物質と精神性とを接合しようとする試みは、すべて表現主義として一括される運命にあった。すべての建築はオブジェクトの形態に従って分類され、整理されたのである。根底に存在する思想と無関係であることはいうまでもなく、内部空間とも、平面計画とも関係なくただオブジェクトの形態のみに従って分類が行われた。タウトは奇跡的な建築を作りあげることに成功したが、彼の奇跡を人々に伝える事は不可能だったのである。人々はその奇跡に表現主義というレッテルを貼って、その奇跡を「伝達」し「理解」したのである。

建築のインパクトをどのようにしたら、大量の人々に伝達する事が可能か。近代建築のテーマはやがて、そちらの方向にシフトしていった。新しい建築を作る事、新しい都市を作る事が目標ではなくなり、マスメディアを通じて伝達可能な建築の「新しさ」をさぐる事が目標とされるようになっていったのである。極端な言い方をするならば、新しい建築の探求とは、マスメディア向きの建築の探求であった。

近代建築の革命家であり、後に巨匠と呼ばれる二人の建築家、ル・コルビュジエ（Le Corbusier、一八八七〜一九六五、スイス生まれのフランス人の建築家。作品、解説双方において近代建築運動をリードし、二十世紀最大の建築家ともいわれる。コンクリートを用いた幾何学性の強い形態を特徴とする）と、ミース・ファン・デル・ローエ（Mies van der Rohe、一八八六～一九六九、ドイツ生まれの建築家。鉄とガラスを用いた作風で、近代建築運動をリードし、二十世紀のオフィスビルの原型を作ったともいわれる。一九三〇年から三三年、バウハウスの校長を務め、一九三七年にアメリカに渡り、シカゴを中心にして活躍した）がこの方向性へのシフトをリードした。その見事なシフトゆえに彼らは「巨匠」のポジションを獲得したのである。一言でいえば、彼らはきわめてフォトジェニックな建築を作った。一枚の小さなモノクロ写真に写しとられたとしても、彼らの作品は充分に個性的であり新しかった。なぜなら、一枚の決定的なショットを獲得するという目的のために、彼らは建物を設計したからである。一枚のショットが決定的であるためには、建物の全体がその一枚の中に語られていなければならない。そのために、そのショットは建物の一部分や内部の写真であってはならない。建築の全体の認識を可能にする距離、主体（写真の撮影者）と建築との間の一定以上の距離が必要とされ、建築の側にはその距離、その遠さを前提にした形態、その遠さを前提にしたディテールが要請される。その時建築はひとつのわかりやすいモノ、すなわちオブジェクトとして印画紙上に記録されるのである。コルビュジエやミースの建築的な手法は、この要請に、見事に適合したものであった。彼らは、複雑な形態をできうる限り回避し、遠方からでも充分確認が可能な、単純で純粋な幾何学的形態（図5）を好んだ。近づいた時にはじめて認識できる複雑なテクスチュア、正確にいえば接写した時にはじめて印画紙上に出現するようなテクスチュアは不要であった。不要というよりはむしろ、邪魔であった。視点の変化に応じてテクスチュアが変化してしまったならば、ひとつであるべきはずの全体性がゆらぎ、曖昧となり、マスメディア向きの単一な全体性は喪失する。その危険を避けるために、コルビュジエもミースも微妙なテクスチュアの表現を回避した。あくまでも白くフラットな壁、中桟のない大判のガラスが好まれた。コルビュジエは、白くフラットにデザインしたはずの壁面に、写真上で微妙な陰影やニュアンスが発生する事を徹底して嫌った。作品集においては、写真の上に白い絵の具の重ね塗りという詐欺まがいの事までも行って、影のない白い壁面を捏造したのである（コルビュジエの作品集における写真の改変については、Beatriz Colomina, “Privacy and Publicity”, 1994、松畑強訳『マスメディアとしての近代建築』鹿島出版会、一九九六、において詳しく検証されている）。そうまでして、彼はテクスチュアを抹殺しようと欲したのであった。

図5　サヴォア邸　設計ル・コルビュジエ　1931年

わかりやすい全体性の獲得のためには、周囲の環境と建築とを切断する事も必要であった。建築はその周辺の環境の中から、強く鋭く突出するオブジェクトでなければならなかったのである。環境の中に埋没するような形で、周辺環境と強く接続されている建築や、どこまでが建築で、どこからが周囲の環境であるかわからないような境界の曖昧な建築は、当時のマスメディアには不向きであった。なぜなら、単一のショットで、その建築の全体像を把握させる事が、不可能だったからである。

コルビュジエやミースは、この要請に対しても適切に答えた。環境との切断において、彼らの選択した手法は卓越していた。というよりも、彼らはそれぞれ独自の切断の手法を発見した事によって、近代建築の巨匠と呼ばれるポジションを獲得したのである。コルビュジエはピロティー（建物を支持する独立柱が並ぶ、吹き放ちの外部空間）を用いて「建築」を大地から浮かせることで、建築を環境から切断する事に成功した。彼によればピロティーは近代建築の五原則（一九二六年頃、コルビュジエによってまとめられ、一九二七年のヴァイセンホフのジートルンクでの彼の作品にあわせて発表された。①ピロティー、②屋上庭園、③自由な平面、④横長の窓、⑤自由なファサードの五つ）のひとつであり、貴重な大地を人々に開放するための手段であるはずだった。しかし実際には、彼の真意は大地の解放ではなく、建築の切断であった。大地の活用のためにではなく、自らが創出した純粋なる形態を独立させ、突出させるために、ピロティーというヴォキャブラリーを採用したのである。

ミースにおいては、基壇がその役割をはたした（図6）。建築を基壇の上にのせ、周囲の環境から切断する手法は、古典主義建築の常套手法であった。古典的彫刻が、台座の上にのせられ、台座によって環境から切断されているように、古典的建築は台座を必要としていた。近代建築は十九世紀までの西欧を支配した古典主義建築の否定を目的としてスタートしたが、ミースは臆面もなく台座を復活させたのである。建築を切断し、オブジェクトとして独立させる事は、台座という禁忌を犯させるほどに、緊急にして重大なる要請だった。それほどに、時代もマスメディアも、オブジェクトを欲していたのである。

図6　バルセロナ・パビリオン　設計ミース・ファン・デル・ローエ　1929年

マスメディアによるディストリビューションに適したオブジェクトとしての近代建築。第一次大戦以降支配的になったこの大きな潮流に、タウトは完全に乗り遅れた。彼が「ガラスの家」で探し求めた可能性は、この方向性とは逆行するものでしかなかった。彼の名誉のために付け加えるならば、乗り遅れたというよりも、むしろ彼は極めて意識的にその方向性を批判し、それとは対極的な立場を尖鋭化させていった。彼はコルビュジエ達の新しい方向性をフォルマリズムと呼んだ。抽象化された幾何学形態のディストリビューションを第一目的とする立場をフォルマリズムと呼んで、激しく批判したのである。ただし、それでもやはりタウトは敗者であった。メディアの性質がドラスティックに変化し、新しい性状のマスメディアが世界と文化の変質を要求している時に、タウトは敢えてそれに逆行する途を選んだからである。

「ガラスの家」が表現主義の名のもとに括られ、モダニズムの周縁に追いやられた後にも、タウトはオブジェクトとは異なるものを追求し続けた。ベルリンのブリッツのジートルンクでは、巨大な馬蹄形の平面形状をした集合住宅が試みられた（図7）。壁面はあまりにも緩やかにうねっているがゆえに、地上からは巨大な壁のほんの一部分を認識する事が精一杯である。建築は壁のやわらかいテクスチュアやブルーのタイルを貼りまわした美しい窓枠のディテールとしてしか

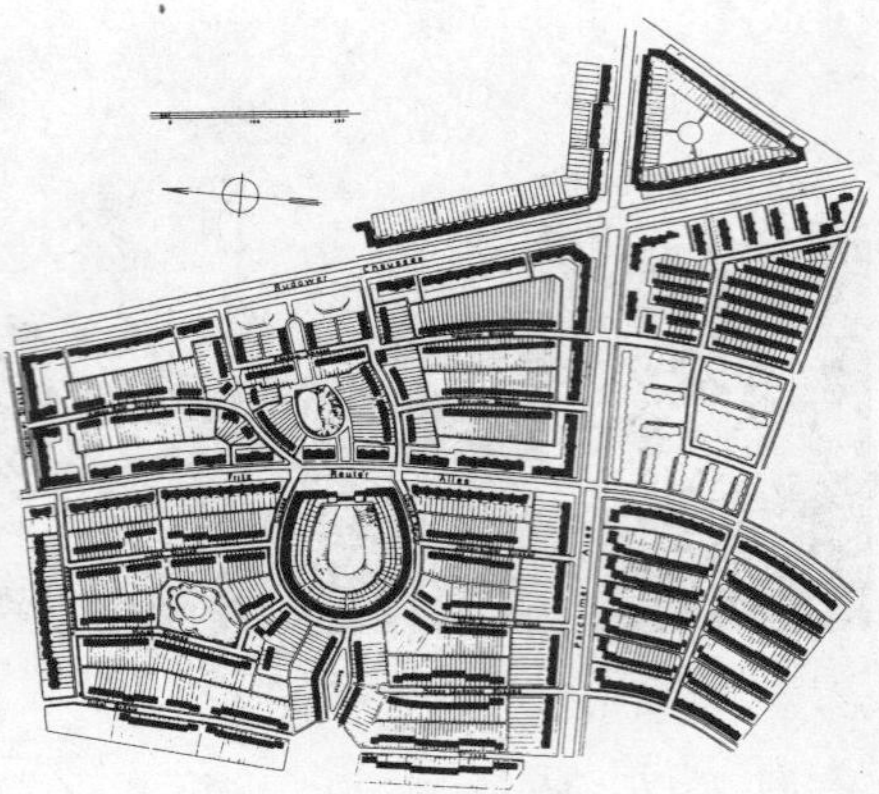

図7　ブリッツのジートルンク配置図　設計ブルーノ・タウト　1925〜30年

出現しない。ぐるぐると歩き回っても、オブジェクトは一向に出現してこないのである。それを馬蹄形のオブジェクトとして認識するには、空に舞い上がって俯瞰する視点を確保する以外に途はない。むしろタウトはそれを意識的にねらって、極端に緩やかなカーブを描いたのである。そのようにしてオブジェクトを消去し、建築を消去していく事こそ、タウトの目的であった。

一九二七年には、ドイツ工作連盟主催の実験住宅展が、シュトゥットガルトの近郊ヴァイセンホフの地で開催された。そこはタウトと、コルビュジエ、ミースらのフォルマリズムの建築家とが、直接対決する場となった。そこでタウトはポリクローミー（多色彩）を試みる。ガラスの家の室内を、無数の色のプリズムガラスで埋めつくしたように、実験住宅の外壁を無数の色面で構成したのである。

建築とはオブジェクトではなく、形態でもないというのが、タウトの考え方であった。建築を独立形態として認識する時、すでに人々は建築から距離を置いている。その時、人々と物質、意識と物質とは切断されている。ゆえに意識と物質を接続するためには、形態という媒介を可能な限り排除すべきだと彼は考えた。たとえば色彩を媒介とする事によって、物質と意識とはもっと直接的に接続されるというのが、タウトの考え方であった。しかも色彩とは一見主観的で曖昧なものであるように見えるが、実際にはきわめて即物的、具体的であり、色彩を媒介として選択する事によって、意識と物質との間を科学的に架橋できるはずだと彼は考えた。

晩年のヴィトゲンシュタインも、全く同じように考えて『色彩について』(Ludwig Wittgenstein, "Bemerkungen uber die Farben", 1950、『色彩について』中村昇、瀬嶋貞徳訳、新書館、一九九七)を著した。色彩に関する言語を媒介とすることによって、主観と世界との関係性を、科学的に分析する事が可能であるとヴィトゲンシュタインは考えた。世界の絶対性が崩壊したとみえる時に、それに乗じて絶対的、客観的な世界認識を放棄する態度を、彼は侮蔑した。世界と主観との切断を肯定し、世界の絶対性を主観の絶対性で置換しようとする試みは非生産的であり、思考停止であると、ヴィトゲンシュタインは考えたのである。いかなる世界においても、いかなる状況においても、世界と主観とは少しも切断などされてはいない。言語という具体的なるものを媒介として、世界と主観とはすでに確実に接続されている。言語を科学する事を通じて、われわれは再び世界を獲得する事が可能であるというのが、後期ヴィトゲンシュタインの思考の要点である。この思考は全くタウトの思考と同型であった。タウトが物質と意識との分裂を科学的に架橋しようと試みたように、ヴィトゲンシュタインは世界と主観との分裂を、科学的に架橋しようと試みたのである。

しかし、繰り返していえば、この途を選択するという事は、大きな困難を敢えて選択する事であった。分裂に架橋する事には絶えず困難が伴い、分裂を放置する事ははるかに容易であった。分裂を架橋しようとしたもの。例えば哲学における新カント主義もヴィトゲンシュタインも、ともに困難な途を歩んだ。新カント主義は第一次大戦に前後して勢いを失い、二十世紀哲学の主流となったのは、現象学から実存主義へという主観主義の流れである。その大きな時代の流れの中で、物質と意識とを架橋しようという野望は、急速に失速していったのである。新カント主義の目標は、物質と意識との架橋、世界と主観との架橋であり、同時に哲学と経験科学との架橋でもあった。しかし経験科学は、そのフィールドを純粋に物質の世界に限定した時に、最も生産的な方法論である事は明らかであった。新カント主義の失速は必然であった。

そして新カント主義の後に、それを半ば継承する形で現象学が登場する。現象学のテーマも、表面的には、物質と意識との架橋である。しかし、二つの哲学の間には大きな隔たりがあった。現象学は、すでにして物質と意識のはざまにある学ではなく、もっぱら意識を領域とする学問であった。意識の領域に自らのフィールドを限定した上で、徹底的に経験科学の手法が駆使されたのである。意識のように分節する事が不可能と思われていたものを、現象学は見事に分節し、客観的、実証的に記述したのである。しかし、その時すでに意識の領域から物質の領域は捨象されていたのである。物質と意識は切断されたままであり、意識がその内部を、経験科学に対して明け渡しただけであった。

そして、さらにその後に、実存主義が登場する。実存主義はオブジェクトの哲学であった。現象学は、刻一刻と変化し流動する意識の流れを敢えて、分節し、分析した。ただし、その結果、意識は従来備わっていたはずの明確な輪郭、強固な全体性を喪失し、永遠に固定される事のない存在と化して、ただ流動していくばかりとなってしまったのである。実存主義の目的は、この流動をおしとどめ再び固定する事であった。実存主義はその目的のため、実体としてのかけがえのない固有な主体というオブジェクトを提出したのである。そのオブジェクトが実存と呼ばれる事になった。すなわち実存主義はオブジェクトの哲学であり、デカルト以来喪失されたままにあった、哲学におけるオブジェクトの復活だったのである。

空間の領域においても、同様な事がおこった。タウトの目標は、物質と意識との接続であり、世界と主観との接続であった。ガラスや色彩という媒介を用いて、分裂の上に架橋を試みたのである。しかし、この試みはきわめて私的で主観的な試み、すなわち一種の恣意的表現行為であると見なされて、一切の共感を得ることがなかった。「ガラスの家」はツボミのような不思議なシルエットのみが強調され、ヴァイセンホフのポリクローミーの外壁は、「色ぐるい」と呼ばれて、最低の評価であった。

新カント主義の後に現象学がやって来たように、空間においてはタウトの後に構成主義が登場する。哲学と空間は、見事にパラレルであった。現象学も構成主義もともに、分裂の架橋というリスキーな途を断念したのである。現象学が意識の領域に自らのフィールドを限定したように、構成主義(図8)は物質の領域に、自らを限定した。限定した上で、徹底的に分節し、分析を行った。建築が床、天井というエレメントに分節され、さらにそれだけでは不十分であるかのように、壁も天井も、さらなる小断片に分節された。現象学においては、要素還元的な経験科学の手法が意識に対して適用され、構成主義においては、それが空間に対して徹底した形で適用されたのである。結果として、現象学は意識という流動的なるものを経験科学の方法論の配下に置き、構成主義は、分節された小さな建築エレメントの組み合わせによって、「科学的」手続きの上に、流動的空間を実現した。

図8　シュレーダー邸　設計G・T・リートフェルト　1924年　構成主義の代表作といわれる小住宅で、小さな建築エレメントの組み合わせによって「流動」が実現している。

しかし、どちらのケースにおいても、人々はその達成に安住する事ができなかった。流動的な意識は、科学的に分析されればされるほど、実際の意識とは別種のものに感じられた。科学的方法(すなわち構成主義)によって達成された流動的な建築も、建築としてはあまりに曖昧で不安定なものに感じられた。人々は再びわかりやすく、強いものを求めた。建築に対しては再び明確な輪郭と全体性を求めた。すなわちオブジェクトとしての建築を再び求めたのである。その欲求に答える形で登場したのが、コルビュジエやミースの提出したオブジェクトとしての建築であった。

もちろん、この欲求は単なる保守主義以上のものであった。二十世紀という時代のメディアの構造、文化のディストリビューションの構造が、オブジェクトとしての建築を再び呼び戻したのである。流動空間をめざした構成主義者達は、徹底してモダニストであり、アヴァンギャルドではあったが、二十世紀のメディアの性状と限界とを理解する事ができなかった。構成主義の提出した流動的空間は、ムービングイメージ（動画）による伝達を必要とした。ビデオカメラを持って、建築的エレメントの群の間を移動してはじめて、その空間の流れるような特性を伝達する事が可能となるのである。空間の流動性を伝達するには、時間というパラメーターを内蔵したビデオのようなメディアが不可欠だったのである。さらに彼らは、建築を構成するひとつひとつのエレメントの分節においては細心であったが、建築物と環境との切断に関しては、驚くほどに無関心、無神経であった。シュレーダー邸（図8）の繊細なエレメント群は、無造作に大地の上に置かれている。彼らは二十世紀のメディアシステムに対してあまりにナイーブであった。コルビュジエやミースならば、必ずそこにピロティーか台座を挿入したであろう。環境との関係を曖昧にしたままの断片の乱舞は、強固な図像として突出する事は不可能であった。一枚の印画紙に焼きつけられた構成主義建築は、恣意的で乱雑な小断片の散乱でしかなかったのである。

そこに二十世紀という世紀のひとつの逆説が露呈される。構成主義も、コルビュジエ、ミースらの建築も、機能主義、反装飾などの指標から見れば、同じくモダニズムに括られる。しかし、両者の間には大きな断絶が存在していた。一方は空間の革命家ではあったが、メディア空間の性状を理解する事をしなかった。一方は空間的には保守的であったが、メディア空間の性状を理解し、二十世紀のメディア空間を最大限に利用しつくしたのである。

結局のところ、分裂はオブジェクトによって架橋されたのである。物質と意識との分裂、世界と主観との分裂は、オブジェクトによって、架橋されたのである。架橋の第一段階は、分裂の両サイドを、それぞれ粒子に粉砕する事、粒子へと還元してしまう事である。この粒子は単に小さいだけではなく、環境から切断され、突出し、自らの存在を強く主張する存在でなければならない。オブジェクトとはそのような性質を持った粒子の別名である。

物質のサイドは、商品というオブジェクトにまで粉砕された。物質を粉砕すれば商品になるというわけではない。商品とは、環境から突出し、自己を主張し、主体を欲情させるオブジェクトの別名である。一方、意識のサイドは実存というオブジェクトにまで粉砕された。実存は一切の群、共同体から切断されて孤独であり、それゆえにこそ商品に対して欲情するのである。両サイドがオブジェクトにまで分解された事によってはじめて、オブジェクト同士が求めあうのである。オブジェクトとオブジェクトが直接に自由に接合する事が可能となったのである。それが物質と意識との架橋、世界と主観との架橋の二十世紀的形式であった。

コルビュジエとミースは、この二十世紀的架橋形態に最も適合するオブジェクト＝商品を提供する事によって二十世紀建築のリーダーというポジションを獲得したのである。彼らは単にオブジェクトをデザインしただけではない。そのオブジェクトを、誰に対してどのようにアピールすればよいかを、彼らはよく理解していた。個人住宅こそが最も強く、そして広くアピールする建築商品＝オブジェクトであるという事を、彼らは見事なほどに理解していた。タウトは残念ながら、その二十世紀的構造を理解しなかった。彼は個人住宅よりは集合住宅に関心があり、集合住宅こそが二十世紀のさまざまな住宅問題を解決するための鍵であると考えた。さまざまな新しい集合形態を試み、集合で行う家事の提案までも行った。このあまりに誠実なるスタンスもまた、タウトにとっては災いとなった。孤独な主体は、いかなる形においても束ねられることを好まなかった。魅力的な商品を与えられる事によってのみ、個別性から脱出できるという夢が、彼らの孤立を支えていた。孤立は集合によって救済されるのではなく、商品という孤立によって救済される。切断された主体は、徹底的に切断されることによってのみ救済される。この二十世紀的逆説を、タウトは理解することができなかった。彼はその誠実さゆえに、二十世紀から取り残される事になったのである。

コルビュジエやミースは、はるかに賢明であった。「住宅は住むための機械である。」とコルビュジエは宣言し（"Vers une Architecture", Le Corbusier, 1923『建築をめざして』ル・コルビュジエ、一九六七）、その宣言に前後して、彼はシトロアン住宅（図9）というプロジェクトを発表した。シトロアンはシトロエンのもじりであり、あたかも自動車のように、ひとつの商品として生産され消費される個人住宅を彼は提唱したのである。

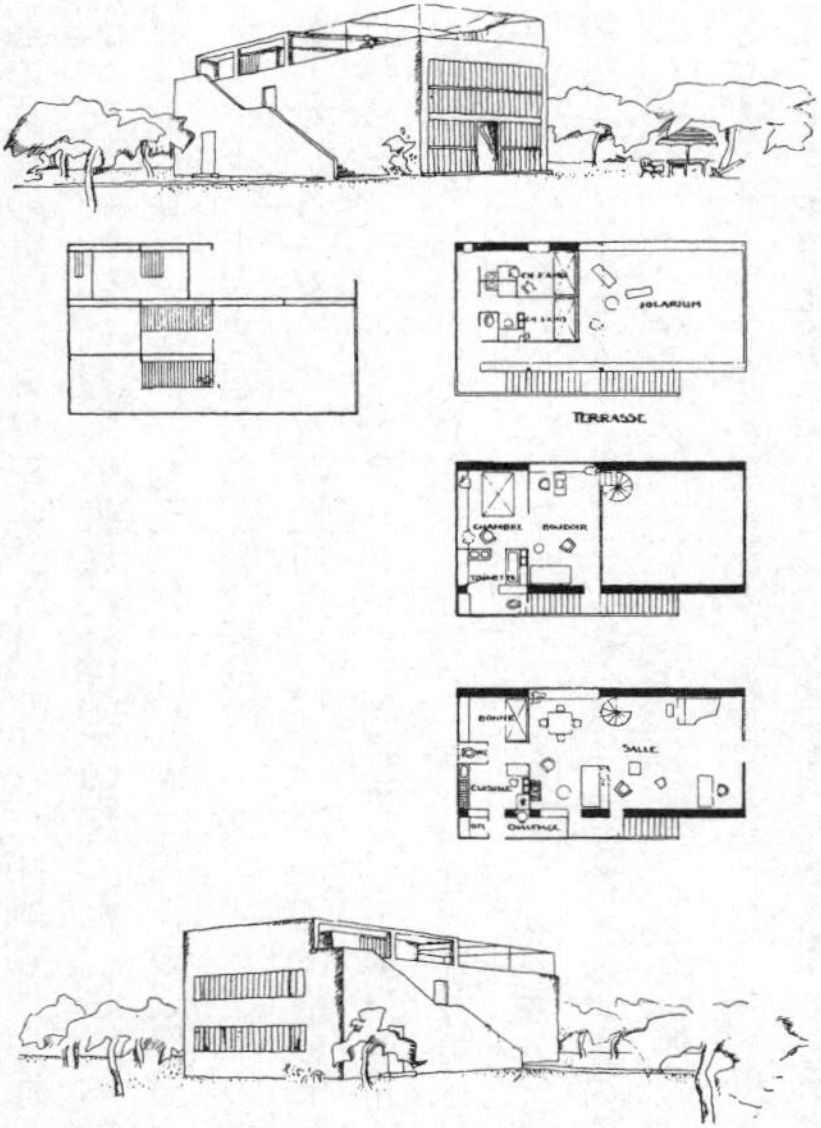

図9　シトロアン住宅　第一案　設計ル・コルビュジエ　1920年

これらの宣言、プロジェクトは、すべて印刷媒体を通じて、広くディストリビュートされ、新しい住宅に対する大衆の欲望を喚起した。さらに続けて、彼らは展覧会というメディアをも動員する。一九三二年、ニューヨークの近代美術館で開かれた「モダン・アーキテクチュアー」と題された展覧会は、モダニズム建築の世界への拡散、あらゆる様式的建築に対するモダニズムの勝利において、決定的役割を果たした。展覧会のオーガナイザーであったフィリップ・ジョンソン（Philip Johnson、一九〇六〜二〇〇五、アメリカの建築家。当初建築史家としてスタートし、ニューヨーク近代美術館〈MOMA〉での「モダン・アーキテクチュアー」展のプロデュースや、同じくMOMAの建築デザイン部門の設立に関わる。その後、建築家としても多くの作品を残した。二十世紀後半の世界の建築界を揺り動かしたポストモダニズム、ディコンストラクティビズムなどのトレンドも、彼のプロデュースによるといわれている。プロデューサーとしての建築家という、きわめて二十世紀的な新しいタイプの建築家像を示した）は、出展する建築家達に対し、できる限り個人住宅を出展するようにというアドバイスを与えた。大衆にとって最も興味があるのは、個人住宅の展覧会であるとジョンソンは明言し、展覧会は近代美術館のあと、シカゴのシアーズ・アンド・ローバック、ロサンゼルスのバロックなどのデパートでの開催までも計画されていたのである。コルビュジエの出展したサヴォア邸の模型、ミースの出展したバルセロナ・パビリオン（実際には博覧会建築であって住宅ではなかったが、ミースは一種の住宅空間として、それを設計していた。ここにもミースが、いかに個人住宅というものを戦略的に重要視していたかを窺い知る事ができる）は特に好評を博した。大地から切断されたこれらのオブジェクトは、最も強烈な図像性を有する、最もインパクトの強い商品だったからである。

「モダン・アーキテクチュアー」展は、モダニズム建築の勝利を決定づけた展覧会ではなく、むしろその本質はモダニズムと中産階級を接合するための展覧会であった。接合の媒介をはたしたのは、オブジェクトとしての個人住宅である。この接合は見事に成功し、モダニズムは巨大なマーケットを獲得し、社会から認知されたのである。味をしめたモダニスト達の手によって、この形式は踏襲される。すなわち美術館という場所（権威）を借りた建築展、という二十世紀固有のイベントが、世界中で幾度となく繰り返される事となったのである。そのイベントの目標は、中産階級に対して新しい建築様式を売り込む事であり、だからこそその媒介にはいつも決まって個人住宅が用いられた。「商品」というオブジェクトを売るためにデパートというフレームが必要とされたように、個人住宅というオブジェクトを売るために美術館というフレームが必要とされたのである。美術館は見事にデパートの役割をはたしたのである。

二十世紀の建築はかくしてオブジェクトによってリードされ、オブジェクト型を否定し続けたタウトは完全に乗り遅れたのである。しかし、われわれにとって興味深いのは、ヴァイセンホフの後の敗け犬のタウトである。コルビュジエ、ミース達との直接対決の場で、

「色ぐるい」のレッテルを貼られ、完全に敗北し、無視されたあとのタウトである。

ヴァイセンホフのあと、タウトは不遇であった。建築の世界での評価は極端に低下し、仕事は激減した。さらに台頭しつつあったナチスは、社会主義思想の持ち主としてタウトを排斥した。一九三三年、ナチスによる逮捕の計画の情報を得たタウトは、夜逃げ同然にドイツを離れる事になる。行き先に日本を選んだのは、その前年の一九三二年、日本インターナショナル建築会（一九二七年、京都において設立された前衛的建築家の一グループ。設立会員は本野精吾、上野伊三郎ら六名。グロピウス、タウトら十名を外国会員とした。「様式の建築には伝統的様式に拠る事を排し、狭義の国民性に固執せず、真正なる『ローカリティー』に根底を置く」という文に始まる綱領を発表した）から招待状が届いていたからである。

当時のタウトの関心は、むしろロシアに向かっていたはずである。彼は個人住宅より集合住宅に関心があり、人がどのような形式で共同生活を送れるかの可能性に、強い関心があった。彼は一九三二年、モス・ソヴィエト幹部会からの招待を受けて、モスクワへと移住した。しかし、その時、モスクワにおいても、大きな政治的、文化的転換が起こりつつあった。一九三二年春から、共産党中央委員会による文化界の組織替えがスタートし、ロシア構成主義が否認され、過去の伝統に範を求める記念碑的でナショナリスティックな建築（典型的なオブジェクト型の建築であった）を推進する一派がヘゲモニーを握ったのである。ロシアでもすでに、構成主義からオブジェクトへという転換が起こっていた。新天地を夢見てロシアへ移住したタウトは、ロシアにおいても自分のポジションがない事を、痛いほど思い知らされたのである。

タウトが追いつめられていたように、実は招待した方の日本インターナショナル建築会も、充分に追いつめられていた。日本は確実に戦時体制へと向かい、建築においても、コンクリート構造の上に和風の屋根を載せた帝冠様式と呼ばれる建築様式（図10）が支配的な様式となりつつあったのである。ロシアにおいても、そして日本においても記念碑的建築がヘゲモニーを握りつつあった。モダニズム建築を標榜するインターナショナル建築会にとって、状況は極めて厳しかった。しかも一方で、パリのコルビュジエの事務所において、一九二八年から二年間の実習を積んだ前川國男（一九〇五〜八六。日本のモダニズムを代表する建築家の一人。代表作に神奈川県立音楽堂、

図10　東京帝室博物館競技設計　渡辺仁による当選案原案透視図、原案立面図　1931年　帝冠様式の代表的建築物とされるもの。

東京文化会館、東京海上ビルディングなどがある。「テクニカルアプローチ」を説き、技術に裏打ちされたモダンデザインを主張した）の帰国という事件があった。

コルビュジエは数々の刺激的著作と実作によってすでに、若い建築家の間では神話的存在であり、そこで直接学んだ前川は、約束された輝ける存在として日本に帰国した。帰国早々前川は、東京帝室博物館のコンペにおいて、彼の存在をアピールする派手なプレゼンテーションを行った。「建築様式ハ内容ト調和ヲ保ツ必要アルヲ以テ日本趣味ヲ基調トスル東洋式トスルコト」という一文がコンペの応募要綱にはっきりとうたわれていた。モダニスト達は一様にこの要綱に反発し、インターナショナル建築会は応募を拒否し、その理由書を各方面に発送した。一方前川は、敢えて要綱を無視し、コルビュジエ風の白いボックス型の建築（図11）を提出したのである。前川の案は、紛れもなく、白く輝く見事なオブジェクトであり、環境からの切断を強調するため、サヴォア邸（図5参照）を想起させる細長い柱列によるピロティーが、建築を大地から切断していた。若い建築家の支持を得たのは、平然と要綱を無視してまで提出された前川のオブジェクトであった。前川は一躍、モダニズムのヒーローの座を獲得したのである。

一方に帝冠様式という名のナショナリスティックな建築オブジェクトがあり、もう一方にコルビュジエ流のオブジェクト化されたモダニズムがあった。インターナショナル建築会は、二つのオブジェクトの間に宙づりにされて、きわめて不安定で「見えにくい」ポジションに置かれていた。オブジェクトは見えやすく、その突出したヴィジュアルイメージを通じて、人々の支持を確保するのである。前川の帝室博物館のコンペ提出案はその典型であった。

窮地に立っていたインターナショナル建築会が、その窮地から脱出すべく、ブルーノ・タウトに招待状を送ったのである。そして彼らはいまだ気付いてはいなかったが、当のタウトもまた、窮地に立っていたのである。両者はともに、オブジェクト的なるものに乗り

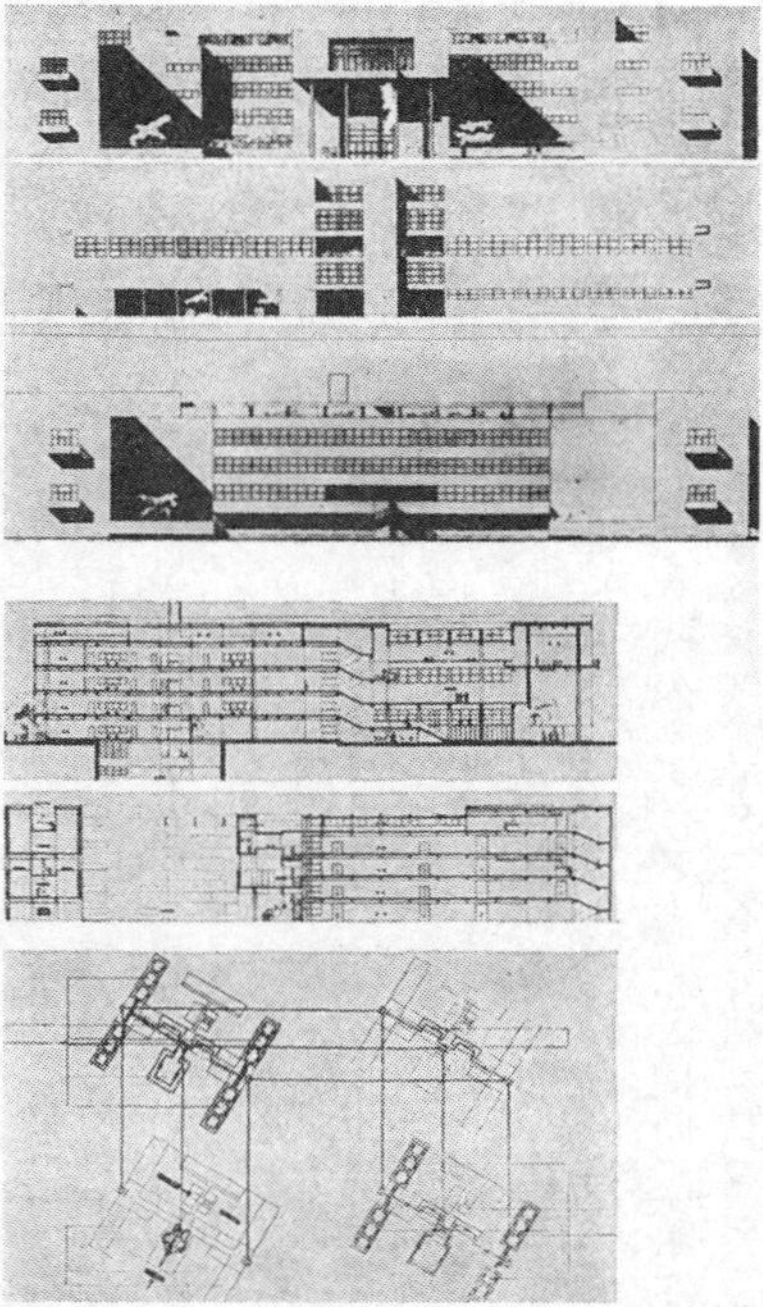

図11　東京帝室博物館競技設計　前川國男応募案
立面図、断面図、組織図。『国際建築』 1931. 6

遅れていた。オブジェクトによってリードされる時代に乗り遅れていた。それゆえ、追いつめられていたのである。追いつめられていなければ、タウトもまた、招待を受け入れる事はなかったであろうし、日本とタウトという運命的な出会いもまた、起こりようがなかったはずである。

一九三三年五月三日、シベリア鉄道経由で来日したタウトは、敦賀港に到着した。翌五月四日、タウトは桂離宮を訪れた。到着の翌日とはひどく急なスケジュールとも思えるが、それほどにインターナショナル建築会は焦っていたという事かもしれない。彼らは一つの目標をもって、タウトを案内した。桂離宮はモダニズムであるという一言を、タウトに言わせるためである。この一言があれば、彼らは帝冠様式=日本、という図式を否定し、かつコルビュジエ=前川流の「外来のモダニズム」をも同時に否定する事ができると考えたのである。帝冠様式とコルビュジエ流モダニズムという二つのオブジェクトを否定するために、桂離宮を利用するという戦略であった。桂において柱、梁などの構造体が隠蔽されず露出されている事や、その簡素で非装飾的デザインは、タウトの目にもモダンとうつるに違いないという自信も、彼らにはあった。

そして運命の五月四日である。偶然に、その日はタウトの誕生日でもあった。インターナショナル建築会の予想はある意味で裏切られた。彼らの計画以上に、タウトは桂に対して感激してしまったのである。「今日は、恐らく私の一生のうちで最も善美な誕生日であったろう」「まことに桂離宮は、およそ文化を有する世界に冠絶した唯一の奇跡である。パルテノンにおけるよりも、ゴシックの大聖堂あるいは伊勢神宮におけるよりも、ここにははるかに著しく『永遠の美』が開顕せられている。」（ブルーノ・タウト『日本・タウトの日記』、篠田英雄訳、岩波書店、一九七五）

感激の程度が想像以上だっただけではなく、感激の対象、方法も、インターナショナル建築会の予想、予定を裏切るものであった。桂がモダニズムか、否かという設問に、タウトはほとんど関心がなかった。彼の関心は、すでにモダニズムという問題の先にあったのである。その意味で、インターナショナル建築会の目論見は見事にはずれた。タウトの桂論の鍵となっている言葉は、「関係性」という言葉である。「この奇跡の真髄は、関係の様式――いわば建築せられた相互的関係にある」（ブルーノ・タウト『日本美の再発見』、篠田英雄訳、岩波書店、一九三九）。

具体的にいえば、彼の言う関係性とは、まず第一に、主体と庭園との関係性であった。建築は、その二つの関係性を規定するためのパラメーターの一つにすぎない。その意味において、彼の桂離宮論は、きわめて奇妙な、拍子抜けのするような建築論である。なぜならそこでは、建築よりも庭園が語られるからである。そして、もし建築が語られたとしても、建築はそれ自体が客体（オブジェクト）として語られるのではなく、庭園と主体とを接続する媒介として、メディエイターとして語られるのである。

「来客の控えの間の前に竹縁のいわゆる月見の縁がある、此処から御苑全体が池を含めて見渡せる。それは実に泣きたいくらいに美しい。……形状の豊かさ、石の上に数多くの亀がいて、その首を高く擡げているものもある。……この理解に最も好い助けとなるものは池畔の船着場の斜線である。……この斜の船着場によって視線はその動きの線の方向のままに一叢の躑躅《つつじ》の茂みへと導かれ、さらに前方、撞堂と四阿《あずまや》へ通じる橋へと導かれる。」（ブルーノ・タウト、篠田英雄訳、タウト著作集『桂離宮』、育生社、一九四六）

異色の建築論である。慎重な手つきでオブジェクトはふるい落とされ、接続における関係性だけが拾いあげられるのである。しかも関係性という曖昧なもの、微妙なものをとりあげながら、可能な限り科学的であり、客観的であろうとするのである。

その類い希なスタンスを生み出したのは、タウトに巣喰う体内の分裂であった。意識と物質との分裂。その分裂に架橋する事がタウトの一生のテーマであった。しかも意識を実存というオブジェクトに還元し、物質を商品というオブジェクトに還元する二十世紀的手法を、彼は断固拒否した。意識と物質とをともに最小のオブジェクトへと還元した上で、それらをマーケティングという統計学によって接合するのが、二十世紀流の接合方法であった。それら一切の二十世紀的オブジェクト、二十世紀的接合を拒否した上で、彼は敢えてガラスや色彩という曖昧で困難なメディエイターに賭けた。そのメディエイターを用いて意識と物質との架橋に挑み、そして見事なほど挫折を繰り返した。そのあげくに、偶然のいきさつで訪れた極東の庭園を歩きまわりながら、思いがけず、彼は意識と物質との間の、美しい接合の形式に遭遇するのである。彼は涙を流しながら、ただただ庭を歩きまわった。

その庭にはオブジェクトと呼べるようなものはなかった。「これが部屋といえるだろうか」（ブルーノ・タウト『日本の家屋と生活』、篠田英雄訳、岩波書店、一九六六）。彼は開け放しのあまりにも開放的な日本の建築における「不在」に対して、しばしば驚きの言葉をあげる。その驚きには少しもネガティブなニュアンスはない。皇族のヴィラであったはずの桂の建築にさえも、人々はオブジェクトを求めない。一方、西欧の住居は、そして建築は、きまってオブジェクトとしてしか出現しない。そのあまりの方法的異質に、彼は息を呑むのである。不在は、インテリアの色彩的、形態的「地味さ」によって、一層強化される。それは、野外劇場の舞台のようだと彼は喩える。野外劇場とはそもそも不在であると彼はいう。しかし、そこに人間が、そして着物の色彩が、座布団の色彩が加わることで、突然空間は豊かに響き出すというのである。関係性の網の目もまた、不在と酷似している。しかし、そこに生身の身体が投入された途端に、この網の目は突然始動し、空気が一変するのである。主役はあくまでも身体である。一方オブジェクトに支配された空間では、主役はあくまでオブジェクトのままであり、いかなる身体の投入によっても空間は少しも動くことなく、凍りついたままである。

関係性について思索するうちに、彼は時間という問題に突き当たる。物質と意識とは、空間的に接合されているだけではなく、時間的に接合されている事を発見する。建築というフレームの内部で思考している時、時間は捨象可能である。しかし庭園というフレームに踏み出した途端に、時間を無視する事は不可能となる。建築の全体を一瞬にして認識する事は可能だが、庭園というひろがりの全体を、一瞬のうちに認識する事は不可能だからである。庭園を計画する人間は、まさにその不可能性をもって、庭園の可能性の中心へと置換するのである。そして時間が導入されることによって、不在であったはずのひろがりの中に流れが生じ、運動が発生し、関係性がつむぎだされていくのである。タウトは桂の空間をではなく、桂の中に流れる時間を記述しようと試みる。

「林泉のなかを通って茶室（松琴亭）に赴く道は、哲学的準備である。最初に現れるなごやかな田園詩、せせらぐ流れと小瀑、このあたりから厳粛な変貌が始まる。荒磯に見るような粗石、岬の端、その『外端』に立つ一基の石燈籠。峻厳な姿の石は、訪れる人に『静思せよ！』と叱咤するかのようである。茶室にいたる粗大な石橋。しかし身分の高下を忘れて打ちとけた茶会の一座が、大きな方の部屋で懐石の膳につくと、かなたにはふたたび小瀑の音が聞こえ、ここで初めて陽の光が落ちる水に燦々と注ぐのをみるのである。……地中の岩に甲羅をほしていた亀は、どぶんと音をたてて水中に沈んでいく。魚は水面に鱗を跳らせ、夏蟬は樹陰にさわやかな歌をしらべている。……『世界は実に美しい』」（ブルーノ・タウト『日本美の再発見』、篠田英雄訳、岩波書店、一九三九）

さらに彼は桂の画帳を描く。そこには、テクストにはない困難が存在していた。絵画という二次元の限定されたフレーム中に、時間を描き出す事。それは二十世紀絵画のひとつのテーマであった。立体派は複数の時間における画像を重層させる事で、この課題に答えようとした。タウトは、墨によるイメージと、矢印などの記号とテクストとを重層させる事で、時間を平面の中に封じ込めようとした（図12）。すべては和紙の上に、

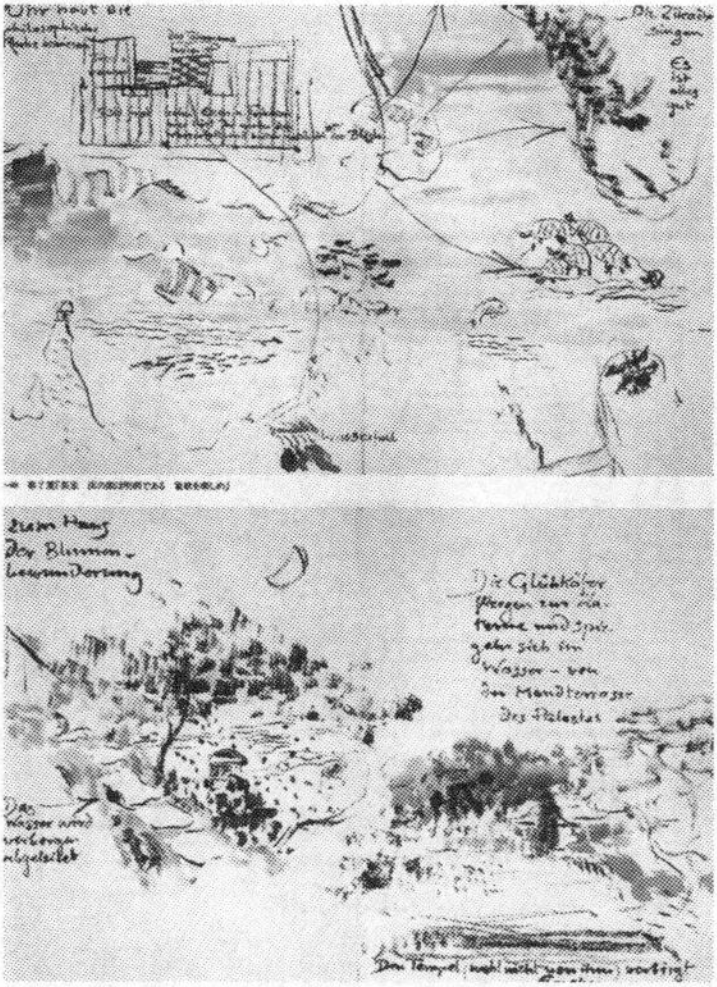

図12　ブルーノ・タウト「画帖――桂離宮」1934年　岩波書店所蔵

かき重ねられる。その重ねられるという事に意味があった。重ねられるとは時間の重層である。薄墨によって透明化された線と面とが重層の軌跡を記録する。筆によるこすれ、濃く重い黒から薄く軽い黒へと到る時間的経過。墨とはそのような形で、時間を記述するメディアであった。それらのすべてのテクネが、時間を一枚の和紙という平面的フレームへ封入するという困難な目的のために、動員されるのである。

和紙の上でタウトが遭遇した困難こそ、二十世紀の建築、美術が抱え込んだ最大の困難であった。物質と意識との接続は、空間と時間との重合によってのみ可能となる。それは二十世紀初頭のアーティストや批評家達が、すでに共有する認識であった。たとえば建築のモダニズム運動における最も重要な批評家、ギーディオン(Sigfried Giedion、一八九四～一九六八。スイスの建築史家、評論家。モダニズムを単に記述しただけではなく、実際の運動にも深くコミットした。一九二八年にはＣＩＡＭ〈近代建築国際会議〉設立の提唱者となり、その後事務局長として多くの建築家と交流を重ね、モダニズムの推進において大きな役割をはたした)は、その主著『空間、時間、建築』(一九四一)の中で空間と時間の統合こそが、二十世紀芸術の、そしてモダニズム建築の最大のテーマであると述べた。「空間の真髄は今日考えられているように、その多面性とその中にある諸関係の無限の可能性にある。したがって、ある一つの観点から一つの場面を余す所なく記述しつくすということは不可能である。つまり、空間の特徴は、それを見る観点によって変わるのである。空間の本質を把握するためには、観察者はその中に自己を投入しなければならない」。そして、この接続はアインシュタインが「運動体の電気力学」(一九〇五)で行った接続と、基本的には同質のものであると、ギーディオンは論を進めるのである。しかし、残念乍ら二十世紀の表現者達が所有していたメディアは、タブローや建築写真であった。二十世紀における文化空間を、それらのトランスポータブルな二次元のオブジェクト群が流通したのであった。そのフラットで小さなオブジェクトの中に、いかにしたら時間を封入する事ができるのか。

そこでギーディオンはまず立体派を賞賛する。立体派は、本来重なるはずのない複数のイメージを、タブロー上に重層させ、それが「時間の表現」であると彼は主張した。同様にして、ガラスを用いたモダニズム建築では透明なガラス越しに、本来重なるはずのない二つの空間が、重層する。それこそが時間の表現だというギーディオンの主張は、あまりに素朴であった。彼にとっては、その重層だけで充分であったし、充分に画期的であった。それはギーディオンの限界であるという以上に、時代の限界であり、その時代の文化の限界であった。ガラス張りの空間は、実際のところ、どのように流動し、主体に対してどのような形で出現し、主体は何をどんな形で体験するのか。その時、時間は、どんな速度と加速度を保持しながら、意識の内部を流れるのか。流動を扱う限り、当然問題となるそれらの諸事項は、一切問われることがなかったのである。それらの設問は、写真というメディアの限界を大きく超えていた。空間とは次元の異なる異物であったはずの時間。その時

図13　サヴォア邸　設計ル・コルビュジエ　1931年
一階部分インテリア（上）、二階部分スロープ（下）

間が、タブローあるいは写真という限定されたフレーム上に、なんらかの形で表現できたというその一点で、ギーディオンも時代も充分に満足してしまったのである。日本をはじめとする非西欧絵画は、時間と空間の接続を、遥か昔にきわめて洗練された方法で達成していたという事実は、彼らの関心の外部にあった。

モダニズムは時間と空間の接続を目的に掲げながら、透明ガラスを多用したオブジェクトを作る事にとどまった。ガラスを用いれば、空間は流動化し、時間と空間の接続は達成されたとする、安易な解である。解答はまたもやオブジェクトの形で提出されたにとどまった。

ガラスの使用を好まなかったコルビュジエはまた別の解答を用意した。彼は、階段やスロープを用いて、螺旋状の運動を空間の中に誘導しようと試みた（図13）。彼は小さな住宅の中にも吹き抜けを作り、その中で螺旋状の上昇運動を体験できるような仕掛けを用意した。運動の導入を通じて、空間と時間を接続しようとする方策である。しかし、ここでもまた、メディアの問題が出現する。運動は、いかにすれば、一枚の建築写真に撮影する事ができるだろうか。映画であれば、カメラを持って階段をのぼるだけで、めくるめくような螺旋運動を記述する事ができる。しかし一枚の写真が記録できるのは、時間の一断面にすぎない。そこでコルビュジエはきわめて巧妙な方策を発見する。階段やスロープを、一つの独立したオブジェクトとして、空間の中に自立させるのである。もし建築の中に階段を設けても、階段室という閉じた箱の中に設けられていたならば、階段を階段として写真の画面上に表現する事はできない。外から見れば階段室はただの壁であるし、階段室の内側に入ってしまえば、床が段状になっているという部分的な写真しか撮影できない。そこで、コルビュジエは、大きな空間のなかに、階段やスロープをむき出しで配置することを行ったのである。そのようにして彼は運動をオブジェクト化したのであり、時間をオブジェクト化したのである。コルビュジエの階段やスロープは、空間のなかのひときわ輝くオブジェクトであり、運動という本来不可視であるはずのものを象徴するオブジェクトであった。このようにして運動は写真化され、時間は写真化されたのである。

モダニズムは、結局のところ、時間という問題を、透明性と運動という問題に置換しただけだったのである。建築をガラス製のオブジェクトとする事、階段、スロープなどの運動体をオブジェクト化する事。これが空間と時間の接続という課題に対して、モダニズムの出した解答であった。そうすることで、時間を写真に写しとることが可能となり、時間は世界を自由に流通することになったのである。

タウトが行った事は、この解答を全面否定する事である。時間をオブジェクトに還元せず、時間を時間という生きて流れる形のままに空間と接続する事である。

熱海の日向邸は、そのための、最初の試行であった。日向邸は、地下室の増築であり、外観を持たない。すなわち、それ自体がオブジェクトとして突出しようもないプロジェクトであった。しかし、オブジェクトの否定をめざしているタウトからみれば、そんな事はなんの問題ともなりえないどころか、むしろ好ましい与件であった。タウトはこの小さな、地味なプロジェクトに嬉々として、そして全力で取り組んだ。当時タウトの助手をしていた水原徳言の回想によれば、彼は自ら製図板に向かい、半日で、この複雑な増築の図面を書きあげた。その間、彼は“may be so......may be so......”と呟き続けていたという。その時、タウトの身体はすでに来るべき現実の日向邸のなかにあって、その空間を流れる時間の中に、浸り漂っていたに違いない。may be so...... may be so というリズムをとりながら日向邸の中に流れるであろう時間を、今そこにある現実の体の上に、刻みつけていたに違いないのである。

タウトは日向邸に賭けていた。しかし彼の熱意は周囲から見れば異常であった。わざわざ招待したはずの世界的な巨匠が、ちっぽけな地下室の増築に、これほどに熱中してしまったのである。さらにその出来栄えに、人々は愕然とした。もちろん庭園の下に作られた地下室を、美しいオブジェクトにできるはずもなかった。しかしその内部に足を踏みいれても、人々はなにひとつオブジェクトとして自立するものを見出す事はできなかった。当然写真を撮ろうにも、これほど退屈な空間は考えられない。すべては黒に近い地味な色彩に塗り込められ、いかなるエレメントも視覚的に突出する事を禁じられていた。床には様々な段差がつけられたが、そのいかなる段差も、階段というオブジェクトとして突出することはない。すべての段差を巧妙にオブジェクトとして表現したコルビュジエの設計方法とは、すべてにおいて対極的であった。

日向邸の竣工は一九三六年である。文化も、思想も、すべてはオブジェクトというわかりやすい小片に、還元されようとしていた。すべての対立は、オブジェクトとオブジェクトの対立へと整理されようとしていた。貧相で寂しい整理の仕方である。当時の建築における対立の要点は、グローバリズム対ナショナリズムであったが、その対立も二種類のオブジェクトの対立へと還元される運命にあった。グローバリズムは装飾の施されていないシンプルなオブジェクトに還元され、ナショナリズムは様式的装飾の施されたオブジェクトに還元された。それぞれの陣営は、その支持するオブジェクトのデザインの尖鋭化に励んでいたのである。日本においてこの対立は、コルビュジエ派の白い箱対帝冠様式という形式をとった。それぞれに、形態の自立性、明解性は極限の状態にあった。すなわち、ともに完璧なるオブジェクトであって、破裂直前の風船のごとき状態にあった。

その対立のさなかに、一種の決定的な証人としてタウトは召喚された。彼の下す審判を両者は固唾をのんで待ったのである。彼がどちらのオブジェクトを選択するかを待ったのである。しかし、にもかかわらず、タウトは人々を完全に裏切った。特定のオブジェクトの選択という問題の枠組み自体を、彼は否定してしまったのである。

日向邸にはオブジェクトはない。しかも、一方に畳があり、一方に木製フローリングの洋風の床があり、平然と併置されている。彼はグローバリズムとナショナリズムという対立の構図自体を茶化しているようにすら見える。いや茶化すという意識すら、彼にはなかった。彼は新しい問題、誰も気づいていない問題に気づいてしまい、思考はすでにその新しい次元の中に移行していたのである。茶化すという余裕などあったはずもない。

彼は床と天井だけを、黙々と操作していた（図14）。床に様々なレベルを設け、様々なテクスチュアとリズムを与える事に腐心した。床と天井という二つの平面の操作によって、意識と環境との間に、どのような関係性を設定できるかという実験である。座る場所、立つ場所によって、前方に広がる海が、全く異なる存在として出現する。ある時主体は海の上を浮遊し、またある時、海は壁のようにして主体の前面にそそり立つ。ここに出現する体験の多様性は、写真という素朴な媒体には全く捉えようもない性質のものであった。

さらに主体が床と天井という二つの平面の間を移動しようとした時に、どのように空間

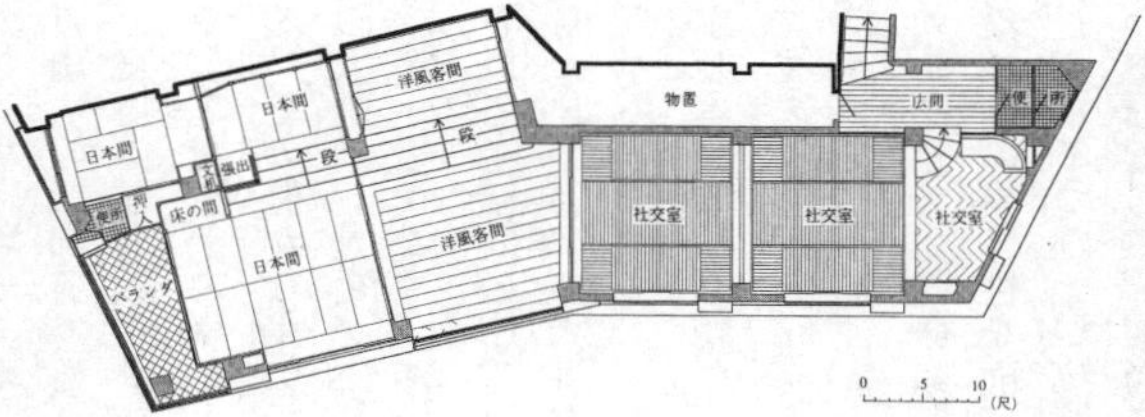

図14　日向邸　設計ブルーノ・タウト　1936年　平面図、断面図

が抵抗し、どのように屈服し、結果としてどのように時間が流れるかについて、タウトは細かく実験を積み重ねる。たとえば階段を降りて、部屋にはいった人間は、竹貼りの壁面と直面する。竹とは寸法体系であり、ピッチである。そのピッチを追いかけるうちに、眼と身体が竹のピッチに同調する。その途端、主体はそこに到るまでに保持していた日常的な身体速度と視覚上の基準粒子とを喪失してしまうのである。その喪失の上で、新たに設定された速度と粒子寸法に身を任せながら、一連のシークエンスへと踏み出すのである。人は桂離宮において、同じ事を体験する。桂の竹垣に正対した途端に、日

常の速度と粒子とが失われる。日常が清められるのである。その上で人はあの庭園へと踏み出すのである。

天井にもまた仕掛けが溢れ、関係性をめぐる科学が溢れていた。桐の板片のひとつひとつが、逆パースペクティブのついた扇形に加工されて、天井に打ち付けられているのである。その僅かな平行の破壊によって、空間の奥行きが変化し、移動する主体に対する空間の抵抗に、異変が生じるのである。壮大なバロック空間で行われた錯視の技法が、きわめてひかえめに、しかもバロックとは比較にならない精密と繊細さをもって、木と紙で構成される小空間の中で繰り広げられるのである。これらの操作もまた、写真に代表される当時のメディアの表現力を完全に超越する繊細さであった。しかしタウトは、メディアにもディストリビューションの効率に対しても、まったく関心を示さなかった。より大きく、より本質的な問題が、突然、ひどく明確な形をとって彼の目の前にあらわれてしまったのである。メディアのシステムといった問題に目を向ける余裕など、なかったのである。彼はかつて、精神性という言葉をしばしば用いた。コルビュジエ流のフォルマリズム建築に対し、自分は建築に精神性を求めると彼は主張したのである。しかし、この目の前の巨大な設問の具体性を前にしては、もはや精神性という言葉すら使う必要もなかった。彼はただ、ひとつひとつ物質を選択し、寸法を与えディテールを決定する作業を繰り返せばよかったのである。本当に新しい建築を作る時、人はそのようにして作業をする。

メディアの能力とシステムとを全く顧みる事のなかった彼の試みは、当然の事無視され嘲笑された。日本の建築界は彼を招待し、支援した事を後悔し、彼がユダヤ人であるという根拠のない風説も流布された。日向邸の竣工は一九三六年九月である。約一ヶ月後の十月十五日には、彼はトルコへと向かった。イスタンブール芸術大学建築科教授に就任するためである。日本にとどまるべき理由は何一つなかった。彼はトルコで二年間、精力的に教え、設計をおこなった。そして一九三八年十二月二十四日。彼は五十八歳の生涯を閉じた。過労による心臓衰弱による死であった。

そしてわれわれは今、彼と同じ設問に向きあっている。オブジェクトが支配する世界の限界と衰弱に、われわれは向かいあっている。個人とは自立した孤独なオブジェクトなどではない。個人とは、境界の曖昧な不確かな拡がりである。物質もまた、境界の曖昧な不確かな拡がりである。オブジェクトへと切り分けた途端に、物質はその魅力の大半を喪失する。その粘性、圧力、密度のすべてが抹殺される。主体もそして物質も、ともにオブジェクトに切り分けられる事を強く拒絶しているのである。すべては接続され、からみあっているのである。

しかしオブジェクトの破綻は、今になって露呈されたわけではない。オブジェクトを媒介として駆動する社会は、すでに大恐慌によってその限界を露呈していた。オブジェクトのシステムが無効である事が経済的破綻という形で露呈したのである。オブジェクト＝商品という自由で小さな粒子を媒介として、主体と物質とをスムーズに、柔軟に接続することは不可能であるというのが、大恐慌の結論であった。物質サイドを商品というオブジェクトに分割し、人間のサイドを自立した個人というオブジェクトへと分割する二十世紀システムはすでにこの時点で破綻していたのである。商品と個人という粒子は、市場の中ですべての拘束を失って浮遊し、その結果、需要と供給との間に生じる不均衡は一層増幅され、最終的に、恐慌という形で破綻せざるを得なかったのである。

この問題、すなわちオブジェクトを媒介とする経済の破綻を救出したのは、ケインズの経済学説である。世界を自由な粒子に分解すれば、「見えざる手」によって自動的に世界は均衡状態に到達するというのが、ケインズ以前の古典派経済学の世界観であった。それは典型的なオブジェクト型の思考形式による時空の接続方法であった。しかし時間と空間の接続といいながら、実際にそこで行われていたのは時間というファクターの捨象である。この思考形式は遠からず限界を露呈せざるをえなかった。その限界が恐慌というあまりにも極端な形で露呈した時、ケインズが救世主のごとく登場するのである。

ケインズは時間に対して直接的に介入する手法を提案した。その時、注目すべきは、彼が計画経済という手法を用いようとしなかった点である。通常、時間と空間とは、「計画」によって接続されると考えられている。ところが、実際のところ、計画とは時間の空間化にすぎない。未来という一つの時間軸上の点を想定して、そこに対して空間的な計画を行っているに過ぎない。時間という形なく流れ続けるものに介入する方法論の欠如が致命的なのである。

ケインズは時間に介入する方法を持ち合わせていた。彼は時間に触る事ができたのである。ひとつは金利（公定歩合）の操作であり、ひとつは、公共投資を通して、未来に所属するはずの財源を現在へと輸送する事であった。それらはともに時間に対して直接的に介入するための方法であった。

ケインズの方法の要点は、オブジェクトの自立性を疑ってかかった事である。時間からも空間からも切断された自由で自立した粒子（オブジェクト）というものは存在しない。商品＝オブジェクトの価値とは、金利という時間的な変数と接続され、それによって規定されている。そのように金利を媒介として時間と空間とが接続されているからこそ、金利の操作によって経済の誘導が可能となる。すなわち時間と空間との接合をデザインする事が可能となるというのが、ケインズの考え方であった。

公共投資においても、彼は、建築や土木構造物などのオブジェクトの、粒子の大きさに着目した。粒子が巨大であれば、時間からも空間からも切断された自由な粒子というフィクションは成立しないのである。巨大な粒子の生産と消費において、時間を捨象する事は不可能である。時間を捨象し、時間的問題を空間的問題へ置換しようとするオブジェクト型の思考形式は、そもそもこれらの巨大な粒子とはなじまない。建築も土木構造物も長い時間をかけて生産され、そしてそれ以上に長い時間をかけて消費、受容されていくのである。そこに生じるディレイによって、建築は時間に対して介入する事ができる。その建築が本来備えているディレイ機能に、ケインズは注目した。未来の財源を先取りする事で、このディレイをさらに極端な形で生成し、時間に対してより強引に介入する方法を彼は発明した。さらにこれらの巨大な粒子を受容し体験する主体は、個人という切断されたオブジェクトではなく、境界が曖昧な群であらざるを得ない。商品は個人によって受容されるが、建築は何らかの共同性をそこに創出してしまうのである。それが建築や土木という巨大な物質の宿命であり、またその可能性の中心であった。物質と意識とを、ともにオブジェクトというミニマムな粒子に分解するのが、二十世紀という時代の方法であったとするならば、そこから最も逸脱し、その方法論の射程の外部にあったのが、他ならぬ建築という名の物質の一形式であったのである。

だからこそ、ケインズは建築に着目し、建築への公共投資をもって彼の経済政策の柱としたのである。建築という物質の巨大さ、巨大さゆえのディレイをもって、オブジェクトの危機(すなわち恐慌)を回避しようと考えたのである。建築は最も二十世紀から遠かったがゆえに、逆に二十世紀から必要とされ、その時代の主役を演じなければならなかったのである。ル・コルビュジエのような建築家もまた、その事に気がついていた。彼は主著『建築をめざして』(“Vers une Architecture”, Le Corbusier, 1923、『建築をめざして』鹿島出版会、一九六七）を次のような宣言で締めくくっている。「建築か、革命か、である。革命は避けられる」。ケインズが革命を避けるべく、巨大な建築を建てろと主張したように、コルビュジエもまた、革命を避けるべく、巨大な建築を提案し続けた。その歩みは二十世紀の経済の流れと見事に並行している。大恐慌以前の彼は、オブジェクトの建築家であった。個人という自立したオブジェクトにふさわしい、自立し突出した形態の戸建て住宅で彼は名声を確立した。ところが一九二九年の大恐慌を境にして、彼の作風は微妙に転換する。一九三一年に竣工した、オブジェクト型住宅の最高傑作、ピロティーによって環境から完全に切断された白く輝くオブジェクト、サヴォア邸（図5参照）を境にして、彼の興味は、集合的なる建築物、連続的なる建築物へと移行していくのである。一九二〇年代には、集合住宅の提案においてすら、彼の関心はその個人用のユニットにあった。一九二五年にパリの国際装飾芸術博覧会に彼が出展したエスプリ・ヌーヴォー館（図15）は、彼がそれ以前に発表していた都市プロジェクト（図16）の

図15　エスプリ・ヌーヴォー館　設計ル・コルビュジエ　1925年

集合住宅部分の個人用ユニットを、単独に取り出した形で建設したものであった。ところが、一九三〇年のアルジェ計画において、集合住宅はオブジェクトに切り分けられる事なく、無限に続く異様に長い連続体として計画されている（図17）。大恐慌に前後して、彼の関心は、オブジェクトから連続体へと、シフトしていったのである。そして、彼に仕事

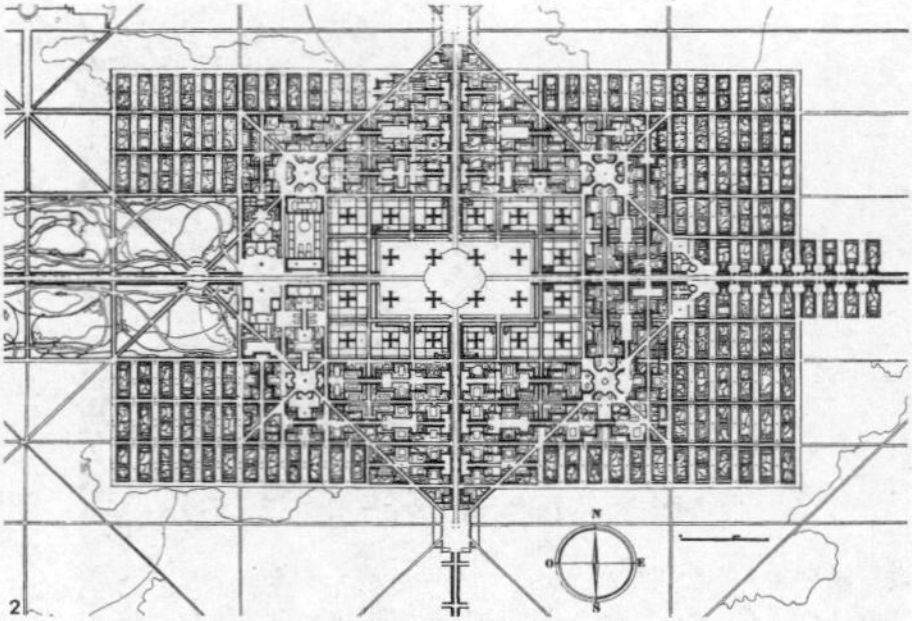

図16　300万人のための現代都市　設計ル・コルビュジエ　1922年

図17　アルジェ計画Ａ案　設計ル・コルビュジエ　1930年

を依頼するクライアントもまた、個人から公共的主体へとシフトしていったのである。大恐慌を公共投資が救ったというのは、ある意味で真実である。オブジェクト型の文明の破綻を建築が救ったのである。詳細に分析すれば、一九三〇年前後にモダニズム建築は、大きく変質した。変わったのはコルビュジエという一作家だけではない。モダニズム全体が、最小単位のオブジェクトを志向する運動から、共同性を志向する運動へと、大きく方向転換したのである。その決定的な方向転換によって、オブジェクト型の文明は、延命したといってもいい。個人的オブジェクトから公共的モニュメントへとシフトした建築は、まがりなりにも意識と物質との接続に成功し、空間と時間との接続に成功した。小さなオブジェクトが離散する空間に、建築という巨大な物質が介入し、オブジェクト間に生じる不均衡を解消する役割をはたしたのである。コルビュジエの予言したように、建築によって「革命は避けられた」。正確を期するならば、革命を避けようとする公共的主体に対して、建築はきわめて有効な反動的装置として奉仕したのである。

しかし、にもかかわらず公共的な建築の限界は、すでに最初から明らかであった。公共的な建築は、単なるディレイのための装置にしかすぎなかったのである。それらは巨大さの結果としてのディレイという形でしか、時間に対して介入することができなかった。その程度にしか、時間に対して触ることができなかった。より正確に言うならば、巨大さは、ディレイを誘導するために要請されたのである。建築の共同性も、そのモニュメンタリティーも、ディレイという要請を満たすためのエクスキューズにしかすぎなかった。オブジェクトという形式のままに単純に巨大化が行われ、時間と空間は依然として切断されたままであり、意識と物質とは依然として切断されたままだったのである。問題は先送り(ディレイ)されただけである。その事は、ケインズ自身が最もよく理解していた。あなたの政策は、長期的に見たとき少しも問題の解決にはなっていないと質問された時、長期的にみればわれわれはみな死んでいる、とだけ彼は答えている。

経済が成長段階にあるとき、問題の先送りと、問題の解決とは同値である。それゆえ、二十世紀において、ケインズ政策は、実行され続けた。革命勢力、すなわち共産主義への対抗という目先の大命題も、ケインズ政策の延命を後押しすることとなった。

しかし、革命勢力の消滅の後、ケインズ政策は否応なく、その限界を露呈せざるを得ず、建築という行為もまた、その限界を露呈せざるを得なかった。むしろ建築という行為の限界は、二十世紀初頭よりも、あるいは一九三〇年代の転換の後よりも、比較にならないほどにはっきりした形で今、眼前にある。建築は巨大化し、多様な意匠をまとって数えられないほど建設されたにもかかわらず、今ここには、巨大なオブジェクト群が残骸のように放置されているだけである。これらのオブジェクトには、もはや意識と物質をつなぐだけの力はなく、空間と時間を接続する契機も、そこに見出すことはできない。建築(オブジェクト)は、無惨なほどに衰弱してしまったのである。電子技術が、この衰弱をいっそうプッシュすることとなった。電子技術によって、われわれは一足先に時間を取り戻したのである。まず時間を直接輸送することが可能となった。コルビュジエが行ったように、時間をオブジェクト（たとえば階段室やスロープというオブジェクト）という形に一旦凍結し、しかる後に写真を通じて輸送し伝達するという手続きは不要となった。今やそれぞれの主体は、自由に直接に時間に介入し、時間をハンドリングするのである。主体は単に、今ここにある商品を買うだけではなく、未来という時間における商品を買うことが可能であり、また未来という時間における貨幣や金利さえも売買可能である。巨大なオブジェクトの投入によるディレイを通じて時間に介入するというケインズの素朴な方法は、あまりに間接的であり、迂遠であり、部分的であるように感じられる。オブジェクトという媒介に依存することなく、直接的に時間に介入するのである。それほどに、時間は身近なものとなり、操作の対象の一部となり、空間と時間とは連続しているのである。

さらに、電子技術は、意識と物質との接続にも、大きな転換をもたらした。意識を動かすものは、凝集力のある求心的物質（すなわちオブジェクト）であると、かつては考えられた。それゆえにオブジェクトの尖鋭な形態が競われたのである。尖鋭的な形態をまとったオブジェクトは、意識に対して強いインパクトを与えるはずだと考えられた。しかし、意識はオブジェクトによることなく、あるいは物質にさえよることなく、自由に変容することが明らかになった。電子技術とドラッグがそれを可能にした。正確にいえばその可能性が再発見されたその結果、オブジェクトを用いた意識への介入もまた、ひどく部分的で、間接的で、迂遠であるように感じられはじめたのである。モニュメントや建築を用いた意識への介入は、まわりくどく非効率的であると感じられはじめたのである。

一言で要約すれば、すべてが接続されたのである。いや、正確にいえば、すべてはすでにはじめから接続されていたのである。しかし、一時、世界は切断されているかのように感じられた。交わることのなかった異質な世界が遭遇したとき、そのような錯覚の時代の別名であった。その錯覚の中で人々は、オブジェクトなるフィクションを発明したのである。すべての主体は自立した孤独なオブジェクト(実存)であり、すべての物質もまた、商品という孤独なオブジェクトであるというフィクションである。切断された世界は、確かにそのように見えた。あるいは、このフィクションを用いて、世界の切断を超克しようと人々は試みたのである。その結果、このフィクションに基づいて、現実の世界の再構成が行われてしまったのである。世界は孤立したオブジェクトの集合体として、実際に再編成されたのである。

この離散的オブジェクトの集合体としての寂寞とした世界を延命させるために、建築という巨大なオブジェクトが投入されたのである。このオブジェクトが、主体と主体とを架橋して共同性の契機となり、意識と物質とを架橋し、空間と時間とを架橋するはずだったのである。しかし、実際には建築が投入される以前から、世界はすでに十分すぎるほど密接に、多様に接続されていたのである。オブジェクトとしての建築は、むしろこの接続に対する障害（オブジェクト）として機能した。電子技術による世界の接続によって、建築が障害であると認識されはじめたのである。建築の破綻、オブジェクトの破綻が、はっきりと認識されるに到ったのである。

しかし、にもかかわらず、われわれは物質で構成されており、物質の中で生きている。必要なのは、物質を放棄することではなく、オブジェクトにかわる物質の形式を模索することである。その形式が、建築と呼ばれようが、庭と呼ばれようが、あるいはコンピューターと呼ばれようが、ドラッグとよばれようが、その呼称はもはや問題ではない。いつの日か、その形式に対して一つの新しい名称が与えられる日まで、仮にそれを反オブジェクトと呼ぼうと思う。

第二章　流出する事　水／ガラス

　タウトの設計した日向邸の隣りが、与えられた土地であった。敷地の形状も、相似であった。海へと向かう急斜面である。道路の方が敷地より高いレベルにあり、敷地に向かって下降するしかなかった。その下降するアプローチが、まず、極めて好ましいもののように思われたのである。

　建物へのアプローチには、二つの形式が存在する。ひとつは上昇するアプローチであり、ひとつは下降するアプローチである。上昇するアプローチにおいて、人は建物を見上げる。建物は大地の上に突出し、人々はそれを見上げ、その存在をリスペクトしながらそこに向かって、のぼっていかなくてはいけない。それはオブジェクトへのアプローチの基本形式である。一方下降するアプローチにおいて建物は消えている。その極端な場合、気がついた時には既に建築の上にいて、建築を踏みつけている。足元に虐げられた見えざる世界に向かって、人は降りていくのである。

図18　日向邸　設計ブルーノ・タウト　内観

タウトの日向邸に向かって人々は降りていく（図14、18）。熱海の崖に向かって張り出すように作られた、芝張りの屋上庭園。その屋上庭園の下部に偶然に生まれた、誰もその存在を知らない、狭く薄暗い不思議な空間。その不在の場所に日向邸は計画された。当然人は、そこに向かって降りていかなくてはならない。芝生ののどかな庭の下にそんな空間があるなどとは想像もできないから、建築は消滅している。あたりまえの地下室よりも、意図された地下室よりも、偶然の産物である日向邸ははるかに、そして決定的に消えている。さらにあまりに急な角度で海から立ちあがっている崖の上にあるために、下から日向邸を見上げるポジション、その建築をオブジェクトとして見上げるというポジションが存在しない。海岸に沿った道路からも、崖の樹木が見えるだけで、建物の姿は見えないのである。日向邸は上の視点からも、そして下の視点からも消去されている。二重の不在。

「水／ガラス」と呼ばれるプロジェクトの場合も、条件は同じであった。建物はきわめて見えにくい。すなわちオブジェクトとして出現しにくい。普通、建築家はこのような敷地を好まない。しかし逆に、僕にとって、この場所は、建築の立つ敷地として、極めて好ましく思えたのである。唯一の例外は日向邸からの視点であり、その庭に立った時にだけ「水／ガラス」の外観があらわれる。すべてに対してガードを固めながら、タウトに対してだけは、気を許している。共感。あるいはオマージュ。

外観がないという事は、一つの決断を建築家に対して迫っている。形態を自ら放棄するという決断。オブジェクトたる事を放棄するという決断を迫っているのである。タウトもかつてこの同じ場所で、この同じ決断を迫られた。そして、喜々として、それを受けいれた。

形態を放棄し、建築が消えるという事と、建築が世界に対して閉じるという事とは、同義ではない。地下室において、形態は放棄され、建築は閉ざされる。二つは同義である。しかし、「水／ガラス」という建築において、形態は放棄されながら、建築は世界に対して開いている。建築は開きながら、しかも消えている。それは矛盾ではない。

建築とは、そもそも閉じようがないのである。そこに僕の建築の出発点がある。いかに壁で囲われようと、地下にとじこめられようと、建築はこの現実の世界の中に配置され、世界と接続され、世界に対して開かれている。要はいかに接続され、いかに開かれているかである。しかし、その設問も完全とはいえない。正確に言えば、建築が接続されている

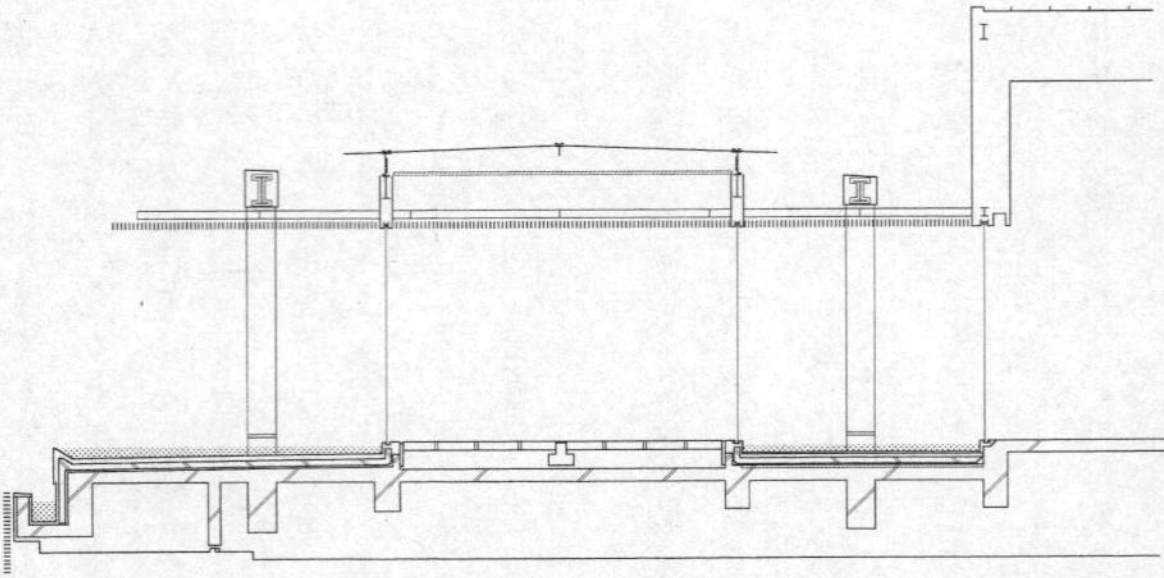

図19　水／ガラス　設計　隈研吾建築都市設計事務所　1995年　最上階水面部分断面詳細図

のではなく、建築を通じて、人間という主体が世界と接続されるのである。建築とは主体と離れて立つオブジェクトではない。建築とは主体と世界の間に介在する媒介装置である。そのような装置として建築を再定義する事が、このプロジェクトの目標である。そして主体と世界の接続とは、哲学という知的営為の目標に他ならない。主体が、どのように世界と接続されているかを探るのが、哲学なのである。とするならば、このプロジェクトの目標は、具体的なひとつの建築を通じて、哲学を行う事である（図19）。

主体と世界の接続には二つの形式が存在する。ひとつはフレーム（額縁）を媒介とする接続であり、もうひとつはフロア（床）を媒介とする接続である。典型的なフレームは、パンチド・ウィンドー（壁面にうがたれた比較的小規模の開口部。一般に日本語においてはポツ窓と呼ばれる）である。パンチド・ウィンドーは世界を視覚的に切り取るための装置である。この装置が有効に機能するためには、主体と世界の間に、一定以上の距離が存在しなければならない。距離があるからこそ、その間にフレームが介在する余地が存在するのである。さらにフレームの介在によって世界と主体とは、一層隔てられ、決定的に切断されるのである。その切断を前提とした上で、フレームは乱雑な環境の中から、特定のひとつの物を意図的に呼び出し、それ以外の夾雑物を排除(フレーム・アウト)する。窓枠が乱雑な世界の中からオブジェクトを選び出しているのである、夾雑物の排除を通して、フレームはオブジェクトを生成するのである。すなわちフレーム形式とは、オブジェクト形式の別称である。そしてフレーム形式によって規定される世界、あるいはフレーム形式を媒介として、眺められ知覚される世界は、オブジェクトの集合体としての世界なのである。

近代建築以前(十九世紀以前)の西洋の建築物は、その様式の如何を問わず、すなわちルネサンス様式であろうとバロック様式であろうと、石や煉瓦をひとつずつ積み上げて作りあげていくシステム、すなわち組積造によって構造的に支持されていた。パンチド・ウィンドーは、組積造のマッシブな壁体に穿たれる開口部の宿命でもあった。それ以上に大きな開口部をあける事はできなかったのである。ルネサンス以降の西欧絵画もまた額縁によって縁取られ、周囲の環境から切断されることを前提とした。すなわちフレーム形式を基本としていた。壁画は例外であったし、絵巻物のような形式も存在しなかった。西洋の絵画の基本はフレーム形式であり、フレーム形式は、建築におけるパンチド・ウィンドーの形式とパラレルであった。さらにその延長に、ファインダーというフレームによって視覚を規定する写真という表現形式が、十九世紀に登場し、二十世紀における支配的なメディアとなるのである。いわば西洋の認識、表現の根底には、絶えずフレーム形式が存在し、形を様々に変容させながら再生産されてきたのである。そしてフレーム形式とはオブジェクトの生産工場であり、オブジェクトを無限に生産し続ける宿命を背負っていたのである。「水/ガラス」で試みられているのはもうひとつの接続形式、すなわちフロアを媒介とする形式である。フロア形式は主体の立つフロアのみを規定する。フレーム形式が西欧的なパンチド・ウィンドーのイメージと直結しているとするならば、フロア形式は、日本の伝統的木造建築の柱梁構造の空間構成と直結している。日本人は、内部と外部をへだてる壁という存在を、極力回避しようとつとめてきた（茶室という閉塞空間は例外であるが、そこにおいても壁は限りなく脆弱であり、内部と外部とは様々に接続されている）。柱と梁だけがあって、そのあいだは、開閉可能な建具でふさがれる。当然そこには、パンチド・ウィンドーは存在しない。空間を規定するのは窓というフレームではなく、床である。床が空間認識の形式を支配しているのである。主体が具体的な身体を所有している限り、主体は必ず何らかのフロアに帰属し、その上に立っている。主体とは神のように鳥瞰的視点から世界を眺める存在ではなく、幽霊のように空中に漂う存在でもない。主体とは幽霊でも神でもなく、身体という物質を持った具体的な存在である。フロア形式はそのきわめて当たり前の事だけを規定し、それを繰り返し思い知らしめる形式である。いわば人間というものの存在の、動かしようのない絶対的な与条件を思い知らしめる形式である。それゆえ、フレーム形式とフロア形式とは単に対立しているわけではない。フレームの介在を徹底的に回避し続けたならば、最終的に、フロアに立つ身体だけがぽつりと残されるのである。そこに満を持したようにして、フロア形式が立ち上がるのである。

別の言い方をすれば、すべて身体を持つ存在は、フロア形式に帰属している。身体を持っているということと、フロアの上に立たざるを得ないという事は同義だからである。ゆえに世界と主体との間に存在する事が可能なあらゆる関係性は、フロア形式の変奏に過ぎない。それほどにフロア形式はおおらかであり、開かれている。一方、フレーム形式とは、フレームという単一の限定された形式による、世界の支配である。そこでは、まずフレームがあり、主体も、そしてオブジェクトも、その形式に従属している。フレームがそこに介在する限り、世界と主体とを、それ以外の関係性で接続する事は、不可能である。もし仮に、主体が世界に向かって歩みより、身体を媒介にして触覚的に接触しようとしても、両者の間に介在するフレームが、その運動を、運動によって発生するであろう関係を阻止するのである。世界とは、主体から隔てられた視覚的オブジェクトの集合体としてのみ、出現する。世界の重層性、多様性、応答性（インタラクション）は、フレームによってすべて削ぎ落とされ、世界は単純で貧相なオブジェクト群へと還元される。

二つの形式的対比は、もちろんの事、建築的、方法の対比にとどまるものではない。そこにあるのは、世界の認識における二つの形式的対比に他ならない。

「水／ガラス」は、フロア形式の可能性を探る実験の場である。建築の最上部が、実験の場として設定された。最上部の床は一枚のフラットな水面である。水の深さはわずかに一五センチである。その一五センチ下の水底に、深い緑色の御影石が貼られている。その石の色の深さによって水底の存在は消去され、意識から消滅し、輝き揺れる一枚の水面だけがそこに取り残される。この水面は、海辺の崖の上に、ふわっと浮いている。その約百メートル下には、もうひとつの水面、すなわち海面が存在している。二つの相似な平面が百メートルの距離を置いて平行に配置されている。その結果、その二つの平面を材料として、様々な実験が可能となる。海面が世界を代用し、空中の水面が建築なるものを代用する。二つの平面を利用して、主体、建築、世界という三要素を接続する、様々な形式の可能性が試される。自然の中に精妙な実験設備が作られる。そこでは世界をめぐる、あらゆる関係性が試される。あらゆる哲学的仮説が、具体的な形で検証されるのである。

自然は刻一刻と変化し、様々な境界条件を、この実験設備に与える。ある一瞬、上の水面と下の水面は、完全に一体のものとして認識される（図20）。主体は、直接、海の上に浮かんでいるようにすら、感じるのである。その時、水というミディアムをとおして、主

図20　水／ガラス　1995年

体は世界に、直接接続されている。海面が世界の代用であるといったのは、この意味においてである。この印象は、雨天の日に一層強化される。雨天の日、海面と空とは同一化してひとつのブルーグレーのあいまいな塊となり、最上階の水面もまた、ブルーグレーの塊となる。世界と建築のすべてがひとつに溶けあって、境界のない曖昧な塊となって、主体を包囲する。固体と液体と気体という分節さえ消滅し、すべてがブルーグレーの粒子に変容し、主体を包み込むのである。この時、ひとつの建築物が無限に拡張されて世界と同一化するのであり、また同時に、世界のすべてがひとつの建築物の中に圧縮され、埋蔵されるのである。

　そしてまた、この不可思議な同一化現象は、一瞬にして崩壊するほどにはかない。

太陽の光線のわずかな変化によって、あるいは微風によって海面上に生じる波の陰影によって、二つの水面の同一性は、突然崩れ、建築と世界とは再び分裂するのである。二つの水面のあいだで、この種の接続と分裂が、飽きる事なく、永遠に繰り返される。

この実験を可能にしているのは、水という不可思議な物質である。水は固体、液体、気体の間をめまぐるしく転移する。世界を分類し、分節しようとするわれわれの無謀な試みを、水はそのようにして嘲笑するのである。そしてまた水は限りなく繊細なレセプター（受容器）である。すなわち徹底的に受動的である。オブジェクトが絶えず能動的なものとして出現しようとするのに対し、水は限りなく受け身であり、その形態さえもがその容器によって受動的に決定され、さらにあらゆる環境因子に対しても、水は執拗に受動的であろうとするのである。それゆえにこの水のフロアー全体がレセプターとして機能するのである。環境のわずかな変化にも敏感すぎるほどに応じ、そこに様々な関係性が出現する。タウトが愛した桂離宮の竹縁も、同様にして繊細なレセプターとして機能する。竹縁は月見のために作られたと言われている。月の光のような微弱な因子の変動が、竹縁によって増幅される。竹縁のツヤは、世界の光と色とを、なまめかしく反射し、また竹と竹との間に生じる溝は、光線のわずかな傾きを、黒い影という形で増幅し、われわれに正確に伝達するのである。それゆえ、桂離宮では、主体と世界の間に竹縁というレセプターが敢えて挿入されたのである。同じように「水／ガラス」では、水面が挿入される。そして水は竹の何倍も繊細であり、何倍も受動的である。かつては竹で縁側を作るしかなかった。しかし今や水で縁側を作る技術を、われわれの時代は所有しているのである。

建築の中に水面を封じ込めれば、このような多様な関係性が誘発されるというわけではない。水面自体がオブジェクトとして自立せず、水が主体と世界との間のミディアム（媒介）として機能する（あるいは正確にいえばミディアムとして消滅する）事が、重要なのである。そのためには、三つの具体的ディバイスが必要であった。

ひとつのディバイスは水面と主体との位置的関係を制御する事である。主体と世界との間に水面が介在するという位置的な関係が、絶えず守られていなければならない。そのように建築の平面と動線とが、慎重に計画されなければならない。主体が水面を媒介として世界を見なければならないのである。逆に世界の側から水面を眺めるような視線は、徹底的に排除される。一瞬たりとも、そのような眼差しを許してしまったならば、水のように不定形なものでさえもが自立し、凝結し、オブジェクトと化すのである。水は金魚鉢のような凡庸なオブジェクトへと堕してしまうのである。その時水は、もはや主体と世界とを繋ぐミディアムではない。一度オブジェクトとして出現してしまったものを、ミディアムの状態へと戻す事は、不可能である。それほどにオブジェクトは強く野蛮であり、ミディアムは弱く繊細である。

一定以上の高さから、水面を見下ろす視点もまた、同様の理由で回避される。俯瞰してしまえば、水面もまた、地上に存在する無数のオブジェクトのひとつへと、堕ちるのである。俯瞰するレベルをメタレベルと呼ぶならば、メタレベルとは、すべての存在をオブジェクトとして認識するための視点の別名に他ならない。主体がメタレベルに立った途端に、主体とオブジェクトとは切断される。オブジェクト達は主体に対して、身を閉ざし、世界が主体に対して、身を閉ざすのである。世界を主体に対して開き続けるために、主体とミディアムとは、同一のフロアになくてはならない。対等でなければならないのであり、見下ろす事は許されないのである。主体はあくまでも、水面と同一のフロアに帰属し続けなければならない。そのために室内の床のレベルは、可能な限り水面のレベルに近づけられている。その結果当然室内の防水上の大きな困難が生じる。それを回避する事が、この建築のディテールにおける挑戦のひとつであった。

もうひとつのディバイスは、エッジのディテールにかかわるディバイスである。物質の端部から、主体はその物質のすべてを読みとろうとする。硬度、密度、張力、温度そのすべてを読みとろうとエッジを注視する。端部から数ミリの突出が、あるいは端部につけられた僅か数ミリの曲率をもつ曲面が、物質の全体を残酷なほどに露呈する。エッジのディテールは、それほどに、建築に対して決定的であり致命的である。ゆえに数奇屋においてはエッジが決定的な意味を持ち、エッジ処理の方法に基づいて、数奇屋は真、行、草という形式に分類される。西欧においては様式は装飾によって分類され、日本においてはエッジ処理によって分類されるのである。柱のエッジが直角であるのか、角を落としてあるのか、何ミリ落としてあるのか、あるいはまるく角を削っているのか。そのほとんど見過ごすほどに微妙なエッジ処理を通じて、そこに配置された物質の本質が読みとられ、その建築の本質が読みとられるのである。そのような決定的なエッジが、建築のなかにはいくつか存在する。「水／ガラス」においては、水面のエッジのディテールが、この建築のすべてであった。

ここにあるのは水で作られた縁側である。だからこそ水面のエッジは突然に切断されなければならないと考えた。そこには縁やボーダーがあってはならないのである。突然に切断されてはじめて、水面は主体と世界とを繋ぐミディアムとなりうる。もし、水を堰きとめるための縁が、水面の上に突出したならば、水という物質はひとつの塊として完結し閉じてしまう。すなわちオブジェクトとして出現し、ミディアムとはなりえないのである。すべてのボーダーは、そのようにして、物質を縁どって、物質をオブジェクトへと転落させていくのである。ゆえに、日本の伝統的木造建築における縁側も、ボーダーを持たない。縁側の板は突然に切断され、切りっぱなしのままに放置されるのである。その縁側のエッジが室内と庭園とを接続し、主体と世界とを繋結するのである。

水の縁側の場合、木の板よりも、さらに繊細なディテールが要求される。水は外部へと溢れ続ける事によってはじめてボーダーを失い、シャープなエッジを獲得する事ができる。

図21　水／ガラス　オーバーフロー部分　1995年

溢れた水は、ドレイン（排水のための側溝）によって一旦受け、再びポンプアップして循環させるというディテールを採用している（図21）。

水はただ溢れているわけではない。海へと向かって流出し、外側の世界に向かって流出（エマナティオ）しているのである。流出という概念は、新プラトン主義の哲学者達によって、提示された概念である。そして新プラトン主義が、プラトンのイデアから出発して、流出という概念へと到達したプロセスは、きわめて興味深い。イデアはプラトン哲学の中心概念であり、世界はイデア（原型）とその模像から構成されているというのが彼のイデア論であった。その時、プラトンがイデアのモデルとして頭に描いたのは、球、円錐などの純粋幾何学形態、すなわちオブジェクトである。しかし、イデアを認識する事は極めて難しいとプラトンは考えていた。人間は洞窟の中の、首を固定された囚人であると、彼は考えた。首を固定されてふり向く事の出来ない彼の後方にイデア（オブジェクト）の世界は存在し、灯と人形芝居のからくりによって、彼はイデア（オブジェクト）の影のみをかろうじて見る事ができるのである。このようにイデア（オブジェクト）と主体とは、決定的に切断されており、両者の間に接続の契機を見出すことは困難であるというのが、プラトンの説であった。人は世界をオブジェクト（イデア）の集合体として理解しようと試みる。オブジェクト形式に基づいて世界を整理しようと試みる。しかし、その結果、人はますます現実というものの複雑性、曖昧性、奥行きから隔てられていかざるをえないと、プラトンは考えた。オブジェクト型の思考法にひそむ本質的な困難が、オブジェクト型の哲学を創始した当のプラトン自身の手によって、すでにここに予見されている。

この困難を解決するために、一方にアリストテレスの哲学が生まれ、一方に新プラトン主義は流出の概念に漂着したのである。アリストテレスは個物形相論を唱える事によって、オブジェクトの困難を解消しようと試みた。目の前にあるもの（個物）のなかにしかイデアは存在しないというのが、個物形相論である。目の前のものであるから、主体との切断はない。プラトンのイデア論が世界は原型（イデア＝オブジェクト）とその模像からなるとしたのに対し、アリストテレスは原型という概念を放棄する事によって、主体と世界との再接合を図ったのである。その目的のために、彼はイデアという用語をエイドス（形相、語源は粒子）という用語に置き換えている。この置換によって、彼は原型という概念から抜け出したのであった。しかし抽象化された原型という概念を放棄した時に、オブジェクトは単なる眼前の粒子でしかなく、世界を整理する道具としての有効性を喪失する。それゆえアリストテレスは世界を整理するために別のロジック（たとえば形相に対する質料）を導入しなければならなかったのである。

片や、新プラトン主義は、流出という概念をもって、主体とイデア（オブジェクト）とを接続しようと試みた。イデアは、遠く離れて立つオブジェクトでありながら、なおかつ流出し、われわれへと働きかけ続けるのである。流出は運動ではない。流出と運動とは根本的に異なる二つの別種な概念である。運動とは、空間的枠組を破壊しないという限定の内側で、時間軸を導入する事である。ニュートンの運動力学とは、この意味における運動の科学であった。一方、流出とは、時間軸の導入による空間的秩序の攪乱である。空間というフレーム自身が、揺らぎおびやかされ、その結果空間と時間とが強引に接続されるのである。イデアという概念の導入によって空間的切断が生じてしまう事を、プラトンは洞窟の比喩を用いて自ら認めた。主体（個人）はオブジェクトと隔てられざるを得ないと認めたのである。新プラトン主義は、その困難を解決するため、空間的な切断を、時間というファクターの導入によって解消しようと試みたのである。

一方、アリストテレスは、空間的な切断というものを認めようとしない。形相はすべての個物の中に、あらかじめひそんでいるとされるのであるから、イデアと主体との空間的切断は生じようがない。アリストテレスにも時間の概念はあるが、彼にとって空間的切断はそもそも存在しないのであるから、生成（ゲネシス）も、移動（キネシス）も、ともに一定の限定された空間の中での、予定された出来事に終わるしかないのである。すなわちそれらはともに空間的枠組の中での運動でしかなかった。空間と時間との接続、すなわち流出とは全く別のものであった。アリストテレスはイデア論を否定する事で、世界の中の亀裂の存在を否定したともいえる。世界に、亀裂がないとするなら、最終的に、哲学は世界をスタティックなカテゴリーへと分類する学へと帰着せざるを得ない。空間も分類され、また時間も分類されるのである。それがアリストテレスの哲学の巧妙さであり、また退屈でもあった。

そのようなアリストテレス流のスタティックな思考形式への批判として、流出のイメージを呼びよせ、具体的に建築の形で実現したいと考えて、「水／ガラス」の流出し続ける水面のアイデアへと辿り着いたのである。主体と世界との亀裂を、流出によって埋めようと考えたのである。モダニズム建築は基本的にオブジェクト型であり、イデア型である。球、円錐などの純粋幾何学的形態に対するコルビュジエのフェティシズムが、そのなによりの証拠である。モダニズムは普遍性を志向し、最終的にオブジェクト型へと帰着した。

モダニズムはインターナショナル（普遍）な建築様式を模索し、その結果到りついたのは純粋幾何学形態（オブジェクト）を纏った建築デザインという結論であった。しかし、これはいつかきた道である。普遍性を志向するものは、きまってオブジェクトへと漂着する。そのストーリーの反復が、西欧の思想、哲学の歴史であった。切断されたもの（オブジェクト）のディストリビューション（拡散）によって、普遍性に到達するという構図である。それが西欧的なる普遍性の正体であった。さらに、そこで辿りついたオブジェクト型の思考形式の困難を、アリストテレス的に克服しようとした時に、ポストモダニズムという思考形式が呼びよせられる。モダン対ポストモダンという対立はプラトン対アリストテレスとの対立とパラレルである。アリストテレス的手法、すなわちポストモダニズムにおいては、すべてはカテゴライズされ、あらゆる文化、あらゆる伝統が相対的に並置される。オブジェクト型の思考の困難を前にした時、普遍性を放棄して、カテゴライゼーションへと逃避しようとしたのがポストモダニズムである。カテゴライゼーションによって、イデア（エイドス）と主体との距離は縮められたというアリストテレス的錯覚が、世界を支配する。

モダニズムのオブジェクト形式を批判し、なおかつ同時にポストモダニズムを批判する事が可能だろうか。カテゴライゼーションによってオブジェクト形式を克服するのではなく、別種の普遍的形式をもって、オブジェクト形式を克服する事が可能だろうか。その時、流出という形式を見出したのである。流出によって、主体はより緊密に外側の世界に対して接続され、世界はよりリアルなものとして、主体に対して出現するのである。重要なのは、床という部位で、流出が生起する事であった。単にガラス張りの楕円形の部屋を作れば、建築が解放され、主体と世界とが接続されるというわけではない。媒介を喪失したガラスの箱の中に閉じこめられた主体にとって、世界とはガラスに張りつけられた巨大な風景写真にすぎない。一方、ここに作られたガラスの箱は、無残なほどに開かれている。身体が置かれ、身体が依って立つ基準となるはずの床自体が、別の室内へと向かって流出してしまうからである。その時はじめて、主体はその流出した先にある世界そのものと接合され、世界は風景写真から救出されるのである。

「水／ガラス」の最上階は流出を誘導するための舞台である。そしてこの水上の空間は、能の舞台に酷似している。能の舞台は、世界の演劇空間の中でも、不思議な性格を有する舞台である。なぜなら、能舞台は世界を代用しないからである。能舞台は単に、主体と世界との間に挿入されているだけである。

一方通常の場合、舞台空間とは世界の代用である。しかも舞台のスペースは限定されている。その時舞台においては、透視図法を用いた錯視を利用して、奥行きを捏造し、現実の世界の深度を模倣するというテクニックが用いられる。西洋のバロック劇場は、その代表である。

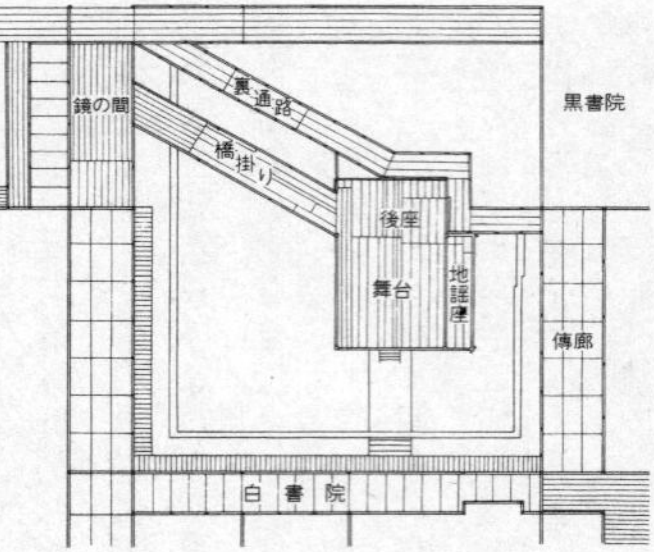

図22　西本願寺北能舞台　平面図　1582年

　ところが能舞台とはそもそも、壁がなく四周が吹き放たれたオープンな空間であり、世界は能舞台の上にではなく、あまりにも明らかに能舞台の向う側に存在していたのである。洛中洛外屏風図には、そのような形の吹き放し能舞台が描かれている。その後、舞台の突き当たりの面に、鏡板と呼ばれる壁面が出現し、舞台に橋掛りと呼ばれる花道が接続されて、十六世紀末に現在の能舞台の形式が確立された（図22）。しかし、それでも当初の吹き放たれた形式が内蔵する関係性が失われたわけではない。そこに体現されていた哲学が失われたわけではない。新たに出現した鏡板には老松がえがかれた。舞台の四方がオープンであった時代、その舞台の裏側に植えられていた松の巨木にかわって、老松が描かれたのである。能において舞台とはそれ自体で完結するものでもなく、世界を象徴するものでもない。その背後に確固として存在する世界と、観客という主体とを媒介するにすぎないのである。それゆえに、能舞台は世界を捏造しようとはせず、奥行きを捏造しようとしない。その結果デプスとか立体感というものへの意志がそもそも欠如しているのである。

　バロック劇場においてはしばしば、舞台の突き当たりからさらに奥へと向かって、先細りに変形された通路が付けられ、錯視によって舞台の奥行きを強調する。しかし、左後方から、きわめて浅い角度をもって、舞台の側面へと接続される能舞台の橋掛りの中には、空間のデプスを捏造しようとする意図はない。そこにあるのは、左側に出現したものが右側へと移動するという、絵巻物と同型の形式である。絵巻物においてもそして能舞台においても、最も重要な事は、空間の中に時間を封じ込める事である。その目的のために、空間の奥行きはあくまでも浅くなくてはならない。浅い空間の中を時間が流れていく事が必要なのである。もし空間の奥行きが深すぎたならば、時間の流れは乱される。なぜなら主体は、時間という存在を忘却して、空間の奥行きへと深入りしてしまうからである。時間が忘却されて、世界とは空間の事であると錯覚してしまう。それゆえ、空間は徹底して浅く、フラットでなければならないのである。しかし、絵巻物の中に空間的奥行きが消去されてしまってはいけない。もし消去されたなら、そこは世界ではなくなってしまうからである。空間があり、しかもきわめて浅い空間がある事が重要なのである。ゆえに橋掛りと舞台とは決して平行になる事はない。その二つの要素間の誤差にも等しいようなわずかな平面的傾きによって生じるかすかな空間的デプスが守り続けられるのである。結果として空間的奥行きも、時間的奥行きもともに存在するというきわめて困難で、矛盾に満ちた状況が出現する。当然そこには無数の亀裂、無数の襞が生じざるを得ない。もちろん世界とは本来そのようなもののはずなのである。しかし、日常、われわれは空間と時間を分節して認識する。ゆえに、亀裂と襞とを忘却し、時空の接続を矛盾とさえ感じてしまうのである。

能舞台ではこの時空の矛盾を、床という建築エレメントが解決する。なぜなら壁は空間的エレメントであり、床は空間と時間の双方に所属するエレメントだからである。壁の存在は遠方からも容易に認識され、固定された視点（非時間的視点）からも容易に認識される。ゆえに壁は空間的である。一方床は、主体の移動によって次々と眼前に展開する。その全貌は次々に、すなわち時間的にのみ展開される。ゆえに床は空間的であるのみならず、時間的なのである。この両義性を利用して、能舞台では床によって時空が接続され断層は架橋されるのである。その証拠に、能舞台における最も重要な床は、橋掛り（架橋）と呼びならわされているのである。

床はそれほどに重要なことを委されているのである。それを床が為し遂げるためには、すべての観客の意識が床に向かって集中していかなければならない。そのために能役者は徹底的に低い重心を保たなければならない。摺り足で床の上を流れるように歩行しなければならない。また時に足底で床を強く蹴り、床の出す音が、舞台の下の瓶によって増幅され空間に響きわたるのである。音は、床に意識を集中せよという信号に他ならない。床への集中の結果、単純とみえる空間の中で、多様な流出が繰り広げられていく事になるのである。同じようにして「水／ガラス」でも計画の中心は壁でも柱でもなく床であった。そ

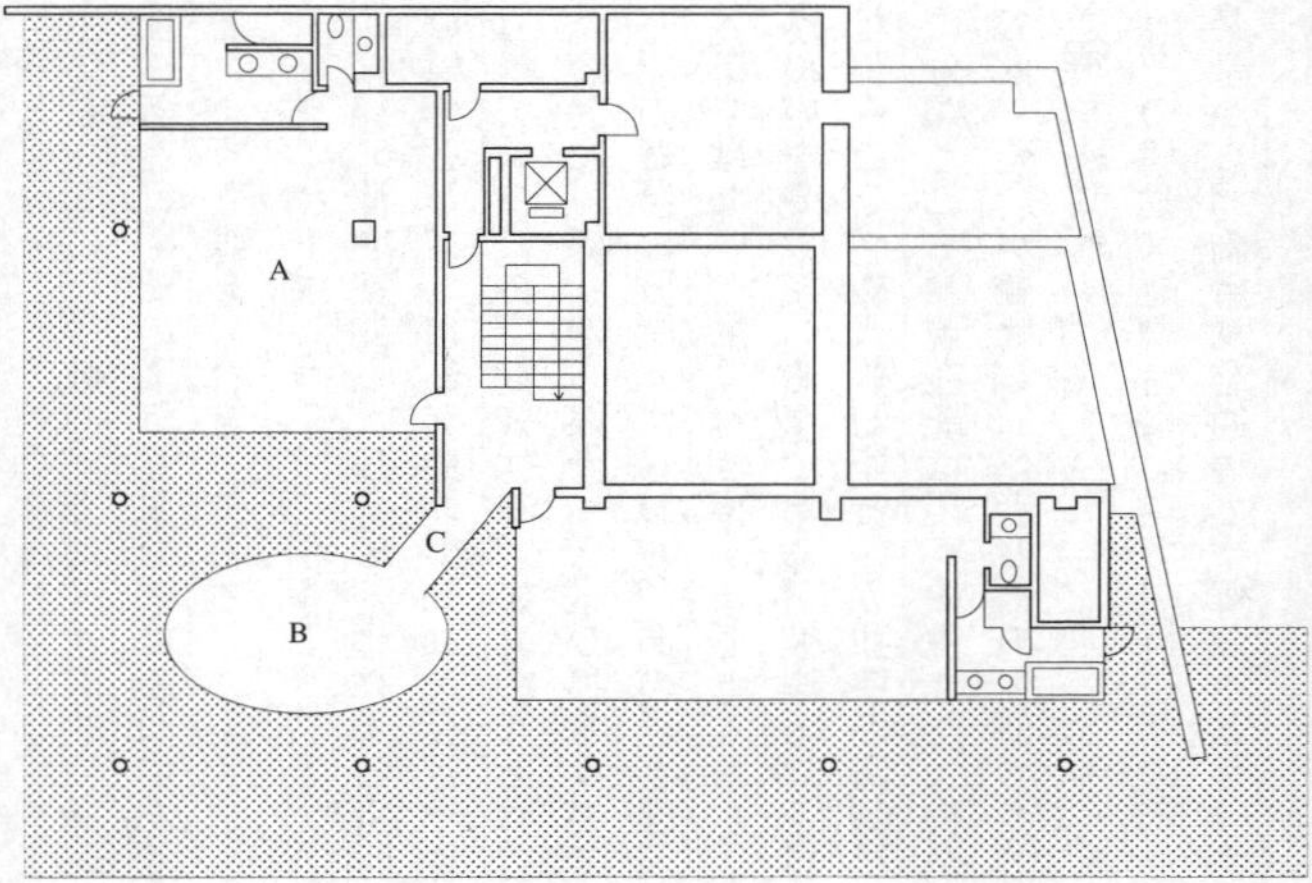

図23　水／ガラス　最上階平面図　1995年

れゆえに床は水であり、また時にガラスなのである。その結果、意識は床に集中する。水は囁き続け、意識の集中を命じ続けるのである。

「水／ガラス」において、曲面のガラスによって囲われた楕円形の領域Bが、能の舞台のように、主体と世界との間に挿入される（図23）。主体と世界の間に、まず水面が挿入されて、さらにその水面の中に、領域Bが挿入され、さらに斜めの方向性を持つ領域Cが挿入される。そこに出現するのは、媒介の重層である。主体に対して、完結した別世界が呈示されるのではない。別世界を立ち上げ、捏造するという大それた願望はない。世界はすでにそこに、あらかじめ存在している。その世界と主体との間に、複数の媒介が、重層的に挿入されるのである。その媒介が流出を誘導する。能の舞台は、そのような媒介のひとつであり、「水／ガラス」における領域B、Cもまた、そのような媒介のひとつである。

日本において、すべての空間は、完結しない。閉じていない。すべての空間は媒介でしかない。演劇空間も、日常の対極にある別世界として完結する事はない。あくまでひとつの媒介として、自然と主体の間に、投げ出される。そして大事なことは、今自分が両足で立っているこの空間ですら、媒介のひとつでしかないという事である。だからこそ、意識は容易に、媒介から媒介へと飛び移る事ができる。

能の舞台は彼岸、すなわち、あの世を表現しているといわれる。その事は、別に驚くべき事ではない。驚くべき事があるとしたら、彼岸さえもが、媒介のひとつに過ぎないという扱いを受けている事である。彼岸とは、日本人にとって、その程度の存在なのである。だからこそ、複式夢幻能という独特の演劇形式が成立した。能は、現在能と複式夢幻能とに分類される。現在能は現実の生きた人物が、現在進行形で劇を進める。一方複式夢幻能では、死者が登場し、死者とその生前の姿とが、自由に入れ替わり、時間は停止、順行、逆行を繰り返す。

その移動は能舞台において、橋掛りの床を使って行われる。演者は、鏡の間と呼ばれる楽屋から、橋掛りを通って、舞台へと登場する。橋掛りが斜めの方向性をもつ空間であり、演者の移動が必ず斜めの方向性をもつ事に能舞台のユニークさはある。なぜ斜行するのか。空間のなかに時間が封じこめられ、時間の中に空間が封じこめられているからである。絵巻物でもまた斜線が多用される。これほどに斜線を多用する絵画形式は他に例を見ない。空間軸と時間軸とが、斜線を用いる事によって、奇跡的に共存可能となるのである。空間から時間への移行、時間から空間への転移が、斜線によって示されるのである。能舞台においても、絵巻物においても、時間的奥行きと、空間的奥行きをともに封じこめようとした時に、そこに否応なく不連続面が生じる。その亀裂が斜線によって軽々と乗り越えられていくのである。斜行が流出を誘導するのである。

「水／ガラス」の領域Bも、同様にして斜めの方向のブリッジCによって、こちらの側の世界、すなわち領域Aと結ばれている。ブリッジは接合を示している。セリも幕も能では用いられる事がない。どちらもこちら側の世界とあちら側の世界との断絶を示し、それを強化する装置だからである。一方橋掛りは、こちら側の世界との接合を示している。その接合部には無数の矛盾、亀裂が発生する。それゆえにブリッジは斜行せざるをえないのである。そして最も大事なことは単にブリッジが斜行しているのではなく、その上を人間が実際に身体を使って、海へと向かって斜行していく事なのである。それは空間を斜行する事であり、また時間を斜行する事であり、空間と時間という分節自体の無効性を、身体を使って実証する行動なのである。

世界の中に屹立する建築ではなく、主体と世界を繋ぐきっかけとなるような建築を作りたい。オブジェクト型の建築は接続を妨げるだろうし、完全に透明な建築もまた接続の媒介となる事はむずかしい。媒介であり関係性であるような建築を作りたい。しかも物質という具体的な材料を用いてそれを作りたいのである。

その時に流出とレンズという概念が、助けになる。レンズは主体と世界とを接続する。透明であり、なおかつ関係を規定するのである。楕円形をしたガラスの部屋の構想は、レンズから誘導された。しかも、ガラスで作られたソリッドなレンズではなく、中学生の頃に作った、薄いガラスのボックスの中に、水を封入したレンズのイメージが頭にあった。ソリッドなガラスで作られたレンズはそれ自体が美しい結晶体のように見え、オブジェクトとして完結してしまうのである。一方ガラスの薄板で作った容器のようなレンズは、内と外の密度の差異によって屈折率を変化させる。外部を水にして、内部に空気を入れれば、凸レンズの形状であったはずのものが、凹レンズとして機能する。それはオブジェクトから限りなく遠く、媒介というものの本質をかいま見させてくれるレンズであった。「水／ガラス」はこのなつかしいレンズを拡大したような建築である。まずガラスで楕円の形に空気を切り取る。その時ガラス容器の内部の空気と外部の空気は切断され、光の状態によって、天候によって、屈折率はいかようにも変化するのである。ある時は凸レンズ、またある時は、凹レンズとして、この空間は機能する。固定される事から、オブジェクトである事から、可能な限り逃れたかったのである。

哲学者のスピノザはレンズを磨くことが本業であったといわれている。真偽の定かでない伝説がこれほどまでに広まったのは、レンズというもののあり方と、スピノザの哲学との間に、共通のイメージがあったからに違いない。スピノザは実体（オブジェクト）というものを否定したのである。そこがスピノザと一世紀先行するデカルトとの最大の差異であった。デカルトは精神を一つの実体として自立させ、物体もまたひとつの完結した実体として自立させた。その意味においてデカルトの哲学はオブジェクト型である。一方スピノザは実体を否定した。オブジェクトを否定したのである。彼が認めた唯一の実体とは神であった。精神も物体も、すべては神の属性の一部であり、全ては神との間の関係性にすぎないと、彼は考えたのである。この世界観は、レンズのイメージとパラレルである。中心には唯一の発光体としての神があり、そこからすべての光は放射されている。精神も物体も実体としては存在せず、ただその光を透過して僅かに屈折させる密度の特異点としてのみ存在するのである。

さらにスピノザの論が興味深いのは、スピノザが空間と時間との分節をも否定している点である。神にとって空間と時間という分節は意味がないとスピノザは考えた。空間というものを自立させてしまった結果、時間というものが存在するように錯覚するのだと、スピノザは考えたのである。

この認識もまた、「水／ガラス」で実現しようとした時空のイメージに極めて近い。主体と世界とを接続しようというのがこの建築の出発点であった。その作業を続けていくうちに、空間的に接続するという操作だけでは、主体と世界は永遠に繋がる事はないように思えてきたのである。空間と空間との接続は容易である。時間と時間との接続もまた容易である。しかしひとたび主体というものをそこに投入し、主体を世界に対して接続しようとしたならば、そこでは時空という分節を超越して、接続が行われざるを得ないのである。そこでは時空の分節を基本とする近代科学や、近代的な建築計画は役にたたない。それらはすべて、時空の分節とオブジェクトの自立を基本とするデカルトを出発点としているからである。オブジェクトを否定し、時空を分節する事なく、しかも充分に科学的である事。「水／ガラス」はそのようなポジションに立とうとしている。

第三章　消去する事　亀老山

　大島という地名は、日本全国に散らばっている。このプロジェクトの計画地である大島は、愛媛県今治市の北東の、瀬戸内海に浮かぶ島である。面積四五・五平方キロメートル、人口一万人。産業はみかんと漁業である。周辺の海域は芸予諸島と呼ばれ、瀬戸内の中でも、最も島の数が多く、多島美というロマンチックな形容詞が被せられている。大島の隣の鵜島は、村上水軍発祥の島といわれるが、現在は無人島である。

　その大島で最も高い山が、亀老山《きろうざん》という不思議な名前の山である。標高三一五メートル。丘といってもいい高さであるが、小さな島の中で、そのシルエットはきわだっている。その山頂に、展望台を設計してほしいというのが、町の依頼であった。

　敷地を最初に訪ねたのは冬の日であった。亀老山の山頂は、すでに数年前、水平にカットされていて、そこが敷地であった。山頂に近づくにつれ、樹の切りたおされた無残な山の姿が目にはいってきた。その山頂に作られた平場が展望公園と呼ばれ、そこに小さな公衆便所がたてられ、その屋上部分に人がのぼれるようになっていた。ひとけはなく、風は冷たく、さびしい景色であった。

この展望公園の上に、周囲の海と島々を眺めるための展望台を作りたいというのが、与条件である。その展望台は島のシンボルとなり、町のシンボルとなってほしいということであった。要するにモニュメントを作ることが、のぞまれていたのである。いろいろ案をつくった。敷地は広い。町の中に建築をたてる場合のような厳しい建築規則もない。中身の機能も、必要面積も曖昧である。ほとんどすべてが自由である。しかし、にもかかわらず、このプロジェクトほど、悩んだことは他にない。どんなアイデアを思いつき、形をスタディーし、模型を作ってみても、しっくりと来ない。その案を放棄し次の案を進めても、やはり納得できる案には到らない。いらいらばかりが募る。あの寒々しい展望広場のイメージばかりが浮かんできて、頭から離れない。拘束条件がないゆえの「自由の呪縛」とも違う。

考えを整理していくうちに、展望台というプログラム自体が、矛盾を内包しているのではないかという思いに到った。美しい環境だからこそ、そこに展望台が建設される。しかし展望台が建設された事で、その全体の環境は破壊される。その展望台がいかに美しい形態をしていようと、その事情は全くかわらない。むしろ美しければ美しいほど展望台の姿は環境の中で突出し、環境の全体は破壊される事すら考えられる。そのような本質的矛盾を、展望台という形式自体が孕んでいるのである。それはオブジェクトの矛盾という形に敷衍する事も可能である。美しい環境の中だからこそ、人々はそこにオブジェクトをたてたいと望む。あるいは、オブジェクトが見映えをするために、美しい環境が要請される。しかしそこにめでたくオブジェクトが出現する事によって、環境は破壊されるのである。しかも展望台という形式は、オブジェクトの矛盾に対して、あまりにも無自覚である。なぜなら、展望台は世界を見るための装置だからであり、自分を見るための装置ではないからである。自分では、自分の姿を見る事はできない。展望台の根幹にあるのは、認識という活動の中核にある自己中心性である。であるから、展望台は自身の矛盾に気づく事がない。正確にいえば展望台の上に立って世界を見降ろしている人間は、展望台の矛盾に気づく事がない。あるいは気づいていないふりをする。ゆえにますます展望台、そして展望台的なるものは、たてられ続けるのである。増殖し続けるのである。いうなればオブジェクトのもつ、自己中心性が、展望台という装置のなかで増幅され、増殖されてしまうのである。あるいは認識という活動の自己中心性が、展望台という存在の出現を通して、露呈され続けるのである。

様々なオブジェクトをデザインし、一旦デザインしてはその案を破棄するという作業を数回繰り返した結果、ひとまずたどりついたのは、透明なオブジェクトという結論である。オブジェクトが透明であれば、環境へのダメージをミニマムにできるという考え方である。

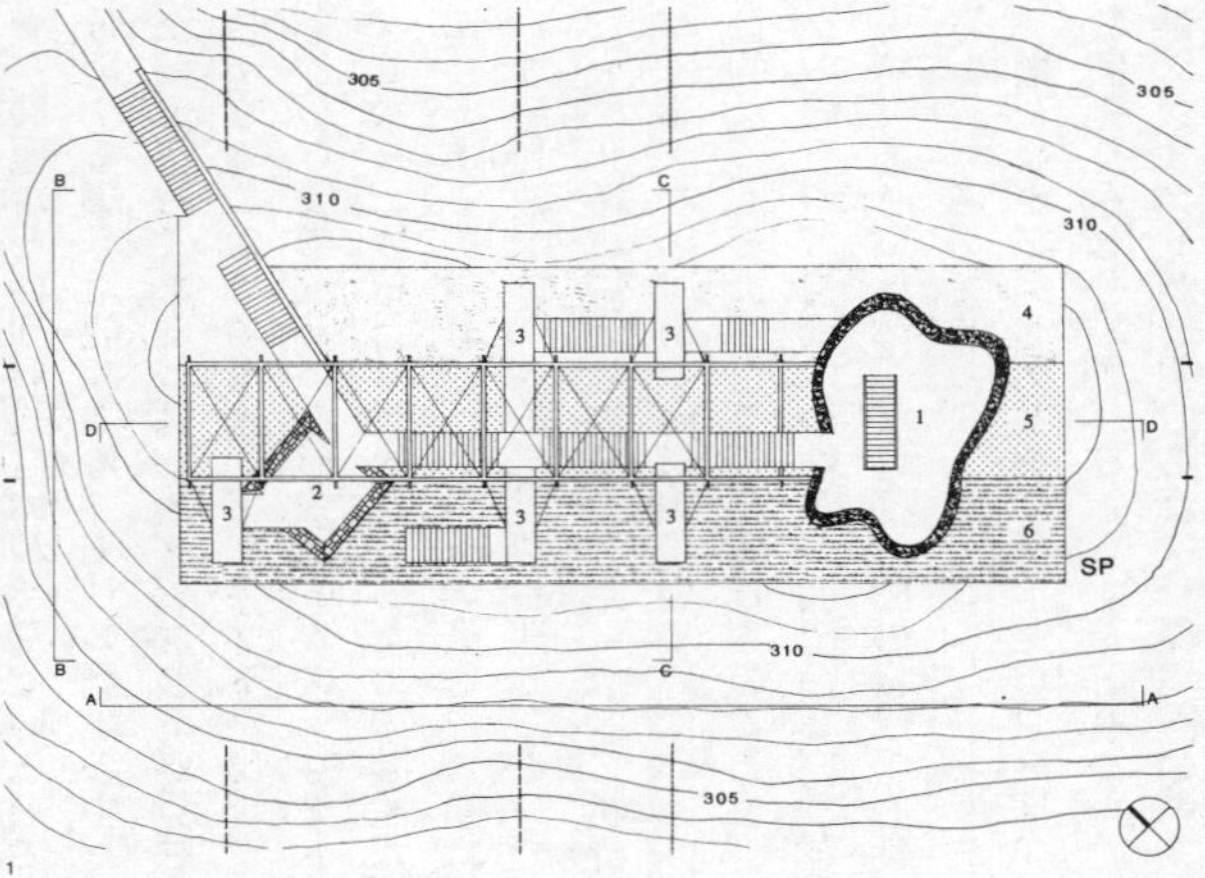

1: 展望デッキ
2: 既存展望台基壇
3: 展望室
4: 竹林
5: 砂敷
6: 芝生

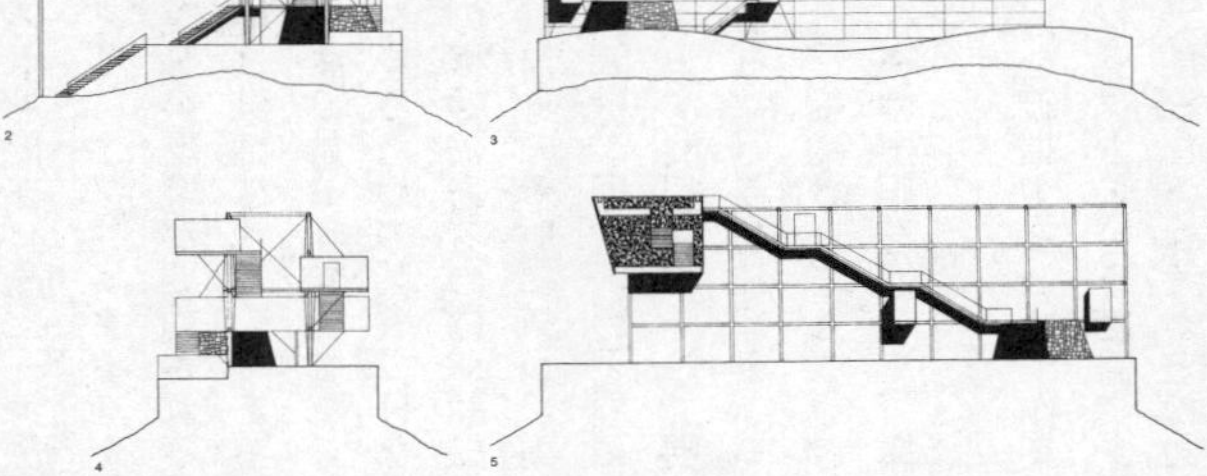

図24　亀老山展望台　設計　隈研吾建築都市設計事務所　平面図、立面図、断面図、模型　1992年７月案

オブジェクトの矛盾、展望台の矛盾から救われるためには、透明なオブジェクトを作り、オブジェクトを消去してしまう以外にはないだろうという、ひとつの解答である。そのようにして、ひとつの案が完成した（図24）。
透明なオブジェクトといっても、目的はオブジェクトを作る事ではない。主体が移動するひとつのシークエンスを作る事。視線を制御する装置を作る事。それがそもそもの目的である。展望台というプログラムから、それ自身の形象を消去していけば、残るのは、展望台にのぼって、再び降りてくるというシークエンスであり、またそのシークエンスの中途で、様々に展開される視線の運動である。形ではなく、その運動自身を徹底して計画する事が、デザインのテーマであった。それでも、山頂の広場の上に、なんらかの物質の塊

が出現すれば、それはオブジェクトとして環境の中に出現する他はない。それがこの敷地の宿命でもあった。できうる限り、繊細で透明な物質を用いる事によって、この宿命を克服する事が、この案の課題であったのである。

透明性を獲得するために、構造体はまず鉄骨構造と定めた。コンクリート構造とは比較にならないほど細い柱や梁が可能となるからである。柱や梁の仮定断面寸法は二〇〇ミリ角の角パイプという計算結果であった。ブレース（斜材）によって補強することで、そのような細い柱が可能となる。その結果としての鉄骨フレームは、充分に繊細で透明な構造体であった。長辺四〇メートル、短辺六メートル、高さ一二メートルの直方体の構造体の両面に、ステンレス製のメッシュが貼られる。その、メッシュで作られた二枚の垂直な面の出現によって、環境の全体がA、B、C三層に切り分けられる。その切り分けに従って、それぞれの空間に対応する地面にも、三種類のランドスケープが与えられる。ひとつは竹林であり、ひとつは砂浜であり、ひとつは雑草の生えた原っぱである。それぞれこの島の代表的なランドスケープを、サンプリングしたものである。

この三層にスライスされた空間を、層転移を繰り返しながら上昇し、再び下降するというのが、全体のシークエンスの大筋である。層転移は、ステンレスメッシュに突き刺された、ガラス製のボックスの内部の経路を用いて行われる。上昇するシークエンスの途中に、突然にそれと直行するガラスのボックスが挿入され、そのガラスのボックスがメッシュ面を横断しているので、ある層から異なる層への移行（トランス）が瞬間にして行われるのである。

世界の相対性を確認する事が、この装置の目的である。絶対的なひとつの世界があるのではなく、世界は相対的であり、複数であるという事を、知識としてではなく、具体的、身体的な体験として獲得させる事が、この装置の目的である。そのために、この装置はきわめて薄い層に世界を切り分け、主体は容易に層から層へと転移する事が可能となる。主体は、層から層、ひとつの世界から別の世界への転移を何回も繰り返しながら、展望台の最頂部へ上昇していく事になる。現実の世界の中において、そのような薄くスライスされた奥行きの浅い空間は稀である。ゆえに世界が相対的である事を実感する事は、きわめて難しい。しかしサイバースペースの中で、薄い空間は日常的である。層転移のスピードこそがサイバースペースの最大の魅力であり、それを可能にしているのが空間の薄さである。コンピューターゲームはもっぱらその魅力に依存している。現実の空間の中に、サイバースペースの構造とスピードとを導入する事が、この案のひとつのテーマであった。

空間は薄いにもかかわらず、空間は豊かである。なぜならそれぞれの空間は閉じられずに、外の世界、外の自然に対して開かれ接続されているからである。すなわち空間は完結型ではなく、媒介型である。媒介型とは、主体がその空間を通じて、さらにその外側にある空間と接続されているという事を意味している。媒介型の三つの空間A、B、Cを作り、それらを積層させてレイヤーを構成するというのが、この案の基本的形式であった。ひとつのレイヤーからひとつのレイヤーへの転移は、主体と世界との接続形式の変化を意味している。ステンレスのメッシュの内側にたつか、外側にたつか。そのわずか数センチのポジションの差異によって、世界との接続形式が変化し、世界は全く違うものとして出現するのである。メッシュ越しに見るぼんやりとして輪郭の曖昧な印象派的な瀬戸内海が、突如としてくっきりとした陰影と輪郭を有する地中海的世界へと転換されるのである。完結型の空間作りにおいては、このような事は起こらない。完結した空間の中で、ひとつの世界を表現しようとしたならば、空間を徹底して作り込んでいかなければならない。その結果、空間は厚みを持ってしまい、別な空間への移動速度は極端に遅くなる。媒介型ゆえに、空間を徹底的に薄く切り分ける事が可能となり、速やかな移動が可能となる。その結果世界が相対的である事を実感する事ができる。すなわち主体のポジショニングによって、世界がどのような形にでも出現しうるという事が確認されるのである。その過程を通じて、世単一で絶対的な世界という拘束から解放される。自由で軽やかな相対的世界の獲得が可能となるのである。

さまざまな層転移（トランス）を内蔵した上向きのシークエンスの頂点に、実際の生きた植物で作られた、不定形のヴォリュームが用意される。具体的には、このヴォリュームは、植物で作られた一種のメッシュであり、その内部は空洞となっている。上昇するシークエンスの最終局面で、その不定型なヴォリュームに飲みこまれる。その内部の闇によって一切の方向感覚を喪失した上で、下降するシークエンスへと反転し、地上へと降りていくのである。緑のヴォリュームを支える鉄骨の構造体が稀薄であり、ほとんど透明なものとして出現するので、視覚的には、山頂の空中に、森の断片がふわっと浮かぶように見える。それが、このプロジェクトにおける、唯一のオブジェクトとなる。あらゆる人工的なオブジェクトが拒否され、唯一、自然というオブジェクトが許されるという図式である。

ここにはひとつの決定的反転があると考えた。通常、人工物は自然という地（グラウンド）との対比によって、図（フィギュア）あるいはオブジェクトとして突出し、自立する。古典主義的な建築観はこの図式に依拠している。ギリシャ・ローマ以来、建築という人工物はこの図式を利用することによって自然に対する優位、特権性を獲得しリスペクトされてきたのである。しかしこのプロジェクトにおいては逆に、自然という図（フィギュア）が、地としての人工物によってサポートされることによって、突出し、浮上するのである。この反転のめざすところは、自然物と人工物とに伝統的に振り当てられている対比と支配の構造を批判する事であった。

しかし、最終的にこの案は放棄された。原因は、ひとつには透明性への懐疑であり、ひとつにはこの案のもっている批評的なスタンスへの懐疑である。

オブジェクトを消去するには、二つのアプローチがある。ひとつは透明にすることであり、ひとつは埋蔵する事である。ガラス等の透明な素材を用いてオブジェクトを消去するのが前者である。しかしガラスやメッシュを用いさえすればオブジェクトが消去されるというのは、安易な思い込みであり、しばしばデザイナーの自己満足に終わる。多くのガラス建築は、逆に、しばしば威圧的オブジェクトとして環境の中に突出する。素材の選択以前に重要な事は、オブジェクトのセッティングなのである。この敷地において最も注意すべきは、山頂がすでに水平にカットされており、そこに完璧な台座が用意されているという事であった。すべての台座はオブジェクトの出現を待望しているのである。その上にたつすべてのものを、オブジェクトにしてしまうのである。台座の上にいかなる物質、いかなる形態を、いかに慎重にセットしたとしても、そこにいや応なくオブジェクトが出現してしまう。ほとんどの現代美術はこの台座による生成作用に依拠しているがゆえに、退屈なのである。便器がオブジェクトになりましたと誇る方法論から抜け出せないが故に、退屈なのである。

どんなものでもオブジェクトになりえる。そこに、誇るべき事はなにもない。むしろ大切な事はいかにオブジェクトを回避するかである。透明な素材を用いる事で、敷地という台座の上にたつオブジェクトをまず消去し、さらにそのはるか空中にオブジェクトとしての自然（緑）を浮遊させるという構図を導入する事によって、台座を批判し、オブジェクトの生成システム自体を攪乱しようというのが、この案の意図であった。しかし、台座自

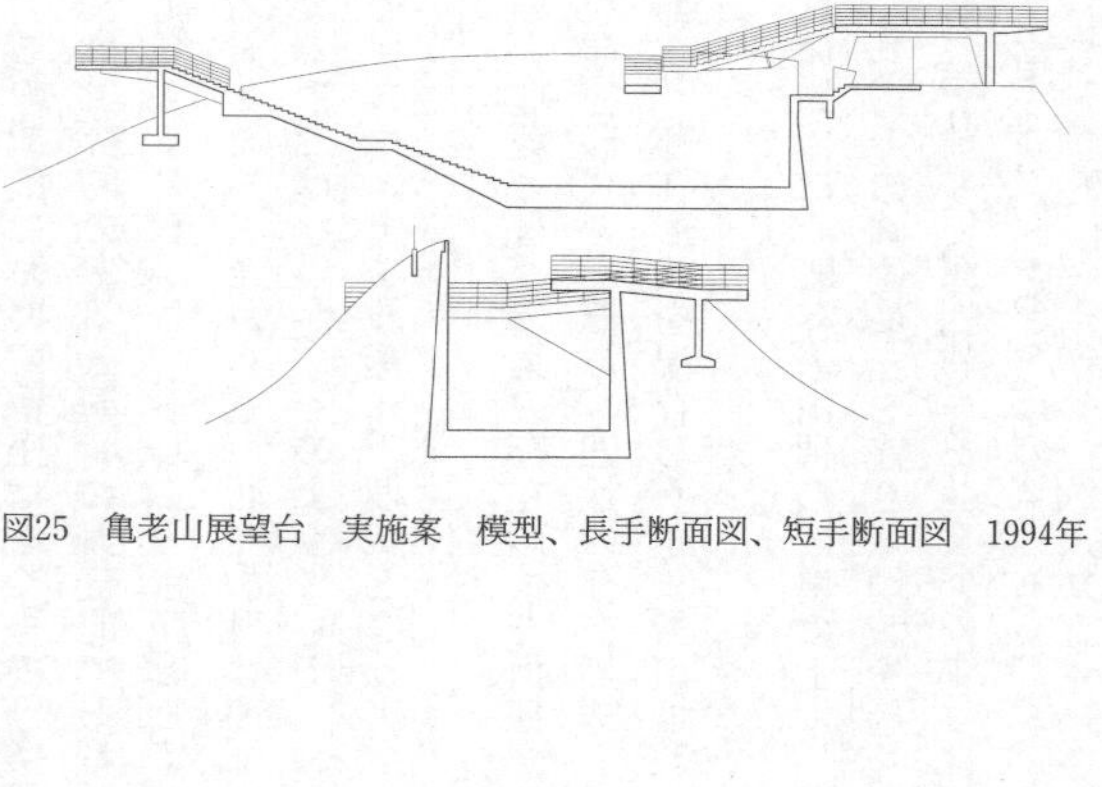

図25　亀老山展望台　実施案　模型、長手断面図、短手断面図　1994年

身を否定しようという意図はこの案にはない。この攪乱において台座はあくまで与条件として存在していた。その意味において、この案は批評的であると同時に保守的である。批評性とはしばしば、そのような形で保守性と結託する。しかし、もしこの台座としての山頂という与条件自身を反転する事が可能であるとしたら、それは透明化や攪乱よりもはるかに決定的に、オブジェクトを否定する事になるのではないか。そのようにして、われわれはほとんど実施設計までも完了した透明化のアプローチを放棄し、埋蔵というアプローチに向かって、踏み出していったのである。

埋蔵は単に、建築を土に埋設する事ではない。埋蔵とは、建築の存在形式を反転する事である。オブジェクト、すなわち自己中心的な存在形式を反転し、凹状の存在形式、徹底して受動的な存在形式の可能性をさぐる事である。存在形式を温存したままでの埋蔵は、埋蔵ではなく、オブジェクトの隠蔽である。

まず出発点は、山頂の地形の復元である。具体的には、既存の山頂の広場の上に、Uの字の断面形状をしたコンクリートの構造体を作り、その両側に土を盛り、植栽を施していくのである（図25）。結果として、山頂の地形が甦り、その頂部にスリットのように、あるいは細長い石切場のようにして、展望台が出現するのである（図26）。もちろん、それはもはや「台」とは呼べないであろう。展望台が、展望孔へと反転されるのである。

その際に最も注意を払ったのは、植栽の方法であった。樹木がすばやく根を張らないと、盛り土は雨で崩れる心配がある。もしそのような事が起これば山頂の修復どころの話ではない。まず盛った土を溶接金鋼で押さえて、その上に周囲の樹木を復元すべく種を蒔くのである。種もただ蒔いたのでは雨で流れてしまう。種と肥料と流れ止めの糸を混ぜたドロドロの溶液を噴射する工法を用いることで、急勾配の盛り土の上に樹木を復元する事が可能となったのである。

空に向かってこの孔は全開し、その全貌をさらしている。しかし、地上から見た時、この孔は消えている。山肌に、薄く鋭いスリットが切り込まれているだけである（図27）。ここにオブジェクトを発見する事は難しい。オブジェクトを発見できないという事は、モニュメントを発見する事も難しいという事である。要求されたのは島のモニュメント、町のモニュメントを建設する事であった。すべての公共建築には、そのような期待が賭けられている。そしてそれにうまく答える事が、建築家の能力であると考えられている。しかし、モニュメントをここに見出す事はできない。亀老山こそがモニュメントではないか。そこにある自然こそがモニュメントではないか。充分に尊敬するにたるモニュメントではないかというのが、僕の考え方であった。そのために山を修復したのである。展望台の建設という名を借りて、山を修復しようと考えたのである。

人々は、展望台という名称と、地下へ潜っていくかのようなアプローチとのギャップに、一瞬立ち止まる。体を押しつぶすように高く切り立ったスリットを抜けると、上方に空が

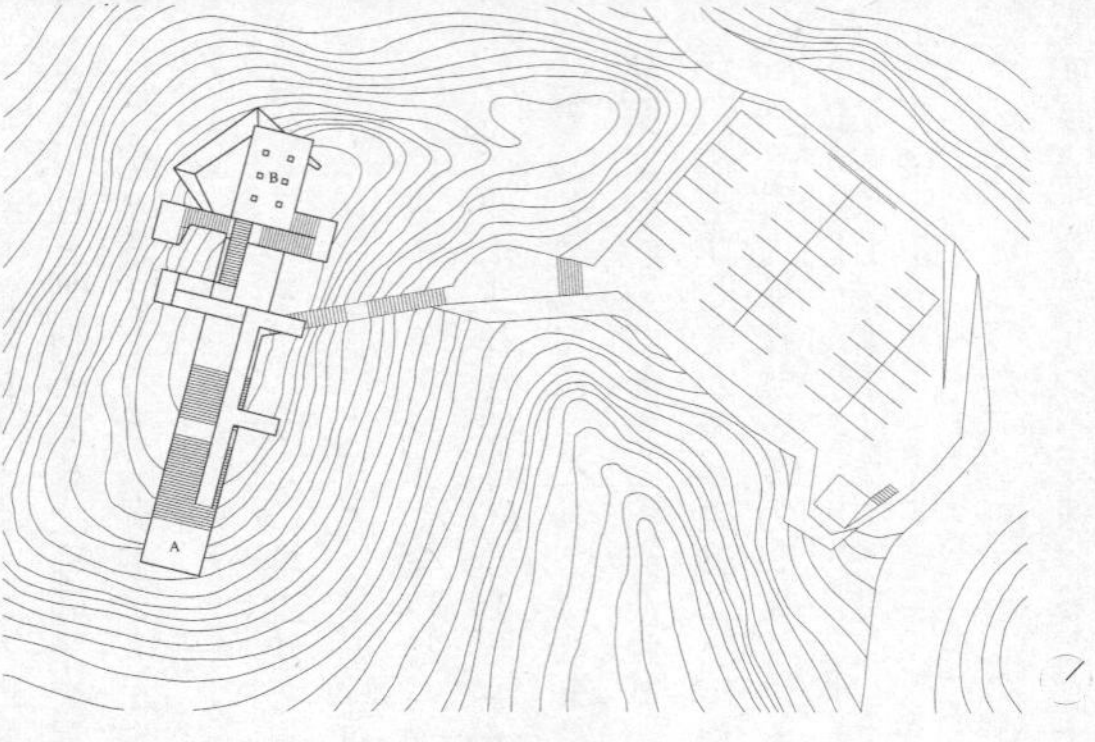

図26　亀老山展望台　全景、空からの全景図、デッキBからAを見た所（左ページ）　1994年

ひらけ、地底の広場のような場所に立っている（図28）。天空には開いているが、三方に壁が高く立ち上がり、一方向が巨大な階段となっている。空しか見えない。どうしてここが展望台なのか、いよいよわからない。空に向けて大階段を一段一段あがっていくと、昇りきったところで突然視界が開け、正面に瀬戸内の島々の姿があらわれる。展望台という命名の意味がここではじめて了解される。大階段を昇りきったこの場所がデッキAと呼ばれる（図29）。

デッキAから、檜の板が貼られた巾の狭いブリッジを通って折り返す。ブリッジはデッキAと、その反対側の端部に位置するデッキBとを繋いでいる。ブリッジを木で作ったのは、それがブリッジ、すなわち繋ぐものであることを確認するためである。古来、日本の

図27　亀老山展望台　入り口のスリット　1994年／図28　亀老山展望台　底部の広場と大階段　1994年

図29　亀老山展望台　デッキより瀬戸内海をのぞむ　1994年

宗教空間において、聖なるものは、自然自体、たとえば三輪山という山自体であり、人工的なるものは、それらの聖なる存在と人間という主体とを繋ぐものであった。人工物は媒介である事しか許されなかったのである。橋はもちろんの事、神社さえもが、それ自体で完結するものではなく、あくまでも繋ぐものだったわけである。そして、繋ぐものは、重く、完結したものではなく、軽々として、弱いもの、時とともに風化していくもの、すなわち製材した木材で作られなければならなかった。その場合、檜が最も頻繁に用いられた。かぐわしく、白く淡く、軽やかな木目をもった木材を、人々は古来から、聖なる木材と考えていたのである。

その形式が、ここでも踏襲されている。主体と自然を繋ぐものとして、この展望台という装置がある。そこにはヒエラルキーを有するひと繋ぎのシークエンスが存在し、そのシークエンスに身を委せる事によって、主体は自然というデリケートな深部へと、注意深く少しずつ接続されていくのである。神社において、最奥に聖なる山があり、社殿があり、階《きざはし》があり、さらに社殿にいたるプロセスとしての橋、たとえば伊勢神宮における五十鈴川の宇治橋がある。亀老山では、最も奥に自然があり、その自然に正対してデッキAとデッキBという磨きあげられた御影石を敷きつめた二つの神聖な床面があり、さらにそこに到るために階段があり、木製のブリッジが用意されるのである。

ブリッジを渡って、デッキBに到達する。デッキBは、この展望台で、最も高い位置に配置されている。その高さの設定は、この場所が、この一連の装置によって生成されるヒエラルキーの、最奥部に位置することを示している。すなわち、檜のブリッジを渡って移動し、次々に媒介から媒介へと転移を行ってきた主体は、最終的にこの聖なる床(デッキB)に到達し、その後、ブリッジとは別に用意された勾配の急な階段を利用して、突然に地の底の広場へと帰還しなければならないのである。デッキBには、そのような反転の契機になる装置が必要であるように思われた。たとえば神社の空間の最奥部に置かれた鏡のような、主体をはね返す反射の機能をもつ装置が必要であると考えたのである。

デッキBの上には六個のボックスが置かれている(図30、31)。椅子の機能をはたすボックスと、その正面に置かれたモニターとが対になった三対の装置がデッキ上に配置され、

図30　亀老山展望台　デッキBの上の装置　1994年

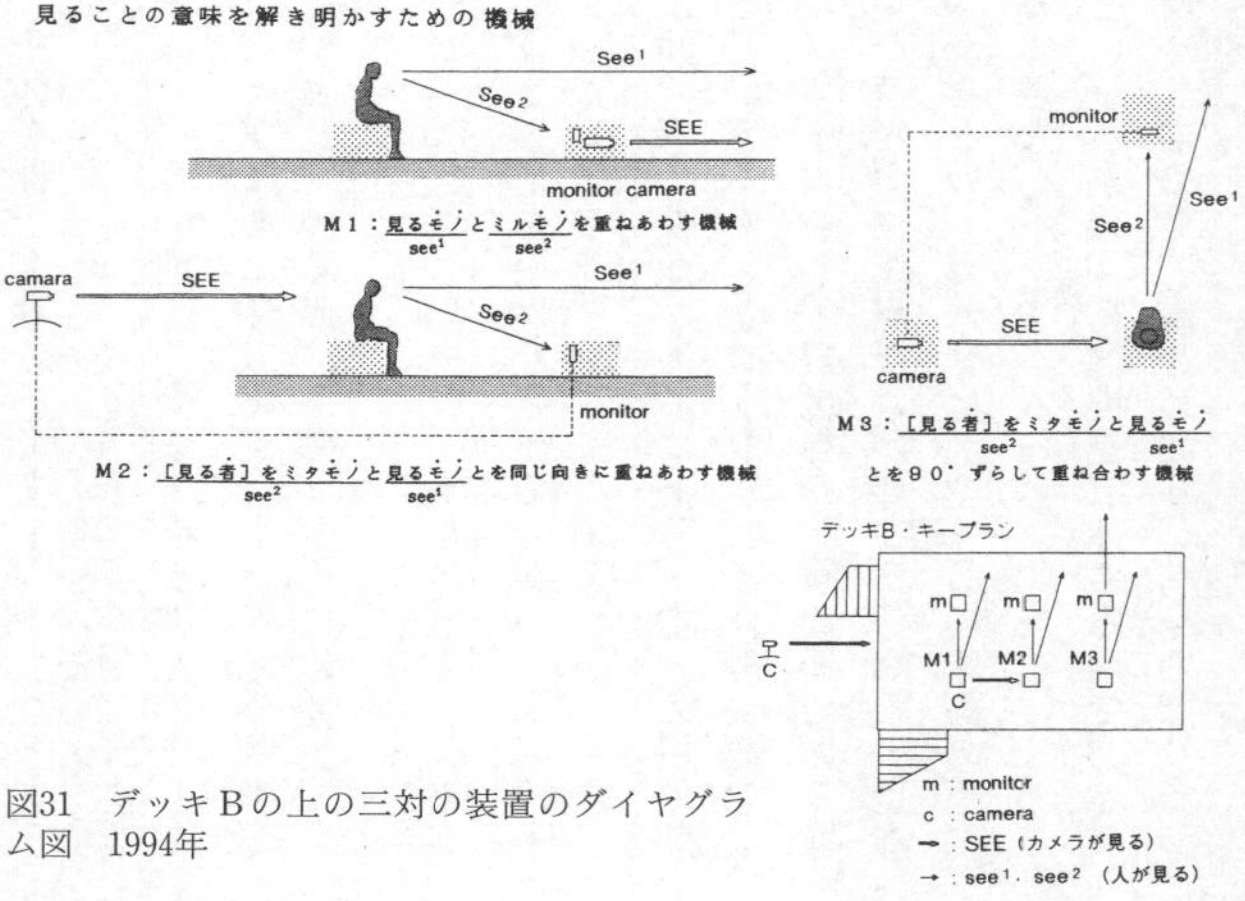

図31　デッキBの上の三対の装置のダイヤグラム図　1994年

鏡のように視線をはね返し、主体をはね返し、主体を挫折させるのである。

一つめの装置に座ってモニターを覗くと、そこには、デッキBの全体が映し出されている。よくよく見ればそこには石のボックスに座った、今の自分の姿までもが映し出されているのである。本人が気がつかないうちに、どこからか覗かれているという気味の悪い感覚。カメラを捜そうとしても、森の木のかげに隠されているカメラは、容易には発見できない。

二つめの装置の場合、正面のモニターを覗くと、そこにはやや下の方向を凝視する自分の横顔が大うつしになっている。カメラを捜そうとしてもやはり発見できない。隣の椅子の下にあけられた、小さな孔を発見するには、かなりの時間を要する。

三つめの装置の場合、モニターを覗くと、正面の森の映像がそこにある。自分の目の前にある、同じ森の景色である。しかし、肉眼と、ビデオカメラでうつしとられた映像では、色も異なり、解像度も異なっている。固定したフレームをもって世界を明解な形で切り取ってしまうビデオ映像と、フレームという限定を持たずに焦点だけが存在する肉眼の世界との差異。再びカメラを捜そうとしても、見つからない。カメラはデッキBの床面の下に吊り下げられているので、絶対に発見する事はできない。

三つの装置の目的は、ひとつである。視るという行為の、特権性を解体する事である。神社における鏡の目的も同一である。主体は何かを求めて、橋をわたり、階《きざはし》をのぼり、ついに社殿の奥にまで到達し、さらに何かを求めて覗き込む。しかし、視線は見事にはね返される。単に視線が遮られるのではない。それ以上の何かを視る事はできない、視る事は意味がないという事を、鏡は残酷に告知する。視るという行為がきわめて不完全であり、単に不完全なだけではなく、それが徹底して自己中心的な行為であり、一種の自己参照にしか過ぎない事を告知するのである。

三対の装置もまた、電子技術を用いて、視るという行為の不完全さを露呈させ、視るという行為の特権性を反転する。通常、主体は、視る事によって対象を支配していると錯覚する。視るという行為が、そのような特権性を有し、主体と対象との間に、支配被支配の関係を生成すると、主体は錯覚する。しかし、視るとは、同時に視られている可能性であり、支配的なる視線は、常に残酷な反転の可能性に脅かされている。

黒澤明は、『天国と地獄』の中で、そのような反転の可能性を提示した。横浜の高台に立つブルジョワジーの大邸宅から、子息が誘拐される。その家には大きなガラスの窓があり、下界を見わたす視界は抜群であった。誘拐犯から電話がかかる。「お子さんは俺が預かっている。おまえからは俺は見えない。俺からはおまえが今何をしているかが、すべてよく見える」。高台にあって、下界のすべてを見通し、支配していたはずの視線が、突然危機に晒されるのである。見る事の特権性が、無残なほど完璧に反転されたのである。

黒澤は単に見るという行為に内在する危機を提示しているだけではない。黒澤が提示しているのは、オブジェクトという存在自体の矛盾であり、危機である。高台の邸宅は、典型的なオブジェクトである。高台という台座の上で、このオブジェクトは突出し、自立する。ゆえに黒澤は、オブジェクトの代表として高台の邸宅を選択した。

邸宅とは、ブルジョワジーの欲望の産物である。彼らは、世界を見おろしたいと強く望み、そのための装置として、高台という基壇のうえに家というオブジェクトをうちたてるのである。家には巨大な開口があけられ、ガラスが嵌められる。そのようにして彼らは見ることを通じて、まず目の前にある郊外という名の自然を支配し、さらには世界の全体を支配したのだと錯覚するのである。

同時にブルジョワジーは、世界から見られたいと望む。自らの感性や自我や富の表現としての邸宅を、地上に高らかにうちたて、それが人々の目にさらされる事を望むのである。すなわち彼らは見る事と同時に見られる事を望んでいる。そして、この二重の欲望を同時に満たすのが、オブジェクトという存在の形式である事を発見するのである。その結果、二十世紀は郊外住宅の世紀となった。郊外住宅というオブジェクトによって徹底的に支配される世紀となったのである。このオブジェクトはありとあらゆる丘の上に、異常なほどの勢いで増殖し、二十世紀の景観を支配し、またその政治、経済の基本的構造をも作ったのである。

しかし、オブジェクトとは、それほど好都合な形式ではない事を、彼らはやがて見いだす事になる。二重の欲望の満足と思えていたものが、実は単なる矛盾でしかないという事が、明らかになるのである。なぜなら、オブジェクトは単一で丘の上に屹立する時にのみ、成功を約束されていたからである。その時オブジェクトは見ることで世界を支配し、見られることで世界に向かって自己を顕示するのである。オブジェクトが複数になった途端に、この幸福な一致は崩壊する。オブジェクトから見える風景はもはや世界でも自然でもない。そこから見えるのは、他の主体によってうちたてられた、隣の家という醜悪なオブジェクトだけである。丘の上の哀れな主体はその威容に圧倒され、その異様を嫌悪するのである。さらに、そこに立つすべてのオブジェクトは、その外観のみならず内部の隅々にいたるまで、不特定の隣人達によって覗かれ、監視され続けるのである。それが複数性の宿命であった。『天国と地獄』の悲劇は、郊外においては事件ではなく、日常だったのである。二重の欲望を満足させるはずの両面性という虚構が、一瞬のうちに打ち砕かれ、丘の上のオブジェクトの群れは、その不幸で不安定を露呈するのである。

この状態は、フーコーの提示したパノプティコンのモデルよりも、さらに悲惨であるというべきかもしれない。パノプティコンはイギリスの法学者であるジェレミイ・ベンサム(一七四八―一八三二)が考案した監獄のシステムである。その監獄では周縁部に沿って無数の独房が配置され、中央部に建てられた塔から、すべての独房を監視する事が可能である。フーコーはこのシステムこそが近代的な管理社会のモデルであるとした。しかし、オブジェクトの乱立する郊外において、管理社会はより徹底した形で、より見えない形で実現しているのである。フーコーのモデルにおいては中央の塔さえ壊してしまえばよいのである。しかし、郊外において、すべてのオブジェクトをひとつ残らずすべて抹殺しない限り、パノプティコンから脱出する事はできない。

郊外のオブジェクトにのみ、この不安定が襲いかかったわけではない。オブジェクトという存在形式をもつすべての建築がこの不安定を共有する。では、いかにしたらこの不安定をのりこえる事ができるのだろうか。ひとつの方法は誘拐する事である。誘拐によって、オブジェクトの不安定性を徹底的に暴きたてる事である。黒澤は誘拐という危険を提示したのではなく、誘拐という解決法を提示したのである。誘拐とは、失うものを持つ存在に対してのみ、有効な手段である。失うものがない人々に対して、誘拐とは少しも有効ではない。子供を連れていかれたならば、却って食い扶持が減ったといって喜ぶような連中に対して、この手法は無効である。オブジェクトとは、失うものの象徴である。失うものを持つ人々が、オブジェクトをうちたてて、自らが失うものを持つ事を、社会に対して無邪気に表明する。そして実際のところ、住宅というオブジェクトこそ、一生を賭けた、彼らのかけがえのない財産なのである。だからこそ、誘拐しなければならないのであり、誘拐が有効なのである。

誘拐に対して、通常ブルジョワジーは身代金を支払うという形で、問題を解決しようとする。その解決は、透明なオブジェクトを作るという解決法と類似している。それらは共に、オブジェクト批判に対する安易な降服である。オブジェクトを透明にしたところで、それがオブジェクトである事に、かわりはない。透明にする事で、オブジェクトはいよいよ隅々まで監視され、徹底的に支配されるのである。それゆえに誘拐犯は、身代金を受けとったあとに、平然として、その上積みを要求するのである。そのようにして、オブジェクトはいよいよ透明化し、失うものを持つ者は、いよいよ追い込まれていく。

大切な事は、誘拐されるものを持たない事。すなわちオブジェクトを持たない事。オブジェクトを徹底して回避する事である。そしてそのかわりに、自ら誘拐をしかけなくてはならない。亀老山展望台は、誘拐のための施設である。そこには幸いに豊かで美しい自然があった。人々をおびき寄せるために、これ以上のネタはない。この展望台はそのネタを魅力的に見せるための、補助線として計画された。それ自体で対象（オブジェクト）になるのではなく、徹底して補助線に徹するのである。そして人々はここにおびきよせられ、スリットから広場へ、広場からデッキへと招きよせられていくのである。その最後のデッキの上で、はっきりと「持てる者」に対して告知してやらなければならない。「おまえからは俺は見えない。俺からはおまえが今何をしているかが、すべてよく見える」。そのようにして、「持てる者」を徹底的に脅えさせなくてはいけない。オブジェクトを徹底的に脅えさせなければならない。

第四章　極少とする事　森舞台

能舞台の設計を依頼された。

場所は宮城県の登米《とよま》町。仙台より北に七〇キロ、北上川に沿った、小さな町である。美しい水田が広がり、登米の名は米が豊かにとれる事に由来するという説もあるが、遠い山、トオヤマが変化してトヨマになったという説が有力である。江戸時代からの米の産地であり、登米伊達家二万千石の城下町として栄え、明治以降は北上川を利用した舟運の中心地となり、一時は水沢県庁も、この地にあった。そのため江戸、明治のすぐれた建築遺産や美しい町並みが今も残り、東北の明治村とも呼ばれているが、現在は人口六千人の過疎の町である。

様々な古い文化を伝える町であるが、中でも町の人々が誇りとするのは、伊達政宗以来、四百年の歴史を持つ、登米能である。

政宗は、能を愛し、喜多流と金春流に創意を加え、金春大蔵流、後に大倉流と呼ばれる、特異な流派を創始した。登米にも大倉流が取り入れられ、登米能の原型となった。しかし、東北はもともと能が盛んな所である。西の地方の能が狩猟系の人々の流れを汲む芸人によって育て、伝えられたのに対し、東の能は特殊な芸人の手によってではなく、村の人々によって伝え演じられてきた。登米においても、政宗公のはるか以前から、村の人々によって伝えられてきたものが原型としてあり、そこに大倉流がはいって今日の登米能のプロトタイプができたのではないかと考えられている。プロの芸人によってではなく、村の人々によって演じられるという伝統は今日まで延々と生き続けており、七十名のメンバーを擁する登米謡曲会のメンバーによって演能は行われる。アマチュアの集団による演能が行われているのは、今日、宮城県内で、この町だけとなってしまったが、ここ登米においては、日常の儀式が謡によって執り行われるほど、生活の中に能が入り込んでいる。一昔前までは、町を歩いていると、家々から謡の声が聞こえてくるほどであったという。

それほどに能と生活とが一体であるにもかかわらず、登米に能楽堂と呼べるような施設はなかった。なんとか、専用の能舞台を持ちたいという町民の悲願が、今回のプロジェクトの発端だったのである。

とはいっても、この小さな町の財源は限られている。やっとの思いで確保された建設費は、一億九千万円である。通常能楽堂の建設費は五億から十億円程度といわれる。われわれの設計作業は、ほとんど限られた予算との闘いであるといってもよかった。

充分な建設費のプロジェクトというのは、実際のところ、めったにあるものではない。すべての設計作業は、設計上の理想と現実の予算との闘いである。しかし、登米のプロジェクトと、他のプロジェクトとは、多少趣きが異なっていた。通常、設計上の理想と現実の予算とは対立という形をとる。建築の事業者も設計者も、広く豊かな空間、大きくて立派な建築をのぞむ。しかし予算は限られているために、一種の対立の図式が発生する。理想対予算、夢と現実という対立の図式が生まれる。ところが登米のプロジェクトの場合には、全く違う形式が存在していることが、次第に明らかになったのである。

その図式は能舞台というプログラムと深い関係があった。空間をマキシムにするのではなく、逆にミニマムにする事、使用する物質の量をミニマムにする事が、能の空間を作る上で、きわめて大事に思えたのである。大事という以上に、物質のミニマライゼーションこそが、能の空間の目的ではないかと、思い到ったのである。とするならば、設計上の目的と、予算という現実とは少しも矛盾しない。夢と現実という手垢にまみれた二項対立の構図は、消滅してしまうのである。むしろ、理想を追求すれば追求するほど、プロジェクトは現実的になる。夢に近づけば近づくほど、現実化の可能性も高まるのである。だからといって、設計の困難がなくなるわけではない。むしろ設計に費される時間、エネルギーは通常の場合の数倍ともなった。しかし、少なくともそこには理想と現実の対立という形での困難はない。理想と現実の双方を超越したひとつの新しい地平で、設計の困難だけがあるというプロセスを体験する事になったのである。

物質のマキシマイゼーションを目標とする時代において、設計の困難は、理想と現実との対立という形をとった。そしてその解決とは、妥協や調停という形をとらざるを得なかった。ところが、物質のミニマライゼーションを目標とする文化が仮にあるとしたならば、設計の困難はまた別の形をとるに違いない。解決もまた別の形をとらざるを得ない。対立する二項の中間地点を探るという形式ではなく、理想と現実とがともに手を携えて山を登るというイメージに近い。両者はともに身の廻りのものを脱ぎ捨てなければならない。そのような重さ、負荷を排除する事によってはじめて、ひとつの高みへと浮上できるというイメージである。それは問題の解決の新しい形であり、困難の新しい形でもある。登米は、その新しい形を有する困難の、ひとつのケーススタディーであった。

もちろん、物質のミニマライゼーションという思想は、能という演劇と深いかかわりがある。そして物質のミニマライゼーションとミニマリズムとは、別の概念である。ミニマリズムとは形態の単純化であり、抽象化であり、そこには物質そのものに対する嫌悪はない。そしてモダニズムの中にはミニマリズムはあっても、ミニマライゼーションは希薄である。一方、能の基本にあるのは物質批判であり、現世への批判である。それゆえ、能には死霊がたびたび登場する。世阿弥が完成させた複式夢幻能と呼ばれる形式においては、登場人物は、ほぼ全員死霊である。ここでいう複式とは、死者の時間と、生者の時間の共存としての複式である。死霊を通じて、現世批判を行う事、その現世を構成する素材としての物質を批判する事。それが能の神髄である。この物質批判は、観阿弥、世阿弥の親子の信仰した、浄土宗の一派である時宗の教えとも通底している。時宗は平生を臨終と心得て念仏する事を旨とした。

しかしもちろんの事、能の役者には現実の肉体があり、能舞台も、木や瓦といった物質で構成されている。物質を用いて、しかも物質（オブジェクト）批判を行うこと。そこに能の逆説があり、またそこに能の醍醐味がある。残念乍ら、宗教においてはこの逆説は顕在化しない。宗教の中核は言説であると、一般的には理解されているからである。宗教はそもそも物質から隔離された心の世界の問題であると誤解されているからである。物質がなければ心もない事が、忘却されているからである。ゆえに宗教はテクストによる物質批判という、退屈な形式へと堕ちやすい。しかし演劇においては、この逆説が顕在化せざるをえない。なぜなら演劇とはテクストのみで存在するわけではないからである。舞台という現実空間の上で、具体的な役者の身体を使って、テクストが実体化されてはじめて、それが演劇と呼ばれるからである。演劇において物質の使用は、不可避である。だからこそ、そこに物質を用いた物質批判という、自らの肉体を自ら傷つけるような、緊張感溢れる行為が可能となる。そして物質のミニマライゼーションとはそのような逆説的な物質批判の別名である。

では、どのようにして、能は物質を批判するのか。

ひとつめの手法は、物質の低さである。能の空間においても、能の演出においても、最も重要な事は重心の低さである。物質は高く立ちあげられたり、持ちあげられたりする事で、自己の存在を肯定し、強く主張してしまう。オブジェクトと呼ばれる存在形式に陥り、自己を主張してしまうのである。それゆえ能ではすべてにおいて低さが重要となる。低く抑え、立ち上がるものを極力排除した時、最後に床だけが残る。それゆえ床という部位がことさら大事となるのである。

能役者は、重心を徹底的に低くして、歩き、演じる。この独特の歩き方は、南蛮と呼ばれる歩行の形式であり、その原型は水田耕作の動作とも呼ばれている。しかし、能が狩猟民系の人々によって伝えられた事を考えれば、この低さを水田耕作にのみ帰す事は難しい。低さを求めるがゆえに、能役者は南蛮で歩き、床を摺り、低く沈み込むのである。

能の空間においても、求められているのは低さであり、床への還元である。極論をいえば、能の空間は三つの床だけで構成されている。ひとつは舞台と呼ばれる三間四方の床であり、ひとつは見所と呼ばれる観客のための床であり、もうひとつはその中間に介在する白州と呼ばれる、白い玉砂利敷きの地面である。舞台は、死霊の空間、あの世であり、見所はいまここにある現世であり、白州はその二つを区切り、その二つの空間の間に、決定的な切断を生成するために存在している。三つの機能を担った三つの床。それが能の空間のすべてである。すべてはその床の限りない近傍において、地を這うようにしてとり行われる。観客は床の近傍に意識を集中させる。床への集中を喚起し、さらに強化するために、役者は床板を踏みならし、床を鳴らす。その音を共鳴させ、空間に響かせるために、床の下には壺が並べられるのである。すべてのデザインと仕掛けの目的は、床への意識の集中であり、演劇の重心を下げる事である。舞台の屋根を、見あげるものはいない。すなわち屋根は見られる客体、オブジェクトではない。舞台を雨風から守り、舞台を、黒い影で包み込むためだけに屋根はある。死霊は光を浴びて輝き、自立してしまってはいけない。あくまで屋根が作る黒い影の中に沈み込まなければならない。白州から照らしあげる微弱な反射光によって、かすかにその姿を認められる程度でなければならない。

ところが明治時代に到って、この構成が破壊された。明治十七年、芝に紅葉座と呼ばれる室内型の能楽堂が出現した。晴雨を問わず、季節を問わず、能の上演が可能な劇場という形で、紅葉座は登場し、たちまち能楽堂のプロトタイプとなってしまったのである。

室内型の能楽堂とは、舞台を囲んで椅子席を設け、舞台と観客席を含む全体空間を大きな上屋で覆う形式の建築物である。この形式ならば、確かに天候に左右される事はない。しかしそれとは引き換えに、多くのものが失われた。ひとつは重心の低さである。舞台の屋根をもさらに上から覆うために、能楽堂は高い天井をもつ巨大建築とならざるを得なかった。能楽堂は、それ自身が重心の高いオブジェクトとして、環境の中に突出するのであ

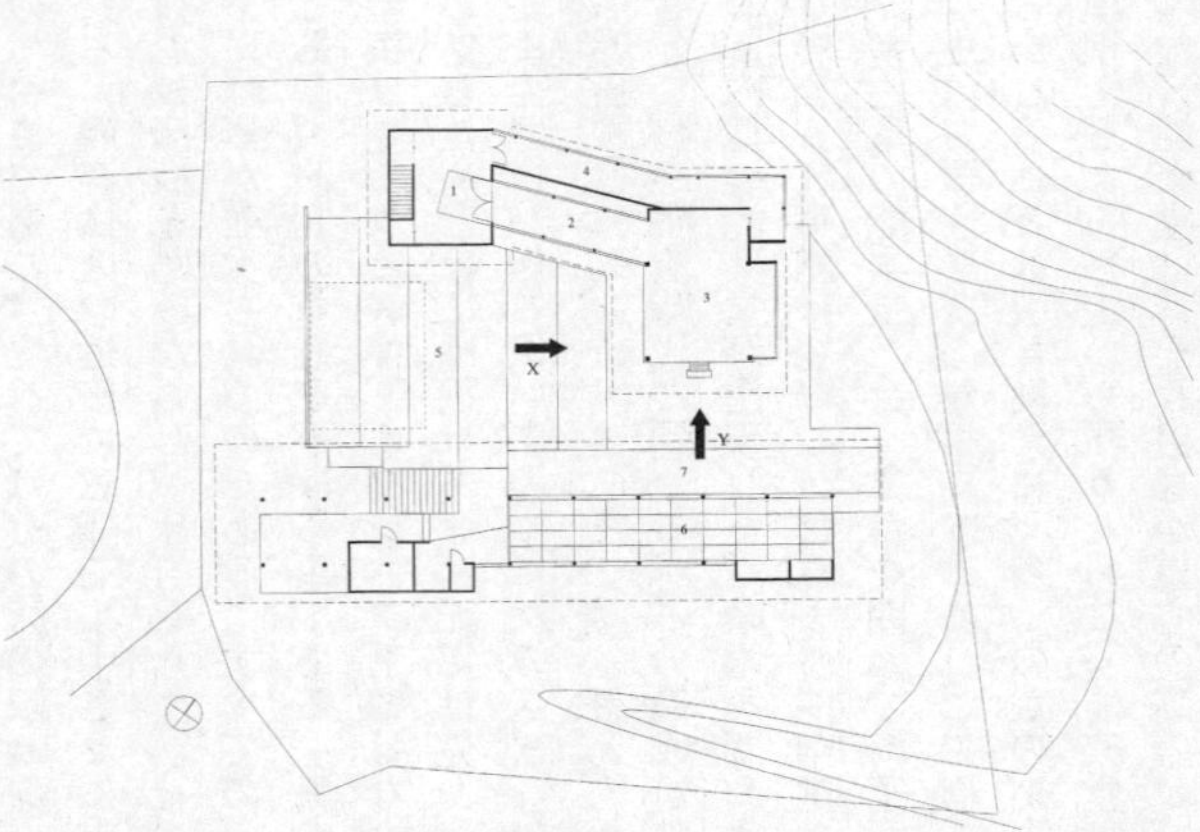

図32　森舞台　設計　隈研吾建築都市設計事務所　一階平面図　1996年

る。室内に目を転じても、舞台の屋根は、天井の高い室内空間の中心に屹立するオブジェクトとなった。さらに致命的であったのは、白州が消滅した事である。観客の席をより多く設けるために、白州の空間が縮小されてしまったのである。僅か一間にも満たない、玉砂利敷きの通路状の空間へと、白州は圧縮された。舞台と見所とを切断し、彼世と現世とを切断していた、能の中心的な空間が、実質的に消滅してしまったのである。

紅葉座の形式を批判、反転する事。それが登米の能楽堂の目標であった。その際、能楽堂という名称を用いる事は、誤解を生む原因となる。能楽堂という呼び名は、一つの完結して閉じた建築物を連想させる。すなわちオブジェクトを連想させる。しかし、われわれがめざしたものは、オブジェクトでもなく建築でもない。ただ三つの床面だけが自然の中にそっと配置されているような、ひとつの庭だったのである。

登米町から与えられた土地が、そのような構想を生むきっかけとなった。敷地は美しい里山の中に埋もれていた。その森の中に小さな屋敷がうち捨てられていた。この屋敷の跡に、そのまま三つの床を配置してやれば、それがそのまま最上の能の空間となるように感じられた。床は森に対して開かれるべきであり、一切の壁は不要であると感じられた。建築という完結した形式も不要であると感じられた（図32）。

具体的な設計作業は、建築の設計というよりも、ひとつの庭、ひとつのランドスケープを設計する作業に似ていた。まず、ランドスケープの中に、舞台と橋掛りとを置いた。その二つは一体となって、演能の空間となる。さらに、それと向かいあって見所をおいた。見所は畳敷きの床である。森の中に床だけがあるという状況が理想だった。それでも雨だけは防がなくてはならないので、そこに屋根を架けた。見所の屋根を舞台と同じようなきつい勾配にすると、その屋根自体がひとつのオブジェクトとして自己を主張し、見所が客体となってしまうのである。見所は客体となってはならず、あくまで観客という主体の棲み処なのである。客体となる事を回避するために、可能な限り薄く低い屋根が架けられた。結果として見所は、ほとんどモダニズムのデザインのようになった。床と天井、それを支えるための最低限の柱のみで構成されるミース・ファン・デル・ローエの建築のような姿のものとなった。四周は吹き放たれ、必要な時のみ、可動式のガラス建具によって、閉じられるのである(図33)。

死霊の舞う木製の床と生者のための畳の床。その二つの対照的な性格を有する床のはざまに、白州と呼ばれる三番目の床が横たわっている。この三つの床は、ランドスケープに対して開かれている。そうする事によって人々はいついかなる時にも、ここに用意した三つの床にアクセスする事ができる。紅葉座型の室内能楽堂との最大の違いがここにある。紅葉座型の劇場の場合、演能時以外、建物は原則的に閉じられている。人々は自由にアクセスする事ができない。文化ホールと呼ばれる建築はすべてこの問題を共有している。公共的であるはずの空間が、少しも開かれず、少しも公共的とならないのである。この閉鎖性は建築という存在形式の宿命であるといってもいい。

この閉鎖的形式にかわる、新しい形式を、提示してみたかったのである。そもそも登米の能は村民の能であり、日常生活と切断された演能ではなく、日常生活の延長上にある能であった。そのような能をとり行う場所が、町と切断されているのは、不自然だと思ったのである。

まず建築という遮蔽物を取り払った。その結果、この能舞台には、誰もがいつでも近づく事ができる。庭を歩くように舞台の廻りを歩いたり、さらには奥の森の方にまで足を延ばす事も可能である。能役者のいない舞台を眺めながら、目をつむって、森の音に耳を傾

図33　森舞台　舞台より見所をのぞむ　1996年

け、その舞台でかつて演じられ、あるいはいつか演じられる能のありさまを想像する事もできる。

　さらに空間の開放性以上の仕掛けも、用意したいと思った。畳敷きの見所を、公民館として町の人々に開放するのである。お茶の稽古、日本舞踊の稽古など、整理できないほどの多くのリクエストが町民からだされた。楽屋も演能の際の楽屋として用いるだけではなく、夜は謡曲会の稽古場、昼は能の資料室として使用する事も提案した。謡曲会で保存している能面や、能衣裳を展示しておくのである。小さなスペースではあっても、この資料室の効果は大きかった。来訪者はここで登米能の歴史の断片にふれてから、舞台のまわりを歩きまわるのである。人々はその小さな断片をきっかけとして、役者のいない空白の舞台の上に、それぞれの登米能を再現していくのである。ここでは、そのようにしてすべての部屋に複数の機能が対応している。一つのプログラムに一つの空間が対応するのではなく、一つの空間に複数のプログラミングが対応するのである。このような複合的空間利用はクロス・プログラミングと呼ばれる。クロス・プログラミングと空間の開放。この二つの作業を併行して行う事によって、建築という固いフレームを解体し、そのフレームを内へ外へと溶かしていく事が可能となるのである。

森へ空間を開いていく上で、最も神経を注いだのは、白州のデザインであった。通常、白州は舞台と見所という二つの建築物の残余でしかない。近代において、デザインの中心は、絶えず建築的なるものであり、オブジェクトであった。オープンスペースのデザインで、二次的なものでしかない。建築物（オブジェクト）のデザインがすべて終了した時点で、庭園のデザイナーが呼びよせられ、残余を適当に処理するように命じられるというのが通常のプロセスである。しかし、今回は逆であるべきだと考えた。一見残余のごとくに放置されたこの白州という名の地面に、能という演劇のすべてが賭かっている。現世と彼世とが、この僅かな残余によって切断され、またある一瞬おいて、その二つは奇跡的に接合されるのである。にもかかわらず、紅葉座型の近代能楽堂において、最も抑圧され、無視されてきたのは白州である。この地面をうまくデザインできたならば、能は自ずからそこに立ち上がり、われわれは死を垣間見る事ができるはずなのである。空間は自ずから森に、そして町に対して開かれるはずなのである。

まず白州は広々としていなければならないと考えた。西本願寺の南能舞台の白州のような、ゆったりとしたスケール感である。西本願寺と異なるのは、白州自体が階段状に立ち上がって、ひとつの段状のランドスケープを形成している点である。立ち上がっていく白州によって、もうひとつの観客席、もうひとつの見所を構成しようとしたからである（図34）。見所ができる事に意味があるわけではない。このもうひとつの見所は、真横から舞台を見る事になる。そこに大きな意味がある。その角度から見れば、舞台は吹き放たれていて、舞台の向こうに森を見通す事ができる。図32の平面図でXの矢印で示されているのがこの視線の方向である（図35）。この森舞台ではその見通す視線が支配的である。一方、通常の能舞台において支配的な視線は正面から能舞台を見る視線であり、その時舞台のつき当たりには鏡板があり、鏡板には老松が描かれている。図32の平面図では、Yの矢印で示されているのが、この方向の視線である。この視線は鏡板でブロックされる。その空間構成に、もともと馴染めないものがあった。そもそも、能舞台のつき当たりに、鏡板はなかったと考えられている。背面も、他の三面と同じように吹き放たれており、そこに一本の松が植えられていた。しかし、楽屋から舞台への裏動線を確保する必要から、そこに鏡板が立てられ、松が描かれた。その松の根元は描かれない事になっている。なぜなら舞台の後ろの地面に立つ松であるはずだから、根元部分はフレーム・アウトして、見えないと

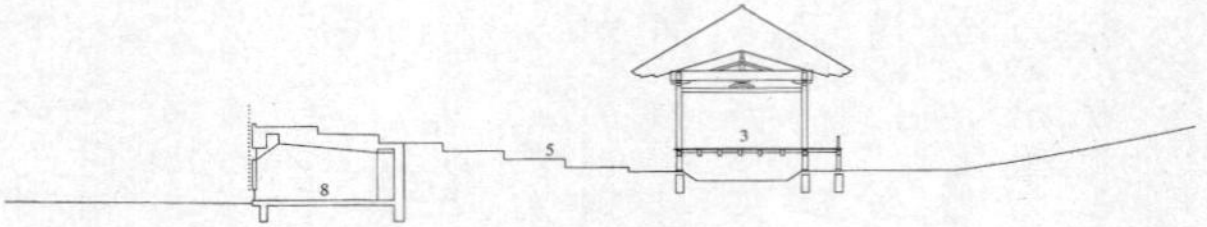

図34　森舞台　断面図　1996年

いう理屈である。しかし、そのような表現上の工夫があったとしても、舞台が吹き放たれなくなった事は、能にとっては大きな事件であった。すなわち、それによって能は裏動線を獲得し、老松の絵というひとつの芸術のためのスペースを獲得したかもしれないが、それとは引き換えに、大きなものを失ったのである。その大きなものとは、フレームとしての舞台、開かれた舞台という、きわめてユニークな演劇空間である。

もともと舞台の向こうには、自然が広がっていたのである。すなわち能の舞台とは、一つの完結した別世界として立ち上がるのではなく、ただ観客（主体）と自然との間に、もうひとつのレイヤーとしてさりげなく介在していたのである。

もし舞台の中だけで、別世界を立ち上げようとすれば、そこには巨大な空間が必要とされるであろう。手の込んだ舞台装置が必要とされるであろう。事実、西洋の舞台空間は、そのようにして巨大化するプロセスを辿った。

ところが能は、逆向きの道を歩んだ。能の空間は、自らの物質を次々に殺ぎ落としていって、純粋なフレームとなるプロセスを選んだ

図35　森舞台　白州から見た舞台、白州部分のディテール　1996年

のである。フレームは自らの存在を主張してはならない。自らを消すことによって、あらゆるもの、あらゆる世界をそこに捕獲するのである。ゆえに、能の空間では、物質は嫌悪される。物質のミニマライゼーションが空間のテーマとなるのである。そして、そのミニマライゼーションを通じて、能は物質の世界のメタレベルに立って、物質を批判し、物質の世界そのものを批判するのである。物質の世界（レイヤー）としての現世と非物質の世界としての彼世。その双方のメタレベルに立って、その二つの層状の世界を往き来するのである。死霊の世界とは、そのようにしてしか呼び出せないはずのものである。死霊の世界だけを取り出したならば、それは現世と変わるところがない。現世と彼世との重層を表現し、その層を自由に転移してはじめて、彼世を表現する事が可能となる。現世というフレームを通じて見通してこそ、彼世はその本来の姿をあらわすのであり、彼世というフレームを媒介としてこそ、現世の本質は見えてくるのである。それゆえ、平生を臨終と心得よと、時宗は説くのである。その意味において、能とは徹底してフレームの演劇なのである。そしてフレームとしての舞台を再生させるために、X方向の視線、すなわち舞台を経由して森を見通していく視線を中心として、能の空間の全体を再編成したのである。この視線は、舞台の奥の、黒々とした森の陰へと向かって引き込まれる。その黒き森は、いかなる人工物によってもブロックされる事のない、永遠の距離を暗示する。さらにこの視線は見所（現世）と舞台（彼世）をともに横からながめ、その間に横たわる大きな切断を顕在化するのである。結果としての重層と、その根底にある仕組みとを、同時に顕在化する視線なのである。結果と構造、表象と存在とを同時に提示する視線なのである。

さらに、ここで二つの決断を行った。ひとつは、白州に黒い砕石を用いる事である。通常、白州には白い玉砂利が用いられる。その地面が、彼世にも現世にも属さない。特別な地面である事が、その白さによって示される。さらにその白い面は、そもそも水面を示すものであったとも考えられている。厳島神社の海上能舞台では、彼世と現世を区切るエレメントとして、水が用いられている。しかし、区切るという言い方は、この場合、正確ではない。水は舞台と見所の間にあるのではなく、どこまでも続く水面の上に、舞台と見所という二つの床面が浮いているのである。この三つの面の関係性が重要である。すなわち水面は、現世、彼世と同一のレベルにあるのではなく、それら二つの空間とは位相の違う空間、すなわちメタレベルに属しているのである。それゆえ水面も、また白い玉砂利も、メタレベルにふさわしい抽象性と、無限の広がりを持っていなくてはいけない。形態も距離も存在しないような数学的な抽象空間が、そこには求められているのである。その結果として、空間的なメタレベルがそこに設定され、演劇的なメタレベルの創出も可能となるのである。

ところが、この森の敷地に立って、白い玉砂利敷きの地面を想像した時、その白さが、森と不釣り合いなものに感じられたのである。森の足元は暗く、その下の土も僅かに湿気を帯びて黒く沈んでいた。その黒い陰の中に白い玉砂利を敷くと、その部分だけが突出して自己主張してしまうのである。白い玉砂利にかわって、黒い砕石を敷きつめた。白州は森の地面と融け合い、森へと向かって延長されていってはじめて、そこにメタレベルが形成されるのである。森が能の空間の一部となり、森の奥へと無限に続く空間的メタレベルが形成されるのである。

段状の立ち上がりにおいても、この抽象性は保持されなければならない。段の先端には、いかなるボーダーも、突出もあってはならない（図35下図参照）。砕石を敷きつめた地面が、突然に何の前ぶれもなく切断されなくてはならないのである。数ミリの立ち上がりがそのエッジの上に出現しただけで、面の抽象性は失われ、白州の地面はメタレベルからオブジェクトへと、降下してしまうのである。「水／ガラス」（第二章参照）における水面が、絶えず外側へ溢れ続ける事によって、その抽象性を守り続けたように、この白州の地面もまた、絶えず溢れ続けなければならないのである。舞台の外へと向かって溢れ続け、さらにその先の森の中へと、黒い平面が流れ続けるのである。

もうひとつの決断は、舞台のディテールに関する決断であった。舞台は原則的に伝統的意匠を採用するというのが、当初の考え方であった。伝統の意匠には間違いなく能の理念が内蔵されているはずだからである。その意匠とは、三間四方の舞台に、五尺の奥行の地謡座が付き、舞台に向かって橋掛りが斜めに取り付く構成である。舞台は白州から三尺立ち上がり、その立ち上がりに腰板が貼られて塞がれる。その腰板の存在も気になっていた。舞台の物質性を殺ぎ落として、非物質的なフレームに漸近させるというのが、この設計の基本スタンスである。ところが床面の下に腰板があると、舞台は物質の塊、すなわちオブジェクトとして、白州の上に出現してしまうのである。腰板を取り払って、舞台を一枚の薄い床面へと還元し、その厚みのない平面が、ふわっと白州の上に浮いているという姿が理想であった（図35上図参照）。ところが前例が見付からない。唯一、水上能舞台において、そのような姿のものがあった。腰板が水分を含んで朽ちるのを防ぐために、そのような意匠が採用されたものと思われる。

ならば、この能舞台も、水上の能舞台と見做せばいいと考えたのである。とすれば白州の砂利が白ではなく黒いという事とも、符合する事になる。深く湛えられた水は、黒い奥行きとして出現するからである。森の底に湛えられた黒い水面の上に浮かぶ薄く幽《かそ》け き舞台の姿が、徐々に見えてきた。

腰板をとることは物質の削減であり、物質が削減されればコストも削減される。理念対現実（予算）の対立という古典的対立の構図を、物質のミニマライゼーションによって乗り越えようというのが、初期に設定したテーマであった。最も理念的なるものが、最も現実的であるという関係の実現が目標であった。腰板の削除は、単なる水上能舞台の意匠の再現ではなく、ミニマライゼーションというテーマの具体化でもあった。

腰板をとりはずすと、屋根の厚みもまた気になってきた。能舞台の屋根の伝統的な意匠は、あまりに重たすぎるように感じられたのである。端部にはコケラ板を重ねて、屋根の厚みが強調される。棟の端を、十尺以上の巨大な鬼瓦で押さえ、それにあわせて棟瓦も高くたちあげられるという意匠である。非物質的なフレームというには、あまりに重たく、物質性が強い。

その屋根からも可能な限り、物質を殺ぎ落としたいと思った。まず、屋根は寄せ棟とした。伝統的能舞台には切り妻と寄せ棟との二つの屋根の意匠がある。切り妻にした場合、見所に対して、三角形をした妻面が正対してしまい、屋根は三角形の巨大なオブジェクトとして突出する。それに対し、寄せ棟の場合、見所は軒先のエッジとのみ向かいあい、屋根という物質はその背後に後退する。エッジを薄くすれば、屋根全体のヴォリューム感を弱める事も可能となる。

軒先は数寄屋のように薄くした。さらに棟の先端は鬼瓦にかえてカワズ瓦という六寸の瓦で押さえ、棟瓦もまた薄く、低く押さえた。

そのような「薄さ」のディテールを積み重ねていっても、どうしても残るのは瓦という屋根材の問題である。瓦で屋根を葺く限り、瓦のもつあの厚み、重さが、屋根の存在感、物質感を規定してしまうのである。どのようにディテールを工夫しても、屋根が薄くなってくれないのである。様々な屋根材の可能性を模索している時に、登米の山から採れる登米玄晶石という名の、天然スレートに巡りあった。スレートは、粘板岩とも呼ばれ、粘土が地下で高い圧力を受けて生成される。結果、その圧力の接線方向に対してのみ、薄板状に割れるという特殊な性質をもつのである。その性質は劈開性と呼ばれる。その特別な性質を利用してつくられた石の薄板は、古くから世界の各地で屋根材として用いられてきた。スレート (slate) の語源は薄板や格子などを意味するスラット (slat) だと考えられている。名前自体が、薄さを示すのである。

登米はこの石の産地であり、古くは旧司法省 (現法務省、一八九五、設計エンデ=ベックマン)、東京駅 (一九一四、設計辰野金吾) の屋根にも、この石が使われた。

そのような歴史にも増して、まずこの石の薄さ自体が魅力であった。石であるにもかかわらず、劈開性を利用して六ミリの薄さにまで割って、使われるのである。物質はそれぞれの物質に固有の寸法の体系を持っている。ひとつのユニットがどの程度の寸法を持ち、ユニットとユニットとのジョイントの巾がどの程度であり、そのジョイントの深さがどの程度であるかという、一つの数値の体系を持っていて、その体系からはずれる事はない。物質の強度と、その物質を使用する際の施工方法によって、それぞれに固有の寸法体系が決定される。ゆえにその寸法さえ与えられれば、われわれは、その物質が何であるかを知り、それがどんな施工方法にもとづいて使われているかを知る事ができる。寸法を通じて、その素材の表層の裏側に隠れた、その素材の採取、運搬施工のすべてをも、知る事ができるのである。たとえば石であるならば、それが切り出されてからどう運搬され、どういう方法で取り付けられ、トータルでどの程度のコストがかかったかまで、寸法はそのすべてを告白してしまうのである。それゆえ寸法の決定にはとりわけ、慎重でなければならない。

われわれは瓦の厚さを嫌い、登米の地で採れるこの薄い石で屋根を葺く事とした。単に薄い素材であるから選択されたのではない。石であるにもかかわらず、六ミリの寸法を持つという点に惹かれたのである。石という物質に固有の寸法体系からの逸脱に惹かれたのである。この逸脱を可能にしているのは、この石に対し、かつて地中深くで加えられた圧倒的な力である。六ミリの類まれな寸法を通じて、この石はその石にかつて加えられたひとつの作用を、あるいはかつて地中で起こったひとつの事件を告白するのである。

物質は本来すべて、作用と運動の結果であり、産物である。にもかかわらずほとんどの場合、物質にはそれを告白する能力がなく、またわれわれもそれを読み解く能力がない。それゆえ建築は物質で作られ、それぞれの物質は信じられないほどに豊かな歴史、豊かな時間を持っているにもかかわらず、われわれは建築の中からその時間を拾い上げる事も、読みとる事もできないのである。物質は沈黙し、建築もまた沈黙し続ける。

六ミリという寸法を、物質の沈黙を打ちやぶるきっかけにしたいと考えたのである。さらに生き生きと語らせるために、石の強度試験を繰り返して、その厚みは四・五ミリにまで絞り込まれた。それがこの石の能力の限界であり、物質はその限界の近傍で、多くの事を、大きな声で語るはずなのである。

四・五ミリの石はその薄さを通じて告白し、またその表面に刻まれた独特の襞を通じて告白する。鋭利な機械によって強制的に切断されたのではなく、打ち込まれた楔によって、薄く裂かれるようにして割られたという事を、この襞は告白している。そしてこの石に刻まれたさざ波のような襞はまさにドゥルーズが『襞』の中で論じた物質の襞に他ならない。ドゥルーズはライプニッツの物質感を襞という概念を用いて再提示する。ライプニッツによれば、物質とは絶対的硬さをもった独立した粒子（すなわちオブジェクト）ではない。また同時に絶対的流動性をもった流体（すなわちオブジェクトを浮かべるグラウンド）でもない。物質とは凝集であり、それに加えられた圧縮力の産物であり、だからこそ物質と時間とを分節する事はできない。物質の中に時間が内蔵され、襞のように折り畳まれているからである。登米の天然スレートを割った時、そのような物質の本質をわれわれは瞬時にして了解するのである。四・五ミリの寸法に割られてもなお、天然スレートの表面はフラットではなく、そこには襞が刻まれるのである。物質の中に折りたたまれた時間が、そこでは襞として露出するのである。薄く裂かれていく事によってヴォリュームは消滅し、時間のみがその表面に残存する。ヴォリュームを殺ぎ落とす事によって、物質が消去され、時間が露出されていくのである。

能もまた、そのような行為であった。物質を殺ぎ落とし、ヴォリュームという負荷を殺ぎおとすことで、物質を時間へと変換させるのである。その変換によってはじめて、死と生とを自由に往来する、能という演劇が可能となったのである。だからこそ、能舞台では物質が殺ぎ落とされるのであり、登米の能舞台ではさらに徹底して物質の削減を行ったのである。腰板をはずされた舞台は、一枚の薄い平面として森の中を浮遊し、石は四・五ミリの薄さにまで裂かれる事で、物質と時間との間の境界を彷徨うのである。物質は、削りとられ、殺ぎ落とされ、東北の森の中に溶け出していくのである。

物質と時間との分節を解消する事。物質を時間へと転換する事。それは能舞台という特殊な演劇空間に限られたテーマではない。われわれは今、時間を取り戻そうとしているのである。物質の過剰によって、時間は抑圧され続けてきた。物質を殺ぎ落とす事によって、再び時間を回復する事。物質に、時間を語らせ、物質をきっかけとして時間の流れを励起してやる事。そのためにはまず物質を徹底して批判し、しかもなおかつ物質に内蔵され、刻印されているはずの豊かな可能性を信じる事である。その結果、出現してくるものは建築というよりは、むしろ庭と呼ぶものに、限りなく近づくはずなのである。

第五章　線へほどく事　ベネチア・ビエンナーレ

ベネチア・ビエンナーレは、二年に一度、ベネチアのカステロ公園で開催される。ビエンナーレ百周年にあたる、一九九五年、その日本館の空間デザインを依頼された。通常ジャルディーニと呼ばれている広大なカステロ公園の構成は、あらゆる意味においてバロック的である。まず、直交する二本の大通りがあり、通りのエンドには、アイストップとして、シンボリックなオブジェクト型建築が配置されるのである。一本の突き当たりには白く巨大なイタリア館が聳えたち、もう一本の通りの突き当たりには、イギリス館がたつ。それ以外の国のパビリオンも、それぞれの政治的な重要度（もちろんその建設された当時のイタリアにとっての）に応じてポジションが決定され、大きさが決定されるのである。配置のシステムもバロック的であるが、ネーションステートという主体が、パビリオンという形のオブジェクト型建築に置換され、それぞれのネーションステートのキャラクターに応じて、オブジェクトのデザインが決定されるというシステムそのものが、見事にバロック的である。各国が、国という単位で賞を争うというイベントの形式も、もちろんの事、この会場計画のシステムとパラレルである。それぞれの国のパビリオンの設計を担当した建築家も、この全体のシステムを充分に理解した上で、その国のキャラクターを建築デザインに置換し、それを建物の面する大通りに向かって効果的にリプレゼントするのである。

その中にあって日本館は、唯一、異彩をはなっている。とはいっても、オリエンタルスタイルでひときわ目立つオブジェクトというのではない。むしろ印象はまったく逆である。日本館の立地は決して悪くはない。会場にはイタリア館とイギリス館という二つの焦点があり、アイストップのイギリス館の両脇にドイツ館とフランス館。ドイツ館に隣接して日本館がある。三国同盟以来の親日感情の反映という説も、うなずける立地である。その良好な立地にもかかわらず、日本館はまったく影が薄い。日本館以外の各パビリオンは、基本的に古典主義的な構成を踏襲している。まず大通りに向かって堂々と構える正面性があり、建物の構成は厳密にシンメトリーで、エントランスを強調する仕掛け、たとえばペディメントや列性などの小道具もしっかりとそなわっている（図36）。しかし、日本館は、エントランスの位置を見つける事すら難しい。開口部のない無愛想なグレーのヴォリュームが、大通りに沿って立つさまは、倉庫のようでさえある。このヴォリュームは、ピロティーによって地上から持ち上げられているのだが、ピロティー下部の湿った薄暗さは、地中海的な明るさが支配する会場の中では異質である。このグレーのヴォリュームの脇に、小さな雑木林があり、その奥にひっそりと入り口が控えている。この雑木林のなかの小道を通って、脇にまわり込むような形で建物にアプローチするのである。日本の美術関係者の間で、この日本館はきわめて評判が悪い。わかりにくいエントランスのせいで、日本館への入場者数は少なく、日本館の展示の評判はいまいちだという のが、彼らの一般的な意見である。

図36　ベネチア・ビエンナーレ、イタリア館

なぜ、日本館はこのような建ち方をしているのだろうか。バロック的なオブジェクトの建ち並ぶ華麗な世界の中で、ただひとつだけその秩序、その世界観に背を向けるような佇まいなのだろうか。それを知るには、一九五五年に、この建物が建設された時のプロセスにまで、立ち戻らなければならない。

設計者は吉阪隆正（一九一七〜八一、近代性と野性とを結合させた、きわめてユニークな作風で知られる建築家。教育者としても知られ、早稲田大学の教授として、象設計集団などの、地域主義的作風の建築家を数多く育てた）。自由な自然児であると同時に、日本人にはまれな国際人でもあった吉阪は「登山靴で女王陛下とダンスを踊れる人」と評された。一九五〇年から五二年にかけて、コルビュジエの事務所で働き、帰国して後に、本格的に設計活動を開始した。ベネチア・ビエンナーレ日本館の設計は、彼の国際性と、コルビュジエ体験をかっての指名であった。若き吉阪にとって、これは名誉ある指名であったが、同時にきわめて困難な仕事でもあった。異国での、余裕のない工程（実質工程は三ヶ月であった）も、もちろん困難の要因ではあったが、最大の困難は、ビエンナーレ当局から与えられた、「日本風」の建築という要求である。彼らの求めた「日本風」とは、簡単に言ってしまえば瓦ののった建築の事だったのである。世界のモダニズムの頂点、コルビュジエのもとから帰国したばかりの吉阪が、これを受け入れられるはずもなかった。吉阪はモダニズムの中心から帰還し、早速にも戦いを強いられる事になった。しかし、考えてみればこの戦いは変則的な戦いであった。彼は「日本」と戦ったわけではない。「日本」を求める西欧と戦ったわけである。彼の敵はオリエントではなくオリエンタリズムだったのである。その構図は彼の一生を支配する事になるのだが、とにかく彼はそのたびに力強く戦った。吉阪は頑強に瓦屋根を拒否し、フラットな屋根を持つ変則的なピロティー建築を提案した。ビエンナーレのオープンは六ヶ月後に迫っており、ビエンナーレ当局はこの案を承認せざるを得なかった。正確には黙認せざるを得なかったのである。

吉阪の提案した建物は不思議な建物である。師のコルビュジエに似ているようでいて、同時になぜか、ひどく違うのである。まず吉阪は師にならって、建物をピロティーで空中へと持ち上げた。コルビュジエはピロティーの手法によって建物をオブジェクト化するのである。すなわち建物はピロティーによって大地と絶縁され、オブジェクトとして周囲の環境から自立する。ところが吉阪のピロティーは少々、ニュアンスが異なっている。まず建物を支える柱が卍型に配置されている(図37)。コルビュジエは決してそのような配置はしない。建物の正面を規定するために、すなわちオブジェクトのどこが正面であるかを規定し、オブジェクトに単一の強く明確な相貌を与えるために、ピロティーが柱列

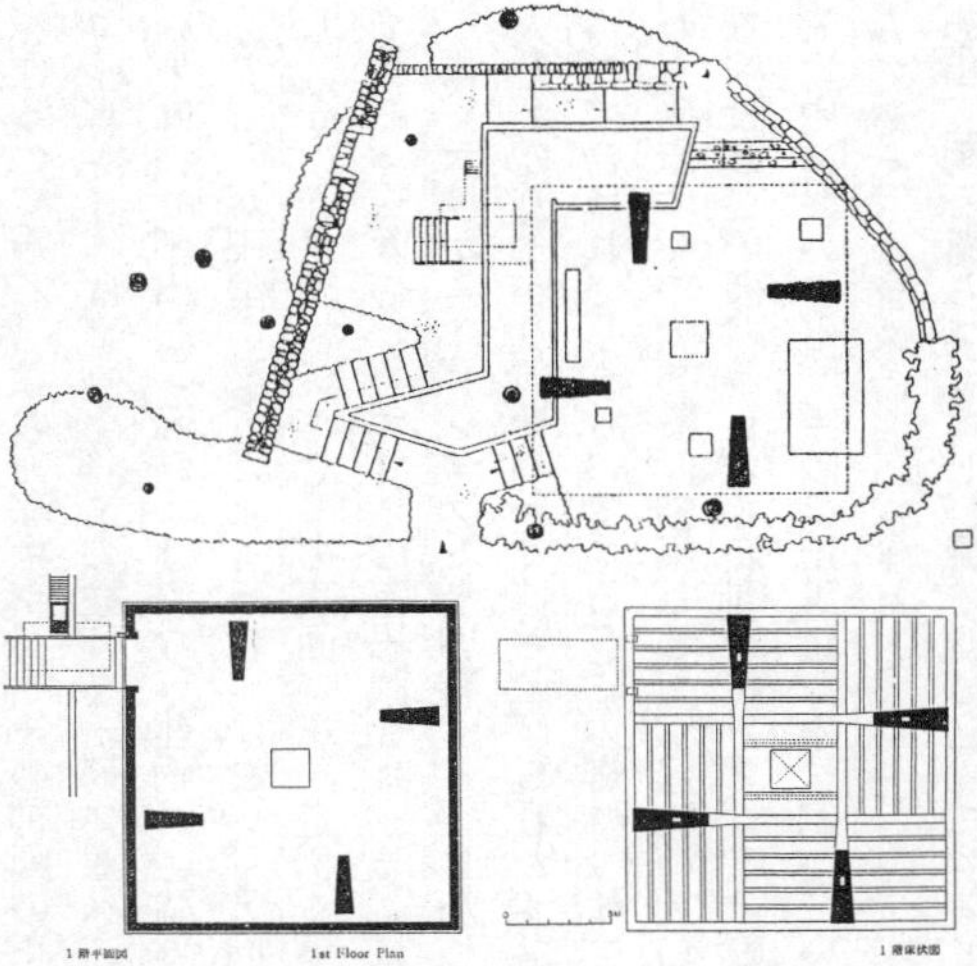

図37　ベネチア・ビエンナーレ日本館　設計吉阪隆正、大竹十一　1955年　配置図、平面図

を作るのである。この方法はギリシャの神殿の正面に柱列が配置されるのと同様であった。コルビュジエはピロティーの柱列を一列に並べ、そこに注意を喚起し、さらにその場に強い方向性を創出し、忘れようのない建物の「強い顔」を創出するのである。

ところが卍型の配列だとそうはいかない。方向性は生まれず、空間はぐるぐると回り出し、どの面がオブジェクトの正面かを決定する事は困難になり、顔は永遠に失われたままである。吉阪のピロティーの不思議さは、そこにとどまらない。コルビュジエのピロティーは、大地からオブジェクトを切断する。しかし、吉阪のピロティーの場合、建物の脇の大地が盛り上がり、せっかく持ち上げられたオブジェクトと大地とが、建物の入口部分で再び接合されてしまうのである。この奇妙なオブジェクトは、環境から自立しながら、しかも癒着するのである。結果として、建物の入口は曖昧でわかりにくい。集客を目的とする施設としては、きわめて変則的なアプローチの計画であった。

室内においても、吉阪は不思議な事を試みている。屋根のど真ん中に、穴があいているのである。ガラスの嵌め込まれたトップライトではなく、ただの穴である（図38）。当然の事、雨も落ちてくるし、風も吹き込んでくるし、木の葉も舞い込んでくる。それらを受け止めるために、屋根の穴の真下の床にも、穴があけてある。上の屋根の穴から落ちてきた雨は、床の穴をぬけて、その下のピロティー部分の地面にまで一気に落ちていくのである。そのようにして、天と建築と大地とが、ひとつに結ばれることを吉阪は狙ったのである。

る。

それにしても大胆な試みである。選ばれたアーティストの作品が置かれる空間を、雨、風がぬけていくのである。温、湿度の管理はどうするのか、というレベルではなく、直接に雨がかかる可能性すらある大胆な計画であった。穴はすぐに閉じられる事になった。それでもまだ、日本館の評判は悪かった。他の国のパビリオンは一様に、矩形の、単純な平面形をもち、天井は高い。壁は白くプレーンで、いかなる美術品が置かれても違和感のないニュートラルな空間である。ところが、日本館では、ピロティーの卍型の柱が屋根を支えるために室内にまでのびている（図38参照）。せっかくの単純なキューブが、突然貫入する四本の巨大な柱によってたちまち攪乱され、迷路のような様相を呈する。室内のイメージは不均一となり、不明快で落ち着きがない。

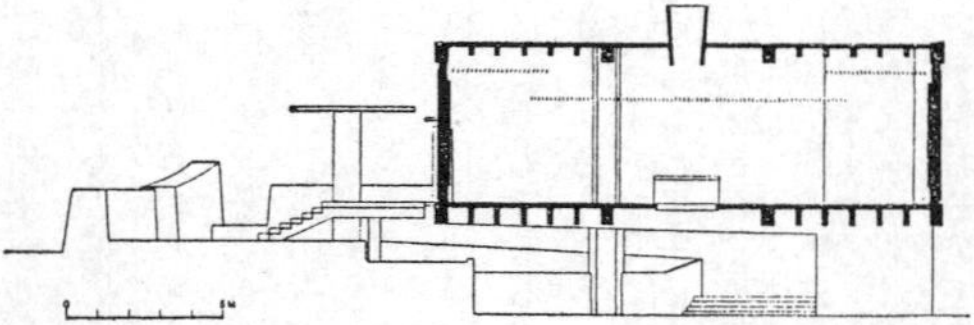

図38　ベネチア・ビエンナーレ日本館　設計吉阪隆正、大竹十一　1955年　断面図

ある意味で吉阪は間違いなく失敗した。美術関係者は皆、この空間を非難する。吉阪は美術のための空間というものがまったくわかっていなかったと、死んだ後もなお吉阪は非難され続ける。しかし創造において、成功から学べる事は少ない。失敗

こそ、未来へのヒントの宝庫である。吉阪のベネチアでの失敗は、僕にとってとりわけ魅力的なものに思えたのである。

吉阪が作ろうとしたものは、建築物ではなく、ひとつながりの庭だったのではないか。そう考えると、いろいろな事に、合点がいった。不明快であると見えた空間が、明快であるように感じられてきたのである。コルビュジエに倣ってピロティーを採用しながら、庭とオブジェクトとをピロティーで切断するというコルビュジエ流の解決を吉阪は拒否する。庭が小山のように盛り上がっていって、建物と接触し、庭が建物の中に入り込んでいってしまうのである。その結果は、盛り上がった庭の石組みを踏みしめているうちに、いつの間にか空中に浮いているはずの建物の中に吸い込まれる事になる。そして雨、風をすべて受けいれる室内とは、もうひとつの庭に他ならない。外にある庭から内にある庭へと空間が連続する。室内というもうひとつの庭の中でもまた、四つの卍の柱が、人の動きを規定し、空間の中に見えざるパッセージを生成する。そのようにして、ヴォリュームとして存在していたはずの空間が、パッセージとしての空間、時間的連鎖としての空間へと、解きほぐされるのである。吉阪は、空間体としての建築を、時間体としての建築へとほどこうと試みたのである。

この考え方は、一九五五年の当時、全く注目される事はなかった。人々が注目したのは、コルビュジエのもとから凱旋した青年の手によって、大地の上に高く抱えあげられた、白く輝くオブジェクトである（図39）。この意味において、吉阪は二重に孤立していたのである。まず彼は、「日本」というオブジェクトを求める西洋と戦わねばならず、さらには「西洋」というオブジェクトを求める日本とも戦わねばならなかったのである。どちら側からの期待にも、吉阪は添う事はできなかったのであり、どちら側も吉阪という作家の本質を理解する事はできなかったのである。吉阪が無意識のうちに意図していた、時間体としての建築は、当時の人々の理解を超えていた。静止画というヴィジュアル表現によって空間を伝達しようとする、当時のメディアの表現能力の限界をも当然超えていた。それでも三十八歳の吉阪は、あえてそれに挑んだ。しかし、その後、さすがの吉阪も、別の方向へと作風を変化させていくのである。彼もまたオブジェクトを世の中に提示せざるを得なくなってくる。個性的なオブジェクトという「顔」を持つ事によって、はじめて建築作家として認知されるという現実に、吉阪もまた、対応していかざるを得なかったのである。それが二十世紀の建築家の置かれてい

図39　ベネチア・ビエンナーレ日本館　設計吉阪隆正、大竹十一　1955年　完成予想パース　薄暗い背景の中から白く輝く壁面が突出する強調した表現。オブジェクトの自立性への指向性が明らかである。

た状況であった。彼は大地や風や光の野性を、生きたまま、流れるまま、空間の中にからめとろうと試みた。しかし、やがてその野性を、ひとつのオブジェクトへと翻訳し、固定し、凍結する事が、彼のテーマとなる。そのような「野性のオブジェクト」を提出する事で吉阪は、世の中にその個性を認知され、建築家としての揺るぎない地位を確立していったのである。

いまだオブジェクトへと結晶する以前の、みずみずしく形がなく、とめどなく流れ続けるような野性を、たび重なる改装によって既に廃墟のような姿をさらしている日本館の中に、再び回復する事。それが僕がベネチアで試みようとした事である。まず、無惨に切断された室内と室外を再び接合し、そこに流れを甦らせたかった。全体を、ひと続きの庭として再提示したかったのである。吉阪が屋根にあけた暴力的な穴は既に閉じられていたし、曼陀羅のような不思議なパターンを持つ大理石の床も、グレーの均一なカーペットによって覆い隠され、室内はより一層室内化され、均質で退屈なヴォリュームへと、改装されていた。この室内を、再び室外へと戻すために、室外という野性へと連れ戻すために、われわれは室内を水で満たす事を提案した。土や砂で庭を作るのではなく、水で庭を作るのである。水という流れ続けるものを導入する事によって、そこに循環を再成しようとしたからである（図40）。吉阪が屋根と床に穴を穿って、天から地、地から天へという循環を、強引に室内に呼び込もうとしたように、床に張られた水は絶えず流れ続け、循環し続ける仕掛けとした。その仕掛けを初めて作動させ、水が流れはじめた時の事は忘れられない。ほんのかすかではあったが、せせらぎの音が暗い室内にひろがった。その時、その場を満たす空気の質が、突然に切り替わったように感じられたのである。室内という淀み閉じた場所が、水の循環によって、開きこじ開けられたのである。

水の底は黒い色の防水シート貼りとした。水は僅か五センチメートルの深さしかないにもかかわらず、その底は見えない。深さを測る事はできない。建物という限定されたフレームの内部に、突然、底知れぬ空間、限定する事のできない空間が出現するのである。

その黒く深い水面の上に、細い一筋の経路を設けた。経路は水の上に掛け渡された橋のようでなければならない。軽く、弱く、狭くなくてはならない。材料は白木の薄い板と定めた。巾は七〇センチ。その弱さ、狭さゆえに、水は橋を支配し続け、橋の上を歩くわれわれを脅かし続けるのである。水が室内の全体を支配し、水の循環が室内の空気を動かし、それをとどまる事なく回し続けるのである。

そして経路をどのように配置するか。そのスタディーに最も多くの時間を費やした。経路のレイアウトが時間の設計においては決定的だからである。この空間を訪れる人は、水に脅えながら狭い経路の上を歩き、その上ですべてを体験する。すべてのシーンが、室内のすべての断片が、その経路に沿って次々と出現する。経路とは空間をつなぎとめる軸であると同時に、時間軸そのものなのである。そのようにして、オブジェクトという凝集が、

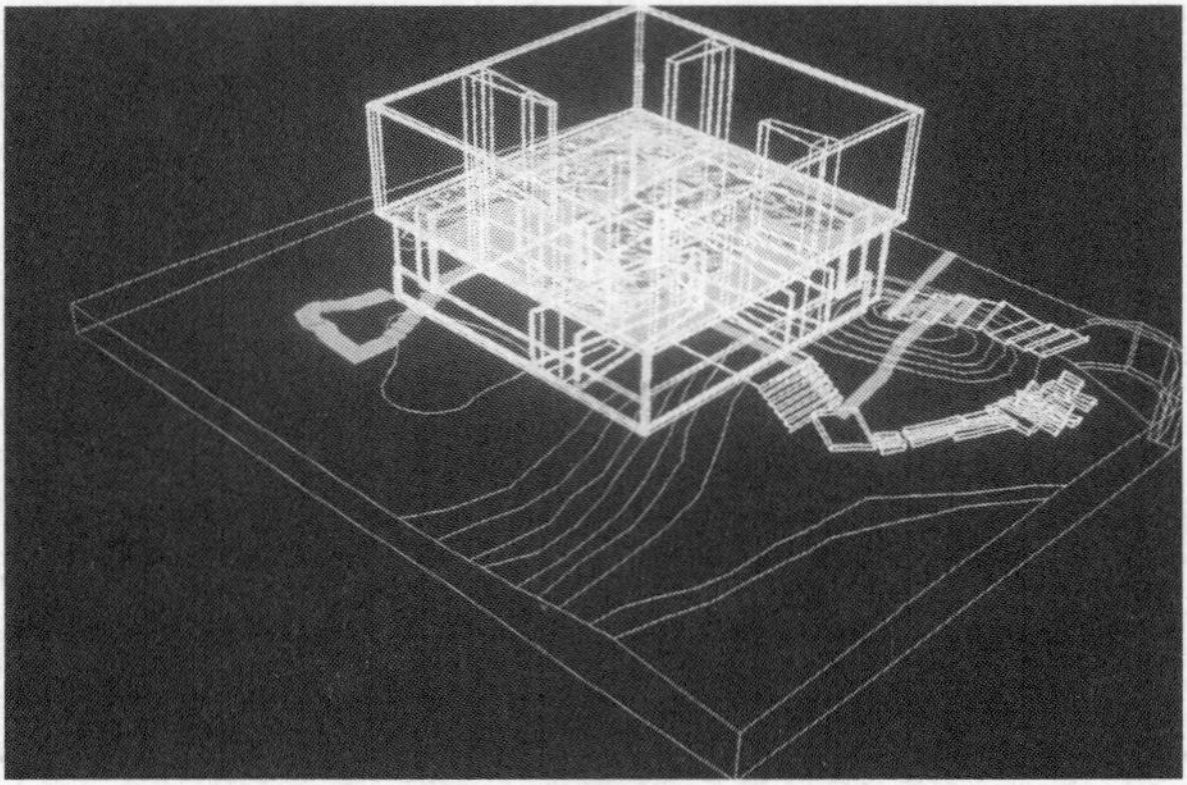

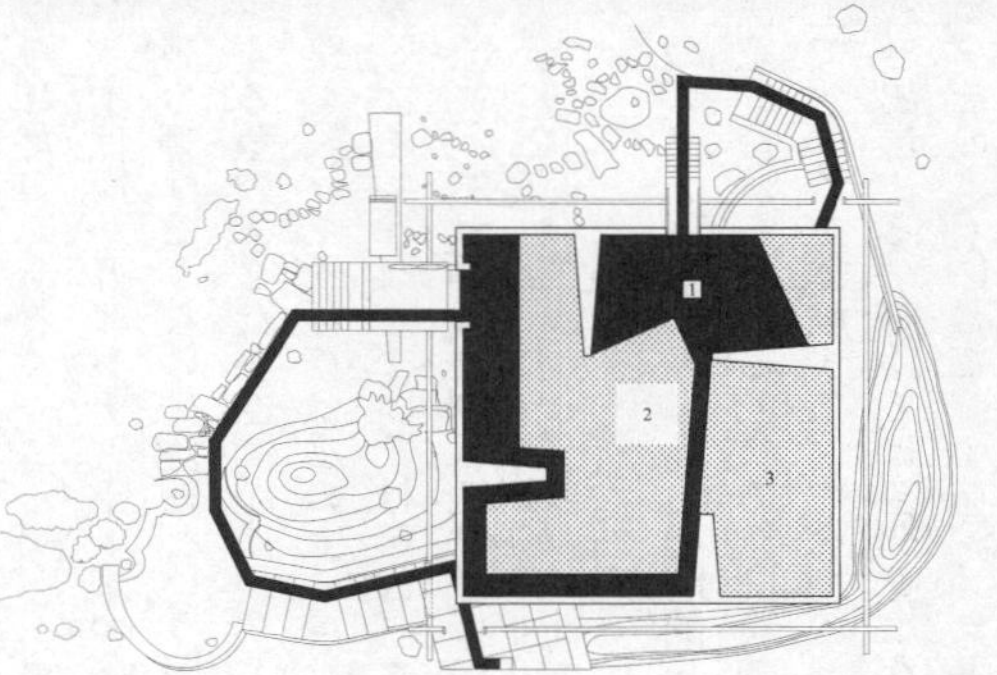

図40　ベネチア・ビエンナーレ日本館会場構成　設計　隈研吾建築都市設計事務所　1995年　アイソメトリックドローイング　配置図、内観一、内観二

経路という線へとほどかれるのである。毛糸玉が毛糸へとほどかれるようにして、塊は消滅する。しかもここに出現する線、すなわち時間の軸は、幾何学式庭園の軸のように庭園の中を直進する事はない。廻遊式庭園（近世に現れた庭園形式。池のまわりに園路をめぐらし、その園路沿いに日本文学の古典で知られている名所旧跡を再現した景やエレメントを配置する。現存するものでは桂離宮が最も古いとされる）が池のまわりをまわる構成をとるように、水面のまわりを経路は巡る。池を見るのではない。池越しに何かを見るのである。池越しに物を見るという、景観の形式である。廻遊式庭園の要点は、池越しに物を見るという、景観の形式である。西洋の古典主義的視覚形式において、オブジェクトは基壇と呼ばれる確固たる土台の上に立っている。しかし、廻遊式庭園において、オブジェクトは水面の上に浮く形で出現するのである。水面という不確かなものの上には、立ちようがない。確かなる土台を喪失したオブジェクトは、浮かざるを得ないのである。オブジェクトをその不安定な状態に追いやるために、廻遊式庭園の池は存在する。オブジェクトが浮くとは、重量の喪失であり、リアリティーの喪失であり、オブジェクトの映像化である。映像技術も用いず、電子技術も用いず、しかもオブジェクトを映像化する。廻遊式庭園とはそのようなテクノロジーであった。さらに直截な例をあげれば、平安貴族は盆の上に水を張り、そこに月を映し、愛でた。すなわち水を用いて月を映像化したのであり、水盤はテレビモニターにも匹敵する映像装置であった。完成したベネチアの日本館の中をナム・ジュン・パイクと歩き廻った後で、彼がつぶやいた。「おまえは桂離宮をやっただろ。自分が世界で最も好きな建築は桂離宮だ」。

日本館の水の向こう側には、さまざまな物が置かれた。最も興味深かったのは、日本画家千住博による「ウォーター・フォール」である。千住の描く滝は、まずその技法が興味深い。巨大な黒い和紙を立てかけ、その上に大量の白い岩絵の具を、それこそ滝のように流すのである。その結果、そこに水の流れの痕跡が記録される。それが彼によって「滝」の絵と名付けられる。印画紙が光の痕跡を固定するように、ここでは水の痕跡を和紙が固定する。和紙というメディアを使っているがゆえに、これは一応絵画というカテゴリーに分類される。しかし、これをもはや絵画という必要もないだろう。これは絵画というよりも、カメラオブスキュラに近く、基本的にはきわめて映像的である。

さらにこの「滝」は会場の一面に張られた水の上に反射し、映し出される仕掛けとした。映像的なるものが、反射によって、さらにもう一度映像化されるのである。重層的にコピーされ、映像化される。水は、経路を歩く人々の振動によって、絶えず小さく波打っている。滝の像もまた、動き続けている。本体の滝までが生命を得たように、動き始めるのである。二重の映像化のはてに、不思議なことには、そこに一種の実体が生々しく立ち上がるのである。

これと同様の趣向を、辻惟雄は『日本美術の表情』(角川書店、一九八六)の中で紹介している。『源三位頼政集』に残る、滝の絵に関するくだりである。

岡崎の三位入道のもとに、かべに滝のかたをかきてその滝の下よりまことの水をおとしつぎたり。遠くて見れば、ただおなじ水のおちたるやうにみえしをみて、まかりてつかはしける

うつつにもかべにもおなじ滝をみて
ねてもさめても忘られぬ哉

かへし

夢の世にかべよりおつる滝のいとを
君が心にかけりやさは

ここにはきわめて奇妙な仕掛けの施された絵画が描写されている。すなわち、壁に滝の絵が描かれており、その滝の中から本物の水が落下して、少し離れた位置から見ると、そこに本物の滝が落下していると錯覚するというわけである。この種のトリックを持つ絵画は、総称して「をこ（痴）絵」と呼ばれる。

このをこ絵の中で問題とされているのは、実体とリプレゼンテーションというテーマである。まず滝という実体があり、そのリプレゼンテーションとしての滝の絵がある。滝は水の一形式である。そして水は、絵画というリプレゼンテーション形式にとって、最も困

難な対象のひとつである。通常絵画の対象は実体としてのオブジェクトであり、オブジェクトにあたって、こちら側に反射する光、すなわち反射光によってオブジェクトの形態と色彩とが出現する。一方、水は液体という宿命ゆえ、オブジェクトとして環境から自立する事は難しい。しかもその透明性ゆえ、形態と色彩とはしばしば透過光によって出現する。ある与条件のもとでは反射光によって出現し、異なる与条件のもとでは透過光によって出現するのである。その反オブジェクト性、光に対しての両義性ゆえに、水は絵画にとって困難な対象であり、またその困難はしばしば絵画に新しい表現を誘導するきっかけとなった。モネの「睡蓮」は、そのようにして誘導された新たな表現形式である。

滝は、睡蓮の浮かぶ池よりも、さらに困難な対象と考えられる。滝は静止せずに流れ続けているからであり、しかもそれがヴォリュームであるのか、パーティクル（粒子）であるのかも、定かでないからである。ゆえに、このをこ絵の作者は、従来の絵画形式をもって、滝を捉える事は難しいと考えたに違いないのである。その時、絵画と本物の水を融合させるという新たな表現形式が発案された。ラカン的にいうならば、絵画という想像界と、水という現実界がそこで融合される事が要請されたのである。注意すべきは、その重層の上に、さらに『源三位頼政集』におさめられた歌、すなわち象徴界に所属する表現が重ねられている事である。現実界、想像界、象徴界の重層。その重層こそ日本の伝統的な表現空間におけるひとつの特徴的手法であり、またその重層は電子技術を用いたアートの中にもしばしば見出せるものである。

整理するならば、ここではまず滝の絵が否定される。滝という曖昧な物質、流れ続ける物質が、絵画というリプレゼンテーションの形式には収まりきらない事が示される。その一種の断念を受けて、対象（滝）を構成する実際の物質が、大胆に導入されるのである。しかし、ここで最も興味深いのは、それでも壁には依然として滝の絵があるという事である。壁に穴をあけて、水を流しているだけの仕掛けではなく、絵の前に水が流されているのである。絵というリプレゼンテーションがあって、そこに実際の物質が、そして現実が重層されるのである。

その結果、ここには不思議な鑑賞形式が出現する。通常、リプレゼンテーションを鑑賞するとは、リプレゼンテーションを愛でる事である。リプレゼンテーションの技術や感性を愛でる事である。しかし、ここでは逆に、リプレゼンテーションの欠陥、その不可能性こそが愛でられるのである。言い換えれば想像界の表現と、現実界に所属する対象とを重ね合わせる事によって、想像界の不可能性が提示され、それを人々は愛で、鑑賞するのである。見方を変えるならば、リプレゼンテーションの不可能性を愛でたいからこそ、わざわざ欠陥のある不完全なリプレゼンテーションが、そこに用意されていたのである。その愛でているという事実が、歌という象徴界の表現によって、さらに補足して強調され、念を押される。その時鑑賞者は、実体とリプレゼンテーション、現実界と想像界、リアルとヴァーチャル、その両者を重ね、それらのメタレベルに位置している。実体にも飽きたらず、またリプレゼンテーションにも飽き足りない。鑑賞者が実際に愛でているのは、そのメタレベル自身なのである。

ベネチアの会場計画における水の導入もまた、この形式と同型である。すなわちリプレゼンテーションの不可能性が、この会場計画のテーマとなっている。まず、千住博は滝の絵を描いた。この絵自身が、既にして、滝を絵に描く事の不可能性を認識した上での、特殊な技法に基づいて描かれている。その意味において、この会場計画は、リプレゼンテーションの不可能性が二重の入れ子構造になっている。まず不可能性を前提とする千住の特殊なリプレゼンテーションがある。そしてその一種の批評的絵画さえもが、さらにその絵の前に存在する水という実体によって、再度批評されるわけである。実体としての水面は、千住の滝の絵を反射し、そこにあたかも滝壺が実在するかのように錯覚させる。水面の微細な揺らぎ、波紋、そこに生じる音の群れが、滝壺をそこに出現させるのである。その滝壺は、その上にある滝の絵よりも何倍もリアルである。岡崎三位のもとにある絵と同様に、われわれは実体の助けを借りて滝のリアリティーに肉迫し、そして同時にそのリアリティーはリプレゼンテーションの可能性ではなく、その不可能性をわれわれに告知するのである。

この手の込んだ二重否定は、われわれの会場計画において反復される。まず吉阪は、日本というものを、建築という媒体を用いてリプレゼンテーションする事を否定した。即物的に言い換えれば、瓦屋根を載せるという形で、日本をリプレゼンテーションする事を否定した。なぜなら滝を絵によってリプレゼンテーションする事が不可能であると考えられたように、日本もまた、ひとつのイメージ（想像界）へと還元する事はできないと、吉阪は考えたのである。日本のみならず、あらゆる国家、あらゆる共同体は、建築的イメージへの還元を拒絶していると吉阪は考えた。これはとりも直さず、古典主義的建築観の全否定であった。共同体を三次元のイメージへと還元することこそが、建築を建てる事の最大の根拠であるという信念。その信念が、古典主義的建築の中核にあるからである。そして近代主義者と呼ばれるコルビュジエさえも、依然としてこの古典主義的信念のもとにあった。二十世紀のモダニズムは、この信念を継承する事で、ネーションステートの世紀を生き残ったのである。しかし吉阪はその信念の中核を否定した。リプレゼンテーションは不可能であると言い放った。その否定の実践として、彼は建築（屋根）に穴をあけたのである。滝の絵のどまん中に穴があけられたように、吉阪は建築のどまん中に穴をあけ、そこに雨、風を、すなわち現実界を導入しようと考えたのである。

しかし、残念乍ら、吉阪のあけた穴は、建築を開く事、こじあける事はできなかった。滝の絵にあけられた穴のように、勢いよく現実が流入する事はなかった。なぜなら、彼はオブジェクトという形式自体を疑う事がなかったからである。彼はオブジェクトを保存したままで、中心に穴を穿った。その時、建築の求心性は、穿たれた穴によって一層強められる事となり、オブジェクトは一層強く凝集する事になってしまったのである。ローマのパンテオンの天井の頂点に穿たれた穴のように、吉阪の穴は求心力を強化し、オブジェクトを強化する役割をはたしたのである。そこに吉阪という作家の逆説、あるいはその時代の逆説があった。外部を導入し、建築を解体しようという試みが、結果として、オブジェクトの強化へと帰着してしまうのである。ベネチア・ビエンナーレ以降、吉阪はいよいよ深く、その罠へと嵌まっていった。彼は建築をその外部へと解き放つ事を行わなかった。そのかわりに外部を建築の中に取り込もうと考えたのである。中心に穴を穿つ行為はその方法と同型であり、彼はベネチアですでに、その罠へと嵌まる未来の自分を予言しているともいえる。それほどに彼は建築という形式、建築というフレームにこだわっていたという事かもしれない。彼ほど「外部」に関心を持った建築家は当時、存在しなかったが、彼はその「外部」を建築に封入しようと試み、やがて「外部」をテーマとする「個性的」オブジェクトを作るようになっていくのである。有機的形態をまとった、自由な彫刻のような彼の建築群は、そのような手法の産物であった。

建築は様々な「外部」をもっている。自然はもちろんの事、建築の「外部」である。そして、建築をオブジェクト化するとは、「外部」と「内部」とを峻別し、「外部」のひろがりの中に「内部」という量塊を屹立させる事である。その時、吉阪は「外部」に目を向けた。その「外部」をとり込む事を試みた。しかし、そうする事によって、より強い「内部」を作れる事、より強く「内部」を屹立させる事ができる事を、吉阪は本能的に知っていたのである。

この方法は、ひとり吉阪に限った方法ではない。二十世紀後半の建築の世界は、この方法によって強く支配されていた。ポストモダニズムはその代表であった。建築が「外部」として排除していたものに目を向け、それを取り込む事で建築の強度を獲得する事。それがポストモダニズムの常套的な手法である。前近代の建築様式も、石や木などの素朴な自然素材も、そのようにして「内部」に取り込まれ、建築に強度を付与し、建築を強く屹立させたのである。「外部」はそのようにして利用され、消費されてきたのである。それはまさに資本主義の方法論そのものであった。

ベネチアで試みた事は、その方法を反転する事である。外部という養分を取り込む事で建築を蘇生させるのではなく、建築というフレームを解体し、その内部の体液をとめどなく流出させてしまう事。可能な限り、内部を外部へと向かって解き放つ事が、計画の目的であった。そのために、室内が庭としてデザインされたのである。その庭としての室内に配置された木製の「橋」は、外部にまで延長された。吉阪の用意した雑木林の中へと「橋」はのばされたのである。そのようにして、室内と屋外とのアーティキュレーション（分節）を解体し、体液を庭の中へと撒くのである。

そして最後に残されたのは、その一続きの経路の順序の問題である。吉阪の平面計画には順序という概念がない。それは、吉阪だけの問題ではない。文学と音楽は順序に従って作品が進行するが、建築には順序というものがないと、しばしば指摘される。音楽も文学も、基本的に始まりがあって終わりがある。一方建築は、どの方向からも、そしていかなる時間においても、自由にその外観を眺める事ができるし、自由にアクセスする事ができる。また、その内部空間も、自由に歩き廻る事ができるという指摘である。建築をオブジェクトとして把握するならば、この指摘は適切であろう。しかし、もし、建築を時間体として捉えるならば、建築とは時間の進行に従って展開する体験の連鎖であり、建築とは順序である。文学や音楽と建築とは同一の形式を持つ連続体である。その時、建築のデザインとは、形態のデザインではなく、順序のデザインとなる。

吉阪によってオブジェクトとして設計された建築を、時間体としてデザインしなおす事。それがわれわれの試みである。とはいっても、建築が具体的な物質で構成されるものである限り、そこから完全に形態を剝脱し、オブジェクトを剝脱する事は不可能である。その不可能を承知の上でわれわれは建築を振動させようとする。建築を一続きのリニアな経路へと引き延ばし、時間体とオブジェクトの間に、収束の見込みのない振動を、敢えて励起しようとするのである。そのために最も大切な事は、順序と速度に対して繊細である事である。多くの人々は、建築を永遠の物質であると誤解する。なぜならわれわれの日常は、粗雑ではかない物質によって取り囲まれ、われわれの身体をも含むそれらの脆弱な物質に比較して、建築こそ永遠であり、建築は時間から自由であると錯覚するからである。その錯覚ゆえに、建築から時間が捨象され、時間に対する鈍感が建築の世界を支配してきたのである。必要なのは、空間のデザインと、時間のデザインとは決して分節できない事を刻印する事。建築もまた時間によって支配される脆弱な物質であり、それ自身が、取り返しがつかない体験である事を認識する事である。その時、形態と素材にかわって、順序と速度とがデザインの対象として浮上するのである。

当初、当然のように、吉阪のデザインしたエントランスを使って、建物へとアプローチする事を計画した（図40参照）。白木板貼りの経路は、雑木林を抜け、エントランスの階段をのぼり、室内へと到る。吉阪の計画ではエントランスはこの一箇所しかないが、われわれは建物の側面にあけられた小さな非常口に目をつけた。エントランスからはいって非常口から外に出るという、一続きの経路を計画したのである。その操作によって、そもそもオブジェクトとして凝集していたものを、強引に一続きの時間体へと引き延ばすのである。白木板貼りの経路は非常口から屋外へと再び飛び出し、建物の下の薄暗いピロティー部分を通過し、最終的に、日本館の前方の大通りへと接続される。このようにして、建物に順序と時間とを導入するのである。

しかし、最後に大逆転を行った。この順序を、オープンの前日の夜逆転したのである。

始点と終点とを反転したのである。

当初の順序に従った場合、われわれは吉阪の意図通りにエントランスにアプローチする事になる。他の国のパビリオンのバロック的なエントランスの構成と比較して、吉阪の入口は控え目で、さりげない。しかし、それでもまだエントランスの前に大きくはり出した階段と庇は、充分にモニュメンタルであり、建物の入口を強く指示する役割をはたしている。エントランスの前に立った時、建物は意外なほどに力強いオブジェクトとして、われわれに立ち向かってくるのである。ところが経路を逆廻しにすれば、入口はこのような形では出現しない。非常口からアプローチする時、建物は身構える事をしないのである。建物は消えてしまうのである。同一の経路を逆向きに廻っただけで、同一の物質が、まったく違った形で現れる。それほどに、人間と物質とは、動的で不安定な関係で結ばれている。完成した会場を歩き廻っているうちに、突然にこの現象に気が付いた。大通りからまず、薄暗く湿った吉阪のピロティーの下に入り込み、非常口の小さな扉を使って室内へとはいり、室内を歩き廻った後で、内側から正規のエントランスを抜ける。入口にあったはずの庇も、階段も、われわれの意識からはきれいに消え去る。振り返らない限り、建築は消滅するのである。建築が変わったわけではない。建築は依然としてそこに同じように立っている。にもかかわらず、それはまったく別の形で、意識の中に立ち現われるのである。問題は建築を消滅させようと欲するか、屹立させようと欲するかである。「外部」はいかようにも機能する。屹立させようと欲すれば「外部」は見事に屹立に奉仕する。消滅させようと欲すれば建築は「外部」のなかに融け出して、流れ去るのである。その時われわれが最も注意すべきは時間である。「外部」という暗がりの中を、とうとうと流れていく時間の方向と速度である。それに逆らってはいけない。時間の流れを注視し、その中に、そっと、やわらかく物質をうかべるのである。その時物質は、あたかも質料を持たないもののごとく、しぶきひとつあげずに流れ去っていくのである。

第六章　転倒する事　劇場の反転

ある舞踏家（創作舞踏家、一鷲明伶《いっしゅうはるあきら》氏）のために舞台を作った。とはいっても、今回のケースに限って、このいい方は不正確である。舞台を作る事に、全く関心がなかったし、また実際にも舞台を作らなかったからである。

「舞台」という呼び名を与えられて「客席」から区画されている、あの限定された空間をデザインするという行為が、ひどく無意味で退屈なものに思えたのである。「舞台」に、どんな装置をセットしようと、「舞台」にどんな造形を施し、いかなる光で満たそうと、それはあくまで「舞台デザイン」に過ぎず、劇空間を計画した事にはならない。そのような無力感があった。

なぜなら、劇空間とは、演じる者と見る者との関係性だと考えるからである。既存の劇場という形式を承認した上で、その空間の舞台美術を担当するという事が、すでにして、既存の関係性の追認である。ゆえに今回は舞台をデザインしなかった。今回行った事は関係性の追認ではなく、関係性の反転である。そして、反転にもまた、いろいろな形式があり得る。今回の反転は舞台と客席との、トポロジーの反転である（図41）。舞踏家は舞台においてではなく、客席で舞った。もちろん客席には、観客はいない。数百個の椅子があるだけである。客席には何も手を加えず、ただ放置した。では観客はどこに行ってしまったのか。通常舞台と呼ばれている空間の上に、観客が座ったのである（図42）。

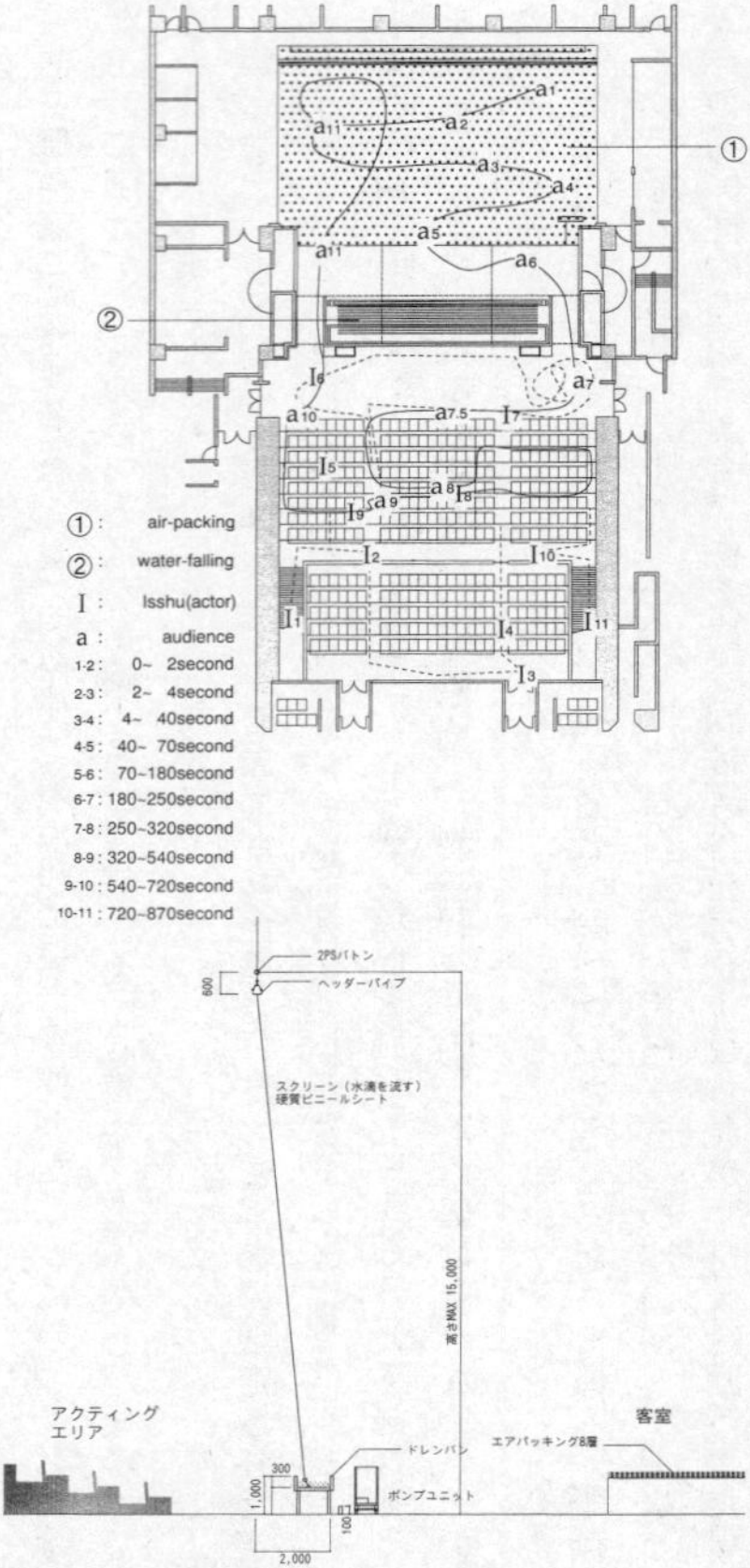

図41　劇場の反転　調布市文化会館たづくり・くすのきホール平面図、断面図　1997年10月15日～17日

舞台と客席とが空間的に等価であったならば、そのふたつを反転してみたところで、大した意味はないであろう。しかしもちろんの事、近代的な劇空間において、舞台と客席とは等価ではない。舞台は特権的な空間として、近代的な劇空間の中に君臨する。舞台の特権性は、ふたつの空間的装置によって獲得される。

図42　劇場の反転　観客の座る「舞台」から、舞踏家のいる「客席」をのぞむ。「舞台」と「客席」との間には、ビニールのスクリーンが挿入されている。

ひとつは舞台と客席との床面のレベルの差である。古典主義建築はすべからく台座を持ち、その台座によって大地から立ちあげられ、その特権性を獲得し、環境の中に君臨する。全く同じようにして、舞台はその上で演じる者、その上に置かれた物、それらすべての舞台上のオブジェクトを特権化するために、客席から立ちあげられるのである。

もうひとつの装置は、プロセニアムアーチと呼ばれるフレームである。フレームもまた舞台を枠どり、舞台の上のオブジェクトの群を特権化する。もちろんこのフレームの配置および効果は非対称である。すなわち、プロセニアムアーチは客席から舞台を見た場合にのみフレームとして出現し、舞台を特権化する。逆に、舞台から客席を見たときはフレームとして機能しないのである。空間的装置の多くは、そのような非対称性をもっている。それゆえ空間的反転には、慎重な計算が必要となる。ただ空間を反転しただけでは、効果は反転しないのである。空間を反転した時に、同時に、空間的効果をも反転させる仕掛けが必要となる。今回、プロセニアムアーチの部分にビニールの皮膜（スクリーン）を重ねたのは、そのための仕掛けである。その皮膜が、二つの空間の関係性にたえず介入するのである。そしてこの皮膜によって、単なる反転以上の事が可能となる。近代的劇空間を、単純に反転するのではなく、劇空間の近代化自体を相対化し、その上で分解する事。それが今回のプロジェクトの目標である。

劇空間の近代化とは、舞台の特権化と同義である。舞台を客席から区画し、客席の上位に立たせることが、すなわち劇空間の近代化であった。そして劇空間の近代化は、歴史区分上の近代という時代に始まったわけではない。ギリシャ劇場からローマ劇場への展開が、すでにして劇空間の近代化に他ならなかった。初期ギリシャ劇場の構成は同心円状に配置された客席をもつ、すりばち構造である。舞台は円形で、すりばちの底の低いレベルに配置されている。そこでは客席と舞台が対置されるのではなく、客席の中に舞台があり、ふたつの空間は文字通りに一体であった。

しかし、この一体性は遠からず破棄される。当初、劇場は外部の自然環境に対して開かれていたが、まず円形舞台の背後に壁があらわれる。本来そこには、俳優が身支度する仮設のテントがあった。やがてテントは木造の小屋になり、さらに石造の恒久的建造物となる。その建築はテントを意味するギリシャ語にちなんでスケネ（skene）と呼ばれ続けるが、テントと恒久的な壁との差異は決定的である。やがてスケネの客席側の壁面は舞台に対する背景の役割を担うようになる。背景もまた、舞台を特権化し、舞台の上のオブジェクト群を特権化する装置として機能したのである（図43）。

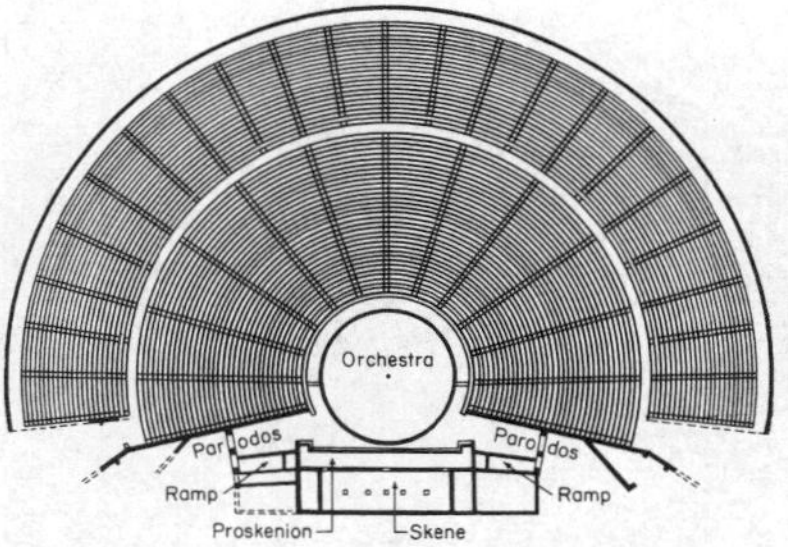

図43　エピダウロスの劇場。紀元前350年頃、最も完全なギリシャ劇場といわれ、アイスキュロス、ソポクレス、エウリピデスらによって使用された。

次なるステップとして、舞台の中心がすりばちの底の円形の部分から、スケネの前方にあるプロスケニオンへと移行する。すなわち、客席と舞台とがはっきりと分節され、客席と舞台との間の距離が発生するのである。さらに、舞台は一段高く立ち上げられ、特権的な空間へと高く押し上げられ、次にはスケネの屋根の上部の、より高い一段が、舞台として使用されるようになる。舞台は高く高く、上へ上へと押し上げられていくのである。スケネはその後も、規模を拡大し、やがて精巧な宮殿のようなファサードを獲得し、ローマ劇場の原型が確立されるのである（図44）。ギリシャ劇場からローマ劇場への移行は、単に空間形式の移行だけではなかった。観客の客席への導入の方法もまた劇的に変化したのである。ギリシャにおいて、観客はまず、すりばちの底の円形舞台（オルケストラと呼ばれた）に誘導され、そこからおのおの客席へとのぼっていった。一方ローマにおいては、すりばちの最上部の入口から、客席へと降りていった。ここで注意すべき事は、劇空間もまた、空間体であるだけではなくひとつの時間体だという事である。すなわち、そこにもまた、経路があって順序がある。その順序によって、空間の構造が決定的に規定されるのである。ギリシャ劇場において、観客はまず、すりばちの底部にある舞台に立ち、舞台と客席との連続性を確認しながら、一歩一歩席へと向かう。そのシークエンスによって、舞台と客席との一体性は強化される。一方、ローマ劇場のシークエンスにおいて、舞台と客席は永遠に別世界のままである。誘導の形式が、舞台と客席を分節し、その

図44　シチリア島のセジェスタの劇場　紀元前100年頃、ローマ式への移行途中のギリシャ劇場、H・ヴィルジンクによる復元図

距離を拡大する方向に作用するのである。形態的には相似であるが、ギリシャとローマの間には、大きな断絶が存在したのである。

要約すれば、ローマ劇場のテーマは、舞台と客席との分離、舞台の特権性の獲得である。このテーマは十七世紀前半のイタリアにおける、プロセニアムアーチの導入によって完成された。舞台と客席とを区割する額縁として、形にプロセニアムアーチが挿入され、舞台は客席から完全に切断されたのである。そのステップをさらにもう一段押し進めたのは、十九世紀末の作曲家リヒャルト・ワーグナーであった。ワーグナーは建築家ゴットフリード・ゼンパー（Gottfried Semper、一八〇三〜七九。十九世紀ドイツの古典主義の建築家。十九世紀建築界における最も尖鋭的な理論家で、近代建築運動の、理論的基礎を作った）の協力を得ながら、自らが理想とする劇場空間をバイロイトに建設した（図45）。

ここでワーグナーが試みた事は、客席と舞台との完璧な切断であった。プロセニアムアーチは念には念を入れるかのように、二重に設けられ、その二つのフレームの間に、客席から隠蔽された形で、オーケストラピットが設けられる。舞台は二重のフレーミングによって、客席という現実の世界から完全に切断された異界となり、どこからともなく（実はみえないオーケストラピットから）聞こえてくる音楽は、その異界性、特権性を一層強化したのである。

客席においてもワーグナーは、新機軸をうち出した。当時支配的であった馬蹄形状の客席配置が否定され、それに替わって、舞台を中心とする同心円状の配置が採用されたのである。客席の天井高は低く抑えられ、当時の通例に反して、桟敷席やボックス席は一切、設けられる事がなかった。桟敷席やボックス席の観客からは、他の観客席が視界に入ってしまうというのが、その理由であった。ワーグナーの目的はただひとつ、舞台と観客との一対一の対応関係の獲得であった。他の観客の姿が目にはいってしまったならば、その対応関係は破壊される。同心円状の座席の配列も、その一対一の対応関係の確保が目的であったし、低い天井高がめざすところも同一であった。さらにワーグナーは客席の照明を極

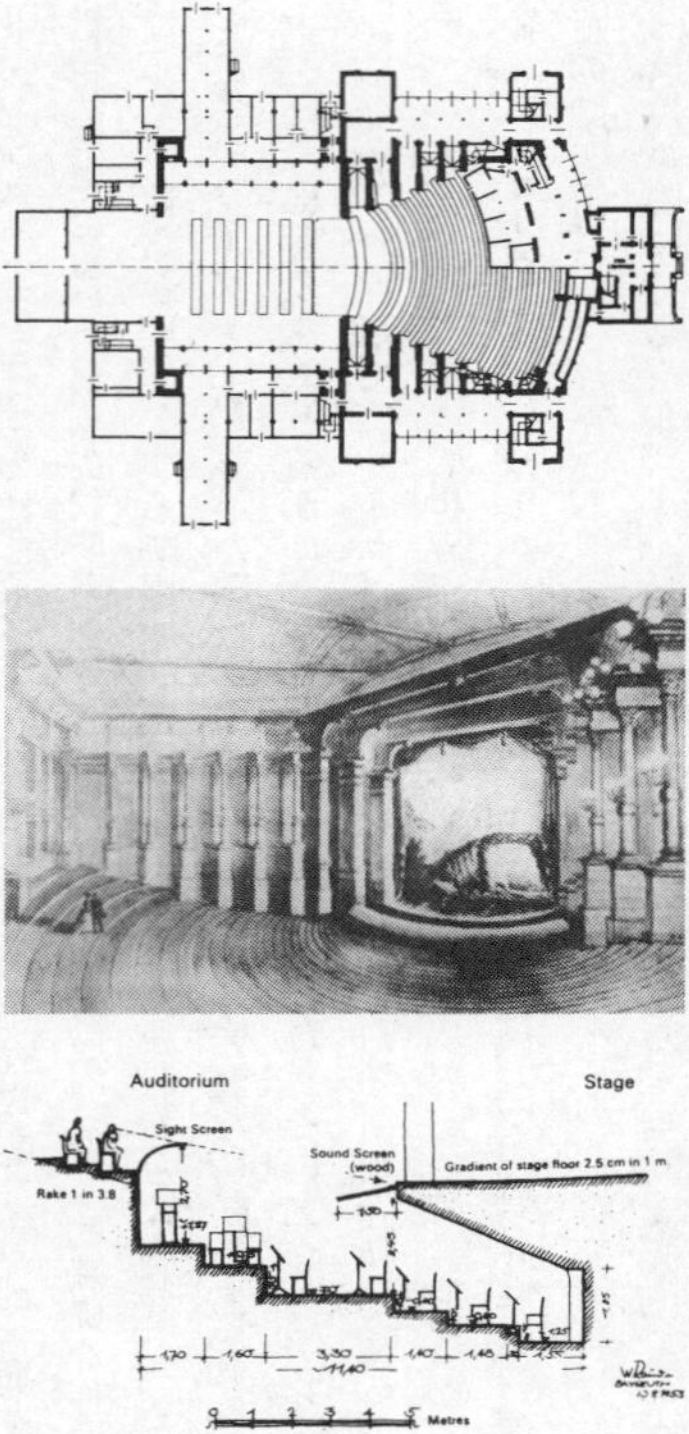

図45　バイロイト祝祭劇場　設計オットー・ブリュクヴァルト　1876　平面図、内観、オーケストラピット断面図　実際にはゼンパーが1865年から67年の間に引いた設計図に基づいており、ブリュクヴァルトは技術的アドバイザーとしてワーグナーに雇われたに過ぎなかった。

端なほどに暗くし、観客の意識を舞台のみに集中させた。観客の身体は、客席空間というリアルな空間の中に実在している。しかし、そのリアルな空間をできうる限り消去し、観客の意識を直接的に舞台空間に接合する事。その時、舞台と客席は完璧な形で切断され、同時にまた舞台の特権性、すなわち舞台の客席に対する優位は完成される。それこそがワーグナーのめざした、理想の劇場空間だったわけである。

分断された個が特権的オブジェクトと一対一で向かい合う。それがバイロイトで提示された形式であった。この形式は、様々な意味において、二十世紀の空間形式の先駆となった。二十世紀の様々な建築空間のモデルとなったばかりではなく、都市空間のモデルともなった。郊外という空間形式は、きわめてバイロイト的である。郊外という場所で、家と家とは隔離され、分断される。家と家との距離によって、そして芝生というバッファゾーンの介在によって、分断されるのである。バイロイトの客席の天井が低かったように、郊外でもまた建築物をはじめとするすべてが、低く低く抑えられている。低く抑える事が、環境を保存する事だというロジックが導入され、建築規制を媒介として家を低く抑えるのである。その低く孤独な存在が、都市という高く特権的なものに、直接向きあわされ、威圧されるのである。都市の特権性を象徴する建築物はスカイスクレーパーである。低い客席が高い舞台と向かい合うように、低い郊外が高い都市と向かい合う。高いオブジェクトと向かい合う。

その間に介在するのは、プロセニアムアーチである。都市と郊外とを結ぶ橋の多くがアーチ構造を採用しているのは偶然ではない。そして二重のプロセニアムアーチの間に、オーケストラピットと呼ばれる空白が介在するように、郊外と都市の間にはスラムという空白が介在する。都市でもなく郊外ともなりえないものは、スラムとなる以外にない。この空白のスペースは二十世紀の建築規制と資本の論理との、論理的帰結であった。そしてこのメタファーを採用するならば、日本の都市とは、演劇的にみて、きわめて不完全であった。都市自体が低すぎたのである。郊外を威圧するには、あまりにも低かった。そして、都市と郊外との間には、いかなる空白も断絶もなく、ただ連続的に空間は推移した。だからこそ、日本において、都市は劇場とはなりえず、人々は決して都市に熱狂することはなかったのである。

郊外がバイロイトの空間的翻訳であるとするならば、ファシズムこそはバイロイトの、政治的な翻訳であった。群衆は、個人へと分断され、天井の低い暗闇に放置され、突然超越的で光り輝くものと向かいあう。ヒットラーがワーグナーのファンであったという事実は、偶然ではない。ヒットラーは都市計画においても、建築においても、バイロイトの再生産をめざした。

バイロイトの構造は、劇的であるという以上に、映像的であった。映像こそ、客席という公的空間から完全に切断された、個人にとってのリアリティーだからである。ワーグナーはプロセニアムによる切断を極めようと試みた。しかし、切断が完璧に遂行されれば、それは一枚のスクリーン上の映像と、なんら変わりはない。孤独な観客が、切断された舞台に向きあう姿は、孤独な個人がテレビと向かいあう姿と、変わるところがない。あとは、フレームの向こう側にある演目のリアリティーだけが問題となるのである。フレームの向こう側の映像に、充分なリアリティーがありさえすれば、わざわざバイロイトほどの仕掛けをほどこして、役者達のリアルな身体と、大げさな舞台装置とを用いて、パフォーマンスを行う必要はない。それゆえ、オペラというパフォーマンスの形式は、二十世紀の初頭、突然に衰弱するのである。

一九二〇年代に、オペラという形式の上に、なにかが起こった事は間違いがない。シェンベルグの『モーゼとアロン』、プッチーニの『トゥーランドット』が、ともに未完のまま中断されたのである。オペラという芸術形式の衰弱が、そのような事件を生んだ。舞台と映像とが、フレームの内側でのスペクタクルという意味で等価であるならば、人々がより手軽で、より自由で、よりコストパフォーマンスの高い、映像という形式へ惹かれるのは、時代の必然であった。一九二〇年代に映画はアメリカ最大の娯楽となり、アメリカ人は平均して週一回は映画を観るという生活をスタートした。一九三三年には今日のブラウン管形式のテレビが発明された。オペラは映像に取って代わられて、衰弱したのである。そして、オ劇場の近代化の徹底が、逆説的に、舞台空間の自己否定を招来したのである。

図46　ベルリン大劇場　設計ハンス・ペルツィッヒ　1919年　既存のサーカス小屋を改造したもの。片端にプロセニアムは設けられているが、主として中央の土間部分が舞台として用いられた。

図47　モスクワ劇場改造案　設計エル・リシツキー　1926年　演出家のメイエルホリドと建築家のリシツキーの共同によるもので、客席の中に舞台空間を設けようとした案だが、実現には至らなかった。

ペラが演劇の中でもいち早く衰弱したのは、オペラにおいて、舞台と客席との切断が、もっとも強く要請されたからに他ならない。オペラの生命は舞台の上のスペクタクルである。それをより効果的なものとするために、バイロイトにおける徹底した切断が必要とされた。そしてその切断の完遂の一歩先には、オペラの終焉が待っていたのである。

しかし、演劇空間は、ただ黙って衰弱したわけではなかった。演劇空間で行われるパフォーマンスが、映像に圧倒されていくのと併行して、演劇空間の構造自体を転換させようという実験が、世界の各地で試みられるのである。様々な演劇空間が自由に提案された(図46、図47)。しかし、それらは不思議な事に、ひとつの共通点を持っていた。すべての提案がプロセニアムアーチを否定していたのである。考えてみれば、これは当然の一致であった。ワーグナーは、プロセニアムアーチを二重化という形で完成し、舞台と客席との完全な分離を達成した。しかし、この分離こそが、演劇を衰弱させ、演劇の映像への敗北という事態を招いたのである。とすれば、演劇を再生しようとするならば、舞台と客席との再統合以外に途はない。そうすることで劇場に魅力的な空間を復活し、映像という非空間的メディアを、空間という実体的なものの力で、凌駕し圧倒しなくてはならない。アントナン・アルトーも述べている。「舞台と客席――私たちは舞台と観客席を捨て、かわりにひとつの場所を置く。どんなものを用いても、仕切ったり、遮ったりしない」。

しかし、これらの空間実験はすべて挫折した。新しい劇場形式を創出する事はなく、あくまでも実験という域を出なかったのである。

ではなぜ、劇場の実験は失敗したのか。その理由を探る時、われわれは二十世紀の空間と映像とをめぐるパラドクスに到達せざるをえない。劇場の実験は伝統的な劇場形式に敗れたわけではない。新しい劇場は、新しい映像に敗れたのである。なぜなら、新しい劇場より、新しい映像の方が、より空間的だったからである。ぺらぺらの二次元のスクリーンに投影された映像の方が、現実の三次元の空間の中で演じられたどんな演劇よりも、空間的であるという逆説が生じたのである。では、映像が獲得することに成功した空間性とはいったいどんなものだったのだろうか。そして、そもそも空間性とは何なのだろうか。

新しい映像は、劇場に収容する事ができないほどの巨大な三次元空間をフィルムにおさめ、表現したわけではない。空間性とはそのようなものではない。また単に、映像の中に、観客を誘い込み、没入させたわけでもない。新しい映像は、空間への没入と、空間の全体構造の理解との両立を可能にしてくれたのである。すなわち観客は、空間の内部にいながら同時に空間の上位に立つことができた。新しい映像は、フレームワークとその移動によって、すなわちフレーム内部への人物の出し入れによって、そのような二重性を創出したのである。その二重性こそが、空間性というものの内容であった。逆に主人公の目によって切り取られた景色だけをだらだらと流し続けた映像は、少しも空間的ではなかったのである。そこには、決して空間は出現せず、この映像を見せられたものは、いいようのない閉塞感に襲われるのである。

この状態は、メルロ゠ポンティがその晩年の著作『見えるものと見えないもの』で指摘した、視覚的独我論の状態と同型である。現象学は、空間の主観性を主張するがゆえに、視覚的独我論という陥穽にはまるというのが、メルロ゠ポンティの指摘であった。そこから脱出するためには、「自分以外の見る者」を見る事が必要であり、その体験によって生じる「見えるものと見るものとの循環」が、われわれを視覚的独我論から救出するというのが、メルロ＝ポンティの主張であった。「見るものと見られるものの循環」とは、空間の内部と上位（メタレベル）という二つのポジションの循環運動といってもいい。彼はこれを間身体的な循環と呼んだ。内部とメタレベルとの循環によってはじめて、空間が生まれるというわけである。上質の動画映像（ムービングイメージ）もまた、この循環を創出することによって視覚的独我論から主体を救出し、空間性を獲得する。この循環によって、宇宙にいたるまでのいかなる巨大な領域をも空間化してしまうのである。ムービングイメージは、単に画面が動くゆえに二十世紀を支配したわけではない。ムービングであるがゆえに、空間を生成するわけではなく、フレームの循環手法を獲得したがゆえに、ムービングイメージは、二十世紀を支配するメディアとなったのである。

実際の劇場空間を用いて行われたいかなる実験も、ムービングイメージに匹敵する空間性を獲得することができなかった。ただ三次元のひろがりがあるだけでは、そこは空間とは呼べないという事である。逆に、映像は容易に空間を生み出す事ができた。映像は、その空間性ゆえに、実際の空間を凌駕してしまったのである。そこに二十世紀の映像を巡る最大のパラドクスがあった。そして、この倒立ゆえに、二十世紀は「映像の世紀」となったのである。二十世紀は数多くの建築を生み、数多くの建築的実験の場となった。しかし、これらの空間的実験は、どこか滑稽である。なぜなら、どの空間的実験も、実際の空間を使いながら、しかも映像を圧倒するだけの空間性を獲得することができなかったからである。空間の決定的敗北。空間の実験は、その敗北を確認するためだけに繰り返されていたかに見える。

もちろん劇場の実験も、ことごとく挫折した。舞台と客席とを統合しようとする試みに関する実験は、ことごとく、プロセニアム登場以前の古典的な演劇への回帰に収斂した。たとえばシェークスピア劇場、ギリシャ劇場のノスタルジックな再生へと帰結していくほかなかったのである。

不毛な実験か、古典への回帰か。この二つの選択肢を越える途はありえるのか。この設問は二十世紀のすべての建築空間に課せられた設問と同型である。一方にモダニズム建築の実験をとるか、ポストモダニズムの古典回帰をとるかという選択肢があった。しかし、現実に、二十世紀を支配し、そのヴォリューム・ゾーンを惹き付けていたのは、映像という非物質的な空間体験であった。映像は空間（物質的空間）以上に、空間的だったからである。そして物質的な空間、すなわちリアルスペースは、実験と古典とに分裂して、衰弱していったのである。

確かに映像の魅力は絶大であり、それを物質的空間によって越えることは、きわめて難しく感じられる。しかし、一九九〇年代以降、状況は変化した。鍵となったのは、電子技術である。ゲームに代表されるコンピューターが、映画やテレビなどの既製の映像メディアにかわって、人々を惹き付けはじめたのである。その理由は、インタラクションの有無という単純な問題ではない。映画にしろ、テレビにしろ、映像は一方的に与えられる。その意味で、映像とはインタラクティブなメディアではなかった。しかしコンピューターを介入させることで、インタラクションが回復すると、一般的には考えられている。しかし、コンピューターによってモデリングされたサイバースペースの中をいかに自由に歩き回ることが可能であろうと、あるいは、そのサイバースペースの中で首を右に捻れば、右側に拡がる景色を見ることが可能であろうと、そのようなインタラクションは、実際の所、極めて退屈なものでしかない。なぜならそのようにして与えられるウォーク・スルー型のインタラクションは、先述の「主体の目の位置に固定されたカメラ」、すなわち視覚的独我論を少しも越えるものではないからである。主体は、インタラクションを獲得したかもしれないが、一向に空間を獲得することはできない。インタラクションと空間性とは、全く別種の概念である。ヴァーチャル・リアリティーと呼ばれる装置のほとんどは、この種の独我論的インタラクションを生成するだけの装置である。主体はこの装置を装着する事によっていよいよ独我論の陥穽の中に嵌まり込み、いいようのない閉塞感を味わう。

では何が、その陥穽から主体を救出しえるのか。コンピューターは、スクリーン上のスウィッチの発明によって主体を救出したのである。八〇年代におけるGUI（グラフィカル・ユーザー・インターフェイス）を搭載したパソコンの出現は、コンピューターの歴史の中で極めて大きな事件であった。なぜならそれによって、スクリーン上にGUIというスウィッチが出現したからである。スウィッチは、画面に映し出されている映像の上位にある。そこが最も重要な点である。スウィッチによって主体は、画面に映し出されている空間を支配することが可能となり、空間の上位（メタレベル）に立つことが可能となったのである。そのようにしてはじめて、内部とメタレベルとの循環が発生し、映像が空間へと昇格するのである。しかもここで出現した空間は、完全にインタラクティブな空間であった。二十世紀の映像は、カメラワークによる循環運動によって、空間性を獲得した。しかし、残念ながらこの循環運動もまた、映像の製作者によって一方的に与えられたものだったのである。そこが、二十世紀的映像の、決して越えることのできない限界であった。空間はあったが、自発性はなかったのである。そして、自発性、能動性の不在は、二十世紀のすべての文化を拘束した。しかし、コンピューターの介入によって、主体ははじめて自発的にメタレベルとインテリア（内観）とを往復することが可能となったのである。われわれの文化に対する、コンピューターの最大の貢献はそこにある。

そしてスウィッチは、サイバースペースに対する明確な定義をも与えてくれる。サイバースペースとは、コンピューターによって作られた映像でも、ヴァーチャル・リアリティーによって出現する空間のことでもない。それらの空間の中で、主体は自発的な往復運動を行うことはできない。ゆえにそれらを空間、すなわちスペースと呼ぶことはできない。

主体はスウィッチを操作することではじめて空間を獲得する。サイバースペースとは、スウィッチ付きのスクリーンによって生成される空間のことである。

そして、スウィッチとは実は象徴の別名なのである。スウィッチの出現によって、われわれは象徴を取り戻したのである。GUIはしばしばアイコンと呼ばれるが、それはメタファーではない。GUIこそが象徴の復権であることをユーザーは既に直感的に察知し、アイコンという用語を用いたのである。近代化とは象徴の排除のプロセスである。そして演劇の近代化もまた、象徴の排除のプロセスであった。象徴が排除されて、イメージのみで演劇を構成し、イメージのみで観客とのコミュニケーションをはかることが、近代の演劇の目標であった。その目標は、ワーグナーによって達成される。客席から完全に分離された舞台は、イメージのみで構成される純粋世界として、自立するのである。自立するとは、世界のどこに持っていこうと、どの文化の中に放り出そうと、立派に演劇として成立し、コミュニケーションが成立するという意味である。

もし、そこに象徴が介入すれば、舞台は自立しない。近代以前の演劇は、イメージと象徴との混成物である。そのような演劇は、象徴を共有する客席の人々と、作者との、共同の制作物であって、客席から自立することは不可能であった。その客席の文化、その土地の文化から自立して、あらゆる場所のあらゆる人々に理解されうることは不可能であった。

一方、映像とは、そもそも自立した存在である。自立しているからこそ、商品として世界を流通するのである。映像は自ら商品となるために、象徴を排除した。しかし、象徴こそが、観客と舞台とを直接接合する装置であった事に、やがて映像作家も、劇作家も、気がつくのである。

いかに象徴を取り戻すか。それこそがワーグナー以降の演劇、映像の最大の課題であったといってもいい。象徴の回復とは客席との一体性の回復といってもいい。ヨーロッパの演出家や劇作家は、東洋の舞台における象徴の使用の研究を開始した。たとえば机の上にあがることは、山に登ることを意味し、円を描いて歩くことは旅をすることを意味し、門を描いた布を持ち上げることは町に入ることを意味した。彼らはその成果を演劇に導入しようと試みたが、演劇は変わることができなかった。象徴はもはや、少しも作動してはくれないのである。

このプロセスはポストモダニズム建築における象徴の復権作業と同型である。モダニズムの建築のテーマは象徴の排除であった。建築をイメージの世界へと還元しようと試みた。その意味で、モダニズム建築とワーグナーの行ったことは同型である。両者は共に、象徴を徹底して排除しようと試み、その結果、主体（観客）と作品とを切断してしまったのである。再び象徴を取り戻すことが、ポストモダニズムの目標であった。しかし、ポストモダニズムは、象徴をオブジェクトとして捉えた。象徴とはギリシャ風のコラム、ペディメント（切妻屋根）などのオブジェクトであり、それを建築に貼りつけることが、象徴の回復であると誤解したのである。同様にして、二十世紀の演劇もまた象徴をオブジェクトとして捉えた。ゆえに舞台上に回復したはずの象徴が少しも作動しないのである。主体に対して働きかけないのである。

しかし二十世紀のあらゆる前衛が、取り戻そうとして決して取り戻せなかった象徴が、思わぬ場所で、完全な形で回復されていたのである。コンピューターというフィールドである。象徴とはオブジェクトではなく、作動であり、スウィッチであると理解すべきだったのである。コンピューターゲームは、スウィッチの獲得によって、映像と人間との接合に成功した。映像の完成度やリアリティーが問題ではなく、どんな未熟な映像であってもスウィッチがあれば「はまる」のであり、映像と人間とは接合されるというのが、コンピューターゲームの教訓であった。では同じようにして、実際の舞台の中にスウィッチを導入する事はできないだろうか。それが今回の舞台デザインの目標であった。リアルスペースの中に、スウィッチを導入したいと考えたのである。スウィッチ付きの現実空間という形式を、実現してみたかったのである。

そのために、まず舞台と客席とが反転された。反転が目標なのではない。反転はあくまでも手段であり、過程である。既製の舞台の形式において、舞台は特権的空間であり、客席は舞台に従属する。一方、サイバースペースにおいては、主体がスペースの上位にあって、スウィッチを操作し、空間を操作する。今回の舞台で最も重要なことは、主体の特権性を取り戻すことなのである。そのためには、是非とも観客は舞台の上に上がってもらわなくてはならない。そして逆に、かつての客席が、パフォーマンスの場となるのである。その結果、観客は、舞台の上から客席を見下ろす。舞台上にはエアキャップと呼ばれる気泡入りの梱包用シートが八層に積み重ねられ、観客はそのフワフワとしたひどく不安定な床面の上に、直接座って、舞踏を見る。舞台は客席から、一メートル立ち上げられ、その一メートルの高さが、舞台の客席に対する優位、演じる者の、観る者に対する優位を保証していた。

逆に、今回のプロジェクトにおいては、その高いポジションに、観客は座らされる。平面的座標が逆転し、高さが逆転し、観客はきわめて落ち着かない状態、不安定な状態に置かれる。その不安定は、譬えて言えば飛行機の操縦席のもつ不安定である。操縦席は、下界に広がるあらゆる空間のメタレベルに位置している。その拘束のない徹底した自由ゆえに不安定である。エアキャップの床はその不安定を増幅するための装置である。エアキャップの床は内蔵の照明によって、全体が白く発光する。フワフワと揺れ続ける床面は、触覚的にも、そして視覚的にも不安定である(図48)。

バイロイトでワーグナーは、座席から一切のクッションを排除し、固い木の椅子を用意した。客席の照明は暗く落とされ、黒い闇のようであった。一方、今回のプロジェクトにおいては、客のスペースは、あくまで柔らかく、あくまでも明るい。すべてが反転されている。ワーグナーは客席の暗さと固さによって、対比的に舞台の輝きと躍動を増幅させたのである。舞台の特権性が増幅されるのである。一方、今回のプロジェクトでは、クッションの柔らかさと明るさによって、主体の側の自由と不安定とが増幅されるのである。主体の側の過剰なまでの特権性が増幅されるのである。

図48　劇場の反転　1997年　エアキャップを敷き詰めた床部分

客席と舞台とは、高さ一五メートルの、ビニール製の膜で区画された。プロセニアムアーチの部分に、透明なスクリーンを設けたのである。このスクリーンを空間のスウィッチとして機能させようとした。CRT（カソード・レイ・チューブ）を巨大化したものがこのスクリーンであるという発想である。スクリーンには水を流し続けた。細かい水滴がスクリーンを覆い、水量と照明とを変化させる事によって、二つの空間の関係性を自由に設定する事ができる。その結果、このスクリーンは空間のスウィッチとして機能するのである。リアルな空間の中に、スウィッチが導入されるのである。

スクリーンを伝った水滴は、下部に設けられたステンレス製のボックスで受け止め、ポンプで上部へと押し上げられ、再び水滴となってスクリーンを伝うというシステムである。水量と照明とは、パソコンによって、コントロールする。スクリーンの素材は、ビニールハウスの外装に用いる薄い塩ビシートである。ガラスを用いることも考えたが、ガラスの場合、一枚の大きさに限度があり、ジョイントが数多く発生する。ガラスの重さを支持するための構造体も必要となり、構造体の存在がスクリーンよりも強く自己主張する危険性があるので、ビニールハウスの材料である薄いビニールシートを用いることにした。シートとシートは重ねてあるだけの簡単なジョイントだが、水滴を垂らすと、水滴の描く線分とジョイントの線分とがラップして、ジョイントは消滅し、ビニールシートの存在自体が、消滅してしまう。スクリーンがほぼ意識から消えて、スウィッチのみが意識上に点滅するという状態が出現する。

水というマテリアルを用いたのは、水という素材が、物質であると同時に、映像的だからである。水は物質と非物質との中間にある。物質には、固有性があり、アドレスがある。しかし、水においては、ここにある水と、そこにある水とを区別することは難しい。すなわちそれぞれの水に、固有性やアドレスを見いだすことは困難である。無数のテレビやパソコンのスクリーンから、単一の映像が流れてくるように、無数の蛇口から、同一の水が流れてくるのだとわれわれは感じてしまう。それゆえ、水は、物質と映像、物質と非物質の中間に宙吊りになっている。

だからこそ、スウィッチは水でなければならなかった。水のスウィッチを最初に試みたのは、エト・イン・テラ・パックスとの「転送の湿度」というタイトルのコラボレーション（図49）においてである。ここで行った実験は、水を使った建築（水／ガラス）を舞台として設定し、その中で、エト・イン・テラ・パックスがパフォーマンスを行い（水深一五センチしかない水中でエト・イン・テラ・パックスの有村肯也が泳ぐという、信じられないパフォーマンスであった。彼女の華奢な身体は水と見まがうほどに稀薄であり流体的であった）、その様子を映画監督の黒沢潤が映像におさめ、その映像をビデオプロジェクターを用いて展示会場の白い壁面に投射し、さらにその映像の前面で、エト・イン・テラ・パックスがライブのパフォーマンスを行い、そのパフォーマンスと観客との間に、水のスウ

図49　転送の湿度　エト・イン・テラ・パックス＋隈研吾　1996年　ヒルサイドテラスで行われた「トポスの復権展２」において

ィッチを介在させるという、手の込んだものであった。現実と映像、物質と非物質とが幾重にも重ねられて提示される。しかもそこに提示された現実は、限りなく映像に近い稀薄で流体的なものであるゆえ、両者の境界は限りなく曖昧である。ここでは、ビニールシートではなく、一枚の巨大なアクリル板に水滴を垂らす形で、水のスウィッチが作られている。観客の前面に複数のレイヤーが配置され、観客という主体は、スウィッチを用いて、それらのレイヤーのオン・オフを行う。スウィッチの操作によって、ある特定の空間の選択的な呼び出し、消去、重合が可能になる。しかもスウィッチを含むそれらのレイヤーは、すべてエト・イン・テラ・パックスの身体と水という共通の素材だけで構成されているため、レイヤーは数学的とでも呼ぶほかない鋭さとスムーズさで、静かにそして突然に重合され、また切断される。水面Aの中で泳ぐ身体は、瞬時にして水面Bの中に転送される。あるいは、その同じ身体が突然、水滴のスウィッチの向こう側で、ライブに泳ぎはじめるのである。

「劇場の反転」と「転送の湿度」は、劇空間にスウィッチを導入する実験であり、また同時に、物質で構成されたリアルな空間の中にスウィッチを導入する実験でもあった。水のスウィッチを獲得することで、観客は、舞台のメタレベルに立つ事が可能となる。次なる目標は、観客席という集合体ではなく、それぞれの観客という主体が、スウィッチを単独に、自発的に操作するようなマルティプルな劇空間を形成することである。それは単に劇場空間に限定されたテーマではない。実空間の中に、一人一人の個人用のスウィッチを用意するという、普遍的なテーマが、念頭にはある。その時、自発性の欠如という、二十世紀の映像的文化の欠陥に対する一つの処方が示される。当然のこと、その無限個のスウィッチによって与えられるすべてのコマンドに対して、空間は俊敏に、なめらかに、そして劇的に応答しなければならない。そのために空間技術と電子技術との融合が要請されるのである。最も大事な事は、その二つの技術の境界自体がすでに消去可能であるという事である。その境界の取り払われた状態を前提にしてスペースをデザインし、スウィッチ（象徴）を埋め込もうともくろむのである。そのスウィッチによって地上的で経験主義的な視点と、天上的で構造的な視点との往復運動が可能となる。その時、リアルスペースとサイバースペースという分節は、すでに意味を持たない。

そしてこれは、特別な空間や装置を用意するということではない。すでにわれわれは多くの電子機器に囲まれ、それを携帯しながらリアルスペースを移動しているのであり、リアルスペースとサイバースペースの融合は、充分すぎるほどに進んでいる。全く異なる位相をもった空間の間で、われわれは様々な技術にサポートされながら、いともたやすく瞬間的な移動、トランスを繰り返しているのである。にもかかわらず、都市のデザインも、建築のデザインも、そして劇空間のデザインも、この融合から大きく取り残されている。そこでは依然としてワーグナー流の切断の手法によって、計画が行われている。舞台は観客と切断されて自立し、空間も建築もまた観客（主体）から切断され、オブジェクトとして自立することが目標とされるのである。切断されたオブジェクト群（商品）の自由な流通という世界システムが、いまだに夢想されているのである。必要なのは、主体と空間とを再び繋ぐことである。そのためには、客体の特権性を徹底して剝奪することである。舞台の特権性を剝奪し、建築という箱の特権性を剝奪し、すべてをひとつの荒野にまで戻してやる事である。その上で、荒野の中に、草をはやし、道がひらかれ、雨が降り、小川が流れ出すのである。それらがすべてスウィッチ（象徴）なのである。そして、それらのスウィッチによって、主体は客体（荒野）に対して接続される。その時はじめて、観客は舞台に繋がれ、主体は空間に繋がれ、そして世界の全体に対して繋がれるのである。

第七章　電子に置換する事　慰霊空間

慰霊碑の設計を依頼された。依頼主はある企業である。百年の歴史をもつその企業のために かつて働き、亡くなった方、八百名を祀るための、慰霊碑のデザインをして欲しいというのである。

正直言って、当初、気分が乗らなかった。石でできたオブジェクトを、またひとつデザインする事以外に、解決がないように思えたからである。その石のオブジェクトが、球形だろうと、直方体だろうと、円錐だろうと、それがどうしたの、という気分である。どんな提案を行おうと、オブジェクトという形式から逸脱する事は、いかにも難しいように感じられた。スケッチをはじめる気になれなかったのである。

慰霊碑とは、一種の墓である。そして墓は建築のあり方の、一方の極を形成する。墓の目的は、記念する事、時間を貫く事である。建築という営為には、二つの目的が存在する。ひとつは、主体と時間との間に介入する事、すなわち、時間を貫く事であり、もうひとつは主体と空間との間に介入する事、すなわちシェルターを築く事である。建築は、その二つの極の間を振動する存在であり、その一方の極を形成するのが、墓という形式なのである。

時間を貫くという目的のために、通常は凝集力のある形態、すなわちオブジェクトが求められる。凝集力のない形態は記憶の中に刻印されることもなく、時間を貫く力もないと考えられているからである。ゆえに墓地は、オブジェクトの展示場となる。墓の延長にモニュメントがあり、モニュメンタルな建築がある。モニュメントの語源は remind すなわち思い出す事であり、モニュメントの目的もまた、墓と同じように時間を貫く事である。ゆえにモニュメンタルな建築も、墓に倣って、強く突出したオブジェクトになろうとするのである。

しかし、オブジェクトだけが、時間を貫く形式なのだろうか。そこが、まず疑問であった。時間を貫こうという目的に問題があるわけではない。時間への志向性が、オブジェクト型の建築へと短絡してしまうところに、疑問があった。建築におけるモダニズムは、そもそも時間に対して極めて高い関心を抱いていた。空間の操作や計画だけではなく、時間をも操作し、計画しようという指向性を持っていたのである。ギーディオンによる近代建築の聖典と呼ばれる書物のタイトルは『空間、時間、建築』である（S. Giedion, "Space, Time and Architecture", 1941）。キュビズムが、複数の時間をひとつの画面の中にとじこめたように、モダンアートは時間に対して大きな関心を示した。同様にモダニズム建築もまた、時間に対して並々ならぬ関心を示したのである。しかし残念乍ら、モダニズムは最終的に、時間の問題をユニバーサルスペースの問題へと置換してしまったのである。ユニバーサルスペースとは、どのような使用方法の変更にも適応できるような、可動な間仕切りで構成された空間のことである。近代のオフィスビルは、このユニバーサルスペースの典型であった。この空間形式をもって、モダニズムは時間の問題に対する解答としてしまったのである。キュビズムが複数の時間を表現する事に成功したように、モダニズム建築もまた複数の時間への対応に成功したと、錯覚したのである。しかし、この解答は、単なる問題のすり替えに過ぎなかった。ユニバーサルスペースは、空間の変更可能性を満足しているだけであって、時間の問題に対する解答ではない。時間の問題を、空間の問題へと置き換えて、処理しただけであった。時間を空間に置換して処理するという近代の典型的な解決方法を、モダニズムもまた踏襲しただけであった。その置換の結果、モダニズムは、時間というファクターを、建築から排除してしまったのである。記憶、記念、経年変化、それらすべての時間に関連する事象を、すべて無視する事が、モダニズムの基本となってしまったのである。それだからこそ、慰霊碑という課題にとり組む事で、記憶を、そして時間を、建築の計画の中心に据えてみようと考えたのである。しかし、オブジェクトを用いずに、時間に介入する事。オブジェクトという道具を用いずに、時間を捕獲する事。そ

ん な事が、はたして可能だろうか。もしそれがこの慰霊碑で実現可能ならば、このプロジェクトは、単に関わるに値するだけではなく、きわめて興味深い実験となるように次第に思われてきたのである。

二つのヒントがあった。ひとつは、かつてワシントンDCで訪れた、ベトナム戦死者の慰霊碑である（図50）。リンカーン・メモリアルの空に向かって屹立する尖塔の足元に、この慰霊碑はひっそりとあった。リンカーン・メモリアルの形態とは対照的に、徹底して突出が回避されている。まず芝生の地面の一部が掘り下げられ、その大地の窪みと、もともとの地面との段差を支持する擁壁が慰霊碑の役割をはたすのである。地面から上には、何も突出しない。その擁壁には黒い御影石が貼られ、そこに約六万名にもおよぶ戦死者の名前がすべて刻み込まれているのである。一切のオブジェクトはない。にもかかわらず、われわれは確実に、思い出す事ができる。確実に、時間を捕獲する事ができる。

図50　ベトナム慰霊碑　設計マヤ・イン・リン　1982年

もうひとつのヒントは、再び（第一章参照）ブルーノ・タウトであった。彼は、一九一五年、「戦没・戦傷者顕彰」という一文（Bruno Taut, Kriger-Ehrung, in : Das Kunstgewerbelatt, Jg26, H.9, Juni 1915, S. 174-176）を発表した。第一次大戦の開戦直後の微妙な時期である。戦争に対してどのようなスタンスをとるのか。すべての建築家、デザイナーがその答えを求められていた。あるいは死というものに対して、どのようなスタンスをとるか。その状況で、タウトは、この一文を世に問うのである。それは、モニュメントという形式への徹底した批判であった。モニュメントは理想を記念することを目的としながら、結果として理想の純粋性を否定するというのが、彼の主張である。そのかわりに行った彼の提案はきわめてエキセントリックである。まず戦没者の屍が腐朽して腐植土になった時、それを庭園に移し、そこに花壇と泉と滝とを造り、ガラスをたてるのである。戦没者の腐植土を培養し発芽の触媒にして、花と水とガラスの新しい精神の国が、そこに生成されるというのが彼の提案であった。死を形態で置換することはできないというのが、タウトの提案の核心である。形態による置換作業をタウトはモニュメントと呼び、批判したのである。そのかわりに、彼は庭を造った。死者を象徴する必要はなく、死者を偲ぶ場所があればいいという考え方である。

ここでまた、「水／ガラス」の時に続いて因縁めいた話をしなくてはならない。ナチスに追われてドイツを脱出したブルーノ・タウトは、一九三三年から三六年まで、日本に滞

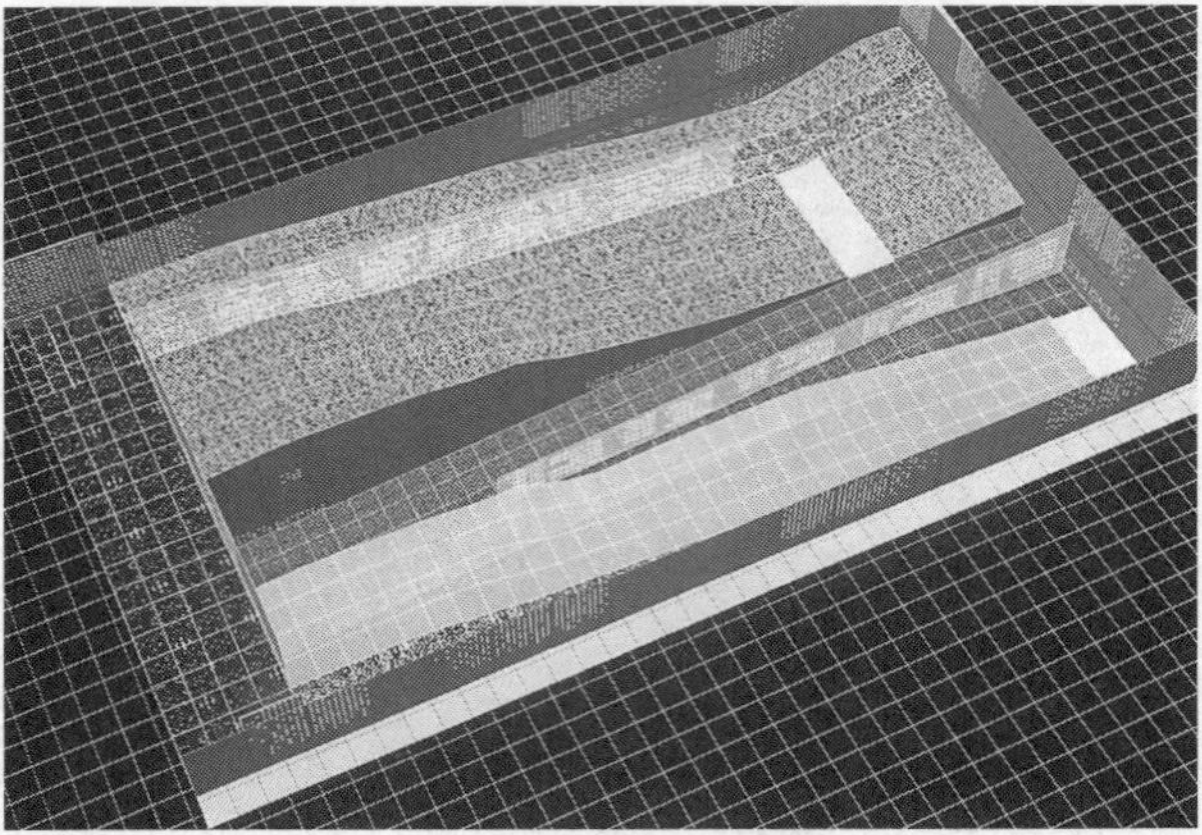

図51　慰霊公園　設計　限研吾建築都市設計事務所　1997年　コンピューターグラフィクス、模型

在した。その時、タウトの引き受け人となったのが、高崎の井上工業のオーナー、井上房一郎だったのである。井上の厚意によってタウトは高崎の少林寺洗心亭に滞在し、わずか三年間ではあったが、設計、デザイン活動を自由に行う事ができた。井上房一郎は、昭和初期の地方に根を降ろした文化活動の、中心人物の一人であった。そして、この慰霊碑のプロジェクトをわれわれに依頼してきたのが、他ならぬ、その井上工業だったのである。

慰霊碑の建設予定地には、何も建てない事、何物も突出させない事を、まずわれわれは提案した。碑のかわりに、庭園を提案したのである。碑のデザインを依頼されたにもかかわらず、碑を建てないという提案をしてしまったのである。タ

ウトが、モニュメントを忌み嫌って庭園の絵を描いたように、われわれもまた、庭園を提案した（図51）。一八・八メートル×一〇・五メートルというのが、その予定地の寸法であった。決して広いとはいえない四角い土地。その土地は、いかなるオブジェクトによっても支配されないとまず定めた。オブジェクトとは、その周囲の空間的拡がりを、ひとつの点的なシンボルへと変換するための装置である。たとえばパリという空間的拡がりは、凱旋門、あるいはエッフェル塔というオブジェクトによって、点的なイメージへと変換される。その変換によって、パリを移動、転送、交換、保存する事が可能となる。空間的拡がりという捉えどころがなく不確かで曖昧な存在を、オブジェクトは凍結し、固定する。オブジェクトは情報圧縮の装置であり、その情報圧縮の機能を求めて、人々はオブジェクトを建設し続けてきた。

だからこそこの庭園から、まずオブジェクトを排除すべきだと考えたのである。オブジェクトを建ててしまえばその一つの点が、その周囲に拡がるすべての時間、空間を支配し、抑圧してしまうのである。そのかわりに、オブジェクトに依存しない圧縮の可能性を模索したいと考えた。モニュメントとは、空間的拡がり、時間的拡がりの圧縮である。それは通常、オブジェクトを媒介として行われる。そしてその延長上に、移動できるオブジェクトという形式、すなわち商品という形式がある。ゆえに、モニュメントは歴史の圧縮であり、商品化であるといってもいい。墓とは死の圧縮であり商品化である。モニュメントを作るという圧縮作業の先に、すべての物の商品化という近代的状況が控えていたわけなのである。オブジェクトを媒介としない圧縮がありえれば、それはモニュメントという形式を見直す契機となり、オブジェクトを解体する契機ともなりうるはずなのである。最も単純な圧縮は、比例的圧縮である。地図はそのような比例的圧縮によって、空間を縮小したものである。この圧縮の前提となっているのは俯瞰的視点である。主体は、圧縮の前も、圧縮の後も空間の外部(あるいは上空)に位置し、俯瞰する。だからこそ、比例的圧縮という操作が可能となる。主体にとっては、はじめから空間の拡がりも奥行きも存在しない。俯瞰する事によって行われる情報圧縮によって、空間はすでに平面的なパターンへと還元されているのである。すでに圧縮によって空間は喪われているわけであるから、そこに正確な比例関係や、数学的厳密さがあると主張しても、意味はない。ボルヘスの地図の寓話はこの俯瞰的圧縮への批判としても読む事ができる。ある国で、正確な地図というものを求めた結果、ついに原寸大の、すなわち現実の国土とまったく同じ大きさの地図を作るにいたったというのが、寓話の内容である。比例的圧縮、俯瞰的圧縮は、空間の喪失と同義であるという批判を、ボルヘスはこの寓話に込めたのである。

空間の拡がりと、奥行きを失わないためには、まず空間の外側ではなく、内側に立たなくてはいけない。空間の内側に主体のポジションを設定するという困難な選択を行わなければならない。その時、比例的な圧縮は不可能となる。その困難なポジションを基準点にして、空間を圧縮するには、どんな方法が考えうるだろうか。まず群馬県というエリアを一八・八メートル、一〇・五メートルという与えられた四角形の中に圧縮するという課題を設定した。用いたのは、モーフィング演算という手法である。モーフィング演算とは文字通り、空間を変形（モーフィング）させる演算である。地図的、俯瞰的空間を、主体が内部に位置する、主観的空間へと変換するというのが、設定した課題である。

モーフィング演算に興味をもったのは、変形を被らない不動点を基準にして、その周囲の空間の変形が行われるからである。空間の内部にいる主体にとっては、まさにその位置するポジションが不動点となるはずである。そのポジションのみが不動であり、それ以外の空間は、歪んだ形で主体に対して出現するはずである。主観の投入による歪みを数学的に記述する方法として、かつて透視図法が考案された。透視図法で行われていることもまた空間の圧縮であり、しかも、主体のポジションは空間の内側にある。しかし、透視図法の難点は、この手法が空間を圧縮した挙げ句に、凍結してしまったことである。主体の固定と視線の固定を前提にして一枚の透視図が完成する。固定するからこそ、透視図が描ける。ゆえにその透視図の中では、もはや主体を移動させる事はできない。視点をどう動かしてみたところで、透視図の中の空間は、少しも動かないのである。一方俯瞰図的圧縮では、視線の移動は可能だが、主体は空間の外にある。透視図法では主体は内側にあるが、空間は凍結されている。その両者を調停する手法として、モーフィング演算の可能性を試したのである。

モーフィング演算が興味深いのは、そこで二つ以上の不動点が必要な事である。不動点が単一であれば、そこを中心にして、空間は自由に回転し、それを固定する事はできない。われわれは、慰霊碑の敷地の位置する高崎と、群馬県の聖地である榛名山との二点を不動点として、群馬県という空間圧縮を試みた（図52）。二点が存在しないと、空間の圧縮が不可能であるという事実は、極めて示唆的である。一つの定点からの観察によっては、決して空間は出現しないという事を、教えてくれるからである。点から点への移動によってのみ、空間は出現する。すなわちある意志をもって、空間の中に踏み込み、その中を歩む事によってのみ、空間は主体に対して出現するのである。この意味において、空間とは現象である。あらかじめ存在する拡がりの事ではなく、意志をもった主体の投入によってはじめて生起する現象の別名である。そしてここで注目すべきは、意志であり、自発性である。意志（たとえば高崎から榛名山へという意志）が存在するためには、高崎と榛名山という二点の関係性を認識するメタレベルにたたなければならない。メタレベルと内的現象の二つがともに存在して、そこに循環運動が生ずる時、はじめて空間が発生するわけである（第六章参照）。メタレベルを優先する古典主義的空間論と、現象を絶対視する現象学とが、ともに克服されなければならないのである。モーフィングがその克服のヒントを与えてくれる。

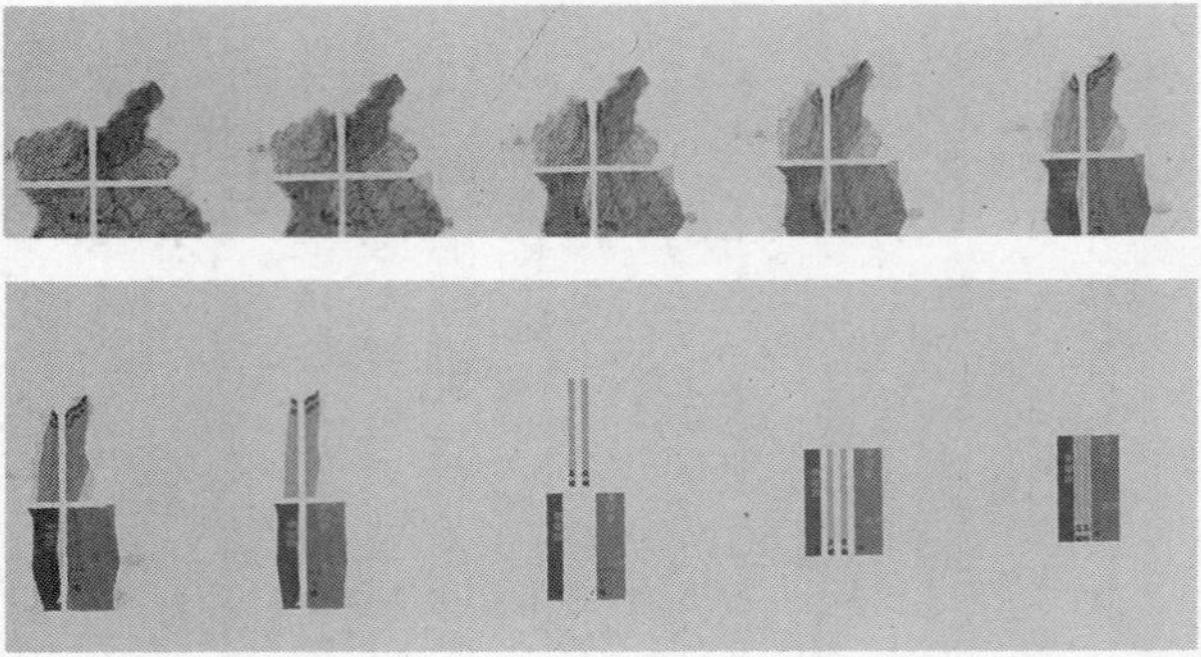

図52　慰霊公園におけるモーフィングの演算（上）、折り畳みの操作（下）

まず高崎から、榛名山へという経路が設定され、その経路に沿って、モーフィング演算を行い空間の圧縮を行った。平面形だけではなく、地形の全体を圧縮し、その結果、ひとつの経路を中心とする新しい地形が出現した。しかしここに出現したランドスケープは、まだ不十分なものであると感じられた。確かに主体は投入されているが、依然、俯瞰的な比例的圧縮の産物、すなわち地図との差が、明確ではないのである。俯瞰的な認識を徹底的に排除しなければならない。そのために、設定されたリニアな経路を折り畳むという操作を加えた（図52）。これによって、俯瞰的全体性は、完全に喪失してしまう。そのようにメタレベルを抑制する事によってはじめて、メタレベルと内観との循環が発生する。迷路とはそのような折り畳みによって、メタレベルを抑制し、空間を生成するための装置である。この迷路をどのように俯瞰したとしても、そこにもはや群馬県という全体を見いだす事はできない。しかし、にもかかわらず、経路は折り畳まれながら、依然として連続している。すなわち、見て全体を把握する事はできないが、一瞬一瞬、体験する事、時間に沿って一瞬の体験を連続させ、積み重ねていく事はできる。それによって空間的な拡がりがひとつの時間軸のなかに圧縮されるのである。空間的拡がりであるはずのものが、拡がりとしては感じられなくなり、時間の流れとして体験する以外、体験しようのないものへと、変換されるのである。

ここで行おうとしたことは、通常行われている空間の圧縮形式への批判である。圧縮形式は、表象形式と言い換えてもいい。通常、空間はオブジェクトと平面パターンの組み合わせへと圧縮される。しかしそこで決定的に失われるものは時間である。空間の豊かさと奥行きとを支えているはずの時間というファクターが完全に捨象される。そのような圧縮形式への批判が、日本の文化的伝統の中核を構成していた。たとえば、巻物。そこでは決して空間を俯瞰する事はできない。巻物ではその部分しか、見る事ができないのである。結果として空間は、時間軸に沿った形でしか出現しない。空間が、時間的にしか出現しないのである。空間と時間とは分節できないというのが、巻物という形式のテーマであった。回遊式庭園もまた、空間の時間的出現がテーマであり、空間と時間との分節の不可能性の提示が、庭園の大きな目的であった。建築は庭園と比較して、平面図の形に表現することが容易である。すなわち、平面パターンへの還元が容易であり、その結果、建築の計画者は、しばしば時間というファクターも忘却する。だからこそ、庭園は時間を忘れるなと叫び続けなければならなかったのであり、建築を批判しなければならなかったのである。それゆえ、日本における庭の設計は、徹底して反建築的である。俯瞰的視点は排除され、空間は経路にそって、継起的、時間的にしか出現しない。しかし、近代のデザイナー達は、回遊式庭園の経路にさえ、ひとつの平面的パターンを発見し、空間をパターンへと還元し、圧縮しようと試みるのである。その圧縮を、あくまで拒否するために、この慰霊公園における経路は、幾重にも折り畳まれる。折り畳まれる事によって、平面パターンへの還元を拒絶するのである。巻物が巻かれることによって、平面パターンへの還元を拒絶するように、この庭は、折り畳まれることによって、平面パターンへの還元を拒絶するのである。あくまでも庭にとどまろうと欲し、あくまでも反建築的であろうと欲するのである。

庭であることを徹底しようとしたならば、視覚への依存からも脱却しなければならない。視覚は時間を嫌悪するからである。視覚は静止したイメージを絶えず欲している。ゆえにオブジェクトや平面パターンが、要請され続けるのである。その要請から逃れるには、非視覚的空間というもののあり方を、探さなくてはいけない。

この庭の計画に際して、最も重要であると考えたのは聴覚である。庭園を、視覚的空間としてではなく、聴覚的空間としてデザインしようと考えた。視覚的なものを、可能な限り抑制し、音を空間的情報の中心として設定する事の可能性が追求されたのである。音を聴きにくる庭園。音を聴くことを通じて、故人を思い出す空間。モニュメントとは視覚をパラメーターとする空間圧縮によって、時間を保存する形式であった。一方、この庭園は聴覚をパラメーターとする庭園であり、圧縮ではなく再生機能によって、時間を保存するのである。

この庭園を訪れる人の目的は、思い出す事、八百名の人間を思い出す事である。では、何を媒介にして、人は人を思い出すのだろうか。通常の慰霊碑において、人は、碑という視覚的オブジェクトを媒介にして、人を思い出す。オブジェクトを媒介にして、記憶は圧縮される。しかし、図像性の強いオブジェクトは、逆にオブジェクトそのものへとわれわれの注意を喚起し、限定してしまい、肝心の故人へのアクセスを、却って妨害するのである。ゆえにワシントンのベトナム慰霊碑ではオブジェクトが回避されている。しかし、それでもなお視覚情報が庭園の中心に設定されている事には違いがない。視覚は時間を嫌悪する。すなわち視覚は絶えず目の前にある現前のイメージへと主体の注意を限定しようと試みる。視覚的な慰霊碑は、思い出す事には不向きなのである。それゆえ墓石は磨かれる。磨かれる事で石は鏡と化し、自らの姿を消し、環境の中に溶融する。視覚的に消滅するのである。ベトナム慰霊碑もまた、黒い御影石は徹底的に磨かれて、環境の中に消えようとするのである。

われわれのめざしたのは、視覚の庭園ではなく、聴覚の庭園である。目の庭園ではなく、

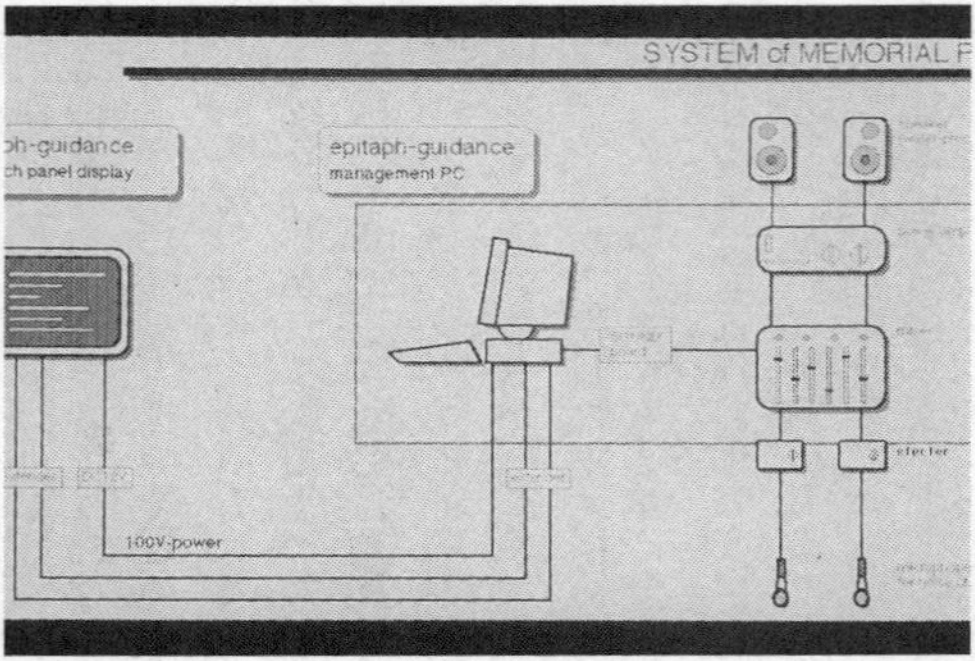

図53　慰霊公園　1997年　システム構成図

耳の庭園である。なぜなら目は時間にむかって閉じられており、耳は時間にむかって開かれているからである。

この庭園を訪れた人はまず入口で、死者に呼びかける。死者の名前を呼ぶのである。その音をコンピューターが受けとり、演算ののち、再び音として投げ返す。そのシステムの構築は、作曲家の榊原健一氏によって行われた。彼は現代音楽を作曲するかたわら、人間の音声の研究者でもある(図53)。

榊原氏の構築したシステムは、一種の特殊なこだまである。呼びかけた音声は、まず時系列的に変化する正弦波(調波)の重層へと変換され、次に音のストリーム全体の構成要素として重要ではない調波(すなわちパワーが小さい調波や、接続時間の極く短い調波)を、あたかも彫刻刀で削り落とすかのごとく、元の音声から取り除いていく。それによって、呼びかけた名前を記号的に示す音素が崩され、抑揚や語調といった響きのみが残る。予め誰の名前であったかを知る者、すなわち呼びかけた者のみが、このこだまから名前を判別する。それ以外の者は、それを判別する事はできない。こだまは、庭園の中を反復し続ける。しかも、こだまは少しずつ変化していく。訪れた主体の足音。空間を抜ける風の音。葉の擦れる音。それらの音の変化をコンピューターは、リアルタイムで拾いながら、それに応じて、一定のアルゴリズムに従いながらこだまを次々に変形していくのである。主体は、その音空間が繊細に応答することに驚く。わずかに歩幅を変化させるだけで、庭園を満たす音が答える。一方、オブジェクトなる存在は、永遠に屹立したままである。決してこのように繊細に答えることはない。オブジェクトの欠落したこの庭園の中で、主体はどんどん耳を澄ましていく。その結果、ますます視覚的なものは掠れ、減衰していき、聴覚空間の中に、主体は深く浸されていくのである。そして聴覚空間において、時間と空間が分節不可能であることはあまりにも明らかである。当然のことであるが、時間というパラメーターがなければ音は決して響くことはない。それゆえ、耳を澄ます事によって、主体は時間と一体になり、時間と共に聴覚空間の中を歩み続けるのである。

これら一連のアルゴリズムは、聴覚空間の内部におけるオブジェクトの排除と呼んでもいい。呼びかけた名前の音声は、聴覚空間の中で強く、鋭く突出する。すなわち、名前とは、聴覚空間の中におけるオブジェクトである。そのオブジェクトが、電子的操作によって、徐々に削られてなだらかにされていくのである。しかも、その時、周囲に存在する音が加えられ、周辺の音環境との融合が行われるのである。オブジェクトを環境の中に溶かし、庭園へと漸近させていこうとする視覚的操作に、われわれの関心はある。ここで行われた聴覚的操作は、聴覚空間の中で行われた、全く同型の操作である。

一言で要約すれば、なだらかな空間を作ろうとしているのである。視覚においても、聴覚においても、同じ様ななだらかさが追求されている。その対極にあるのは、フラットな平面にオブジェクトが立ち上がる形式である。景観的メタファーを用いれば、フラットに造成された土地の上に、オブジェクト型の建築が立ち並ぶ風景である。近代は、この形式によって支配された。そこで目指されていたのは、世界を切り分けて、そのすべての断片(オブジェクト)の交換可能性を獲得することである。視覚空間も聴覚空間も、切り分けられて、オブジェクトという形式へと整理されたわけである。オブジェクトは環境から切断され、凝縮されているゆえに、輸送可能であり、交換可能である。しかし、残念ながら、オブジェクトを媒介にして行われるコミュニケーションは、極めて貧しく、オブジェクトが乱立する風景は乱雑で、醜かった。しかも、世界の密度と速度の上昇によって、その乱雑と醜さは加速されたのである。

その流れに対抗するために、なだらかな空間を作りたいのである。なだらかな空間は、繊細なコミュニケーション技術によって、かろうじて確保される。それゆえ、この庭の中には多くの電子技術が封じ込められ、また、かつて庭園の中で培われた多様な空間技術が駆使されるのである。そして、なだらかな空間の中で、主体は限りなく繊細でなければならない。僅かなものの中から、大きなものを感じ取らなければならない。僅かな動きの中に、多くの変化を読みとらなくてはいけない。たとえば、この慰霊空間の中に響きわたる無数のこだまの中から、かつて自分が発したあの名前を読みとるような繊細な能力が求められているのである。その時はじめて、近代の速度と密度に浸されながら、しかもそれに対抗するほどの強い静けさを獲得することができるのである。

第八章　粒子へ砕く事

一番最初にルーバーを用いたのは、「水／ガラス」のルーフである（図54）。フロアとルーフという二枚の水平面の間に、透明なガラスの箱を挿入するというのが、「水／ガラス」の基本的な構成である。ルーフは海へと向かって長く張り出している。ルーフを不透明なパネルで作ったならば、その下に巨大な黒い影ができる。さらにルーフ自体が、ひとつの強いオブジェクトとして、存在を主張してしまう。なんとかルーフを「弱く」したい。そこから様々なスタディーがはじまった。

ひとつの可能性は、透明なガラスを用いる事である。これならば黒い影ができる心配はない。しかし、ガラス自体は透明であっても、それを支えるスチールの構造体が、逆に強く形態を主張してしまうおそれがある。

ならばフロストガラスではどうか。構造体をガラスの上部に配置すれば、構造体はかすかな影としてしか、目にはうつらない。透明と不透明。存在と非存在。そのような二項対

図54　水／ガラス　1995年　ルーバーを見上げる

立の中間に、フロストガラスは位置している。建築を「弱く」するには、絶好のエレメントのようにも思われた。しかし、フロストガラスを選ばなかったのは、「水」との相性の問題である。「水／ガラス」の空間を規定しているのは、一五センチの深さをもつ水の床である。水面は光をキラキラと反射し、細かい光の粒子が、空間の中にばらまかれる。同じように、ルーフにも粒子のイメージが欲しかった。フロストガラスは、半透明ではあるが、面としてベタッとした重たい感じになってしまう。面を細かい粒子へと分解し、面の重たさを消去したかった。面ではなく、粒子の集積体のような素材が欲しかったのである。

ならばパンチングメタルはどうだろう

か。ひとつの不透明な面に、細かい粒子状の孔を無数に穿ったものが、パンチングメタルである。孔によって面の重たさ、強さは消滅する。フロストガラスと同様に透明と不透明の中間に位置し、存在と非存在の中間に位置している。粒子のイメージもある。しかし、最後の段階でパンチングメタルを選ばなかったのは、その粒子に、なぜかキラキラと輝くようなイメージがなかったからである。水面が光る時、粒子はキラキラと踊るように輝いている。そのキラキラとした感じは、いったいどこから来るのだろうか。

最終的に選択したのは、ステンレス製のルーバーである。厚さ一・五ミリのステンレスの板を七五ミリの巾に切断し、それを七五ミリピッチに並べて、ルーバーを作った。ガラスからパンチングメタルまでの様々な素材でルーフを作り、光を当てて見た時に、このルーバーが最もキラキラと生き生きと感じられたのである。パンチングメタルという粒子ではなく、ルーバーという粒子を選択したのである。

その理由は、素材の光沢でも反射性でもない。光の変化に対し、ルーバーが最も敏感に応答するからである。斜め上方から光を当てれば、黒いストライプの影が落ちる。直角方向から光を当てれば、光は見事に透過し、ルーバーは完全な透明性を獲得する。さらに主体との位置関係に応じても、ルーバーは様々な形で主体に対して出現する。ルーバーの刃の方向に沿ってながめれば、限りなく透明で軽快であり、刃と直交する方向から見れば、不透明で重たい面として出現する。いわばルーバーには、客観的、絶対的な自分の姿というものがない。順光でながめれば素材の色を発色し、逆光でながめれば、色を失って黒いシルエットと化す。環境に応じ主体との関係性に応じ、様々な姿で立ち現れるのである。環境のリフレクターと呼んでもいいが、単に環境を反射しているわけではない。環境と主体との間に立って、その関係を反射しているのである。ゆえにリフレクションと言うよりはインタラクションに近い。そして変わる事のない固有の色、固有のテクスチュア、固有の透明度を持っている素材を絶対的素材と考えるなら、ルーバーとは相対的な素材である。相対的な素材とは、デザイナーや計画者がすべてを決定するのではなく、受け手に委ねられた素材であり、受け手が参加する素材であり、受け手の自発性に開かれている素材である。そのような相対的な存在を、受け手は、生き生きとしたもの、キラキラしたものと感じるのである。ゆえにルーバーは、虹に似ている。虹も相対的な存在である。相対的であるとは、受け手が虹を作っているという事である。虹という絶対的な存在がどこかにあるわけではなく、太陽、水の粒子、受け手という三者の関係性が、虹を生成するのである。粒子の集合であるがゆえに、虹は相対的な存在となりえているのである。粒子である事が肝要なのである。

「水／ガラス」のルーバーで行った事は、建築の粒子化という作業であり、それは同時に建築の相対化という作業であったように思われる。かつて十九世紀末、類似の作業がいくつかの領域で、同時に行われた。

たとえば美術の領域では、印象派が絵画の粒子化を行った。パレットの上で絵の具（色）を混合するのではなく、受け手の網膜の上で色を混合するというのが、絵画の粒子化の基本的な考え方である。パレット上で色を混合すると、減色混合という現象が起こる。すなわち絵の具を混ぜていくと、どんどん黒に近づくのである。微妙な色を出そうとすれば出そうとする程、タブローはくすんで重い、ひとつの黒い平面へと漸近していく。その重く、暗い平面から解放されるために、印象派は絵画の粒子化をめざした。具体的に言えば、彼らは原色のままの絵の具を絵筆にとり、粒子状のタッチを画布の上に離散させたのである。あとは、受け手の網膜上でそれぞれの粒子が混合し、微妙な色相や陰影が、受け手の中に立ち現れていくのである。

ここで印象派によって批判されたのは、単なる画法ではない。芸術の作り手と受け手の関係性自体が批判されたのである。印象派以前の絵画において、一方に特権的な作り手がいて、一方に完全に受動的な受け手がいた。その一方的な関係性が、絵画の性質を確定してしまうのである。技法、展示形態、流通形態のすべてが、その一方性によって規定されていたのである。その時作品は受け手を待つ相対的な存在ではなく、特権的、絶対的な存在として君臨する。その一方性のもとで、離散的なもの、曖昧なものは排除される。すなわち粒子は排除され、より凝集力があり、より強度のある存在、すなわちオブジェクトが生き残るのである。オブジェクトは、すでに最初から全体をさらけ出しており、解釈の多様性を寄せつけず、あくまで明快で威圧的だからである。

印象派は、具体的で科学的な手法を用いてオブジェクトを批判した。ジョルジュ・ピエール・スーラの「グランド・ジャット島の日曜日の午後」(図55)はこの方法の頂点に立つ作品である。粒子は細かく均一であり、シュヴルールやルードなどの光学理論に基づいて、極めて科学的に粒子に色彩が振り当てられている。スーラがめざした事は、絵画を科学化する事であった。なぜ科学化するかといえば、科学は万人に向かって開かれているからであり、特権的な作り手という存在を解体し、一方性を解体する契機となるからである。しかしスーラが三十一歳で生涯を閉じたように、スーラの手法もまた、短命であり、はかなかった。

短命であった理由は二つ考えられる。ひとつはタッチという問題である。まず印象派によって、オブジェクトがタッチという粒子に分解された。このタッチと呼ばれる粒子自体がきわめてすぐれた表現媒体である事を、画家達はすぐに発見するのである。スーラだけが、あくまでも均一なサイズのニュートラルなタッチにこだわった。しかし多くの画家は、タッチの魅力に取り憑かれてしまった。筆先の軌跡、その一点にこめた圧力とその微妙な変動の中に、画家の個性、その内面性すらも表現できる事を発見したのである。構図でも色彩でもなく、まさにタッチの部分にこそ、最も個人的で強度のある表現を込める事が可能である事を、画家達は発見したのである。オブジェクトが粒子へと解体されたあとに、その粒子が新しい表現主義的オブジェクトとして、肥大化し、自立する。結果として粒子化への興味は薄れ、個人を表象する個性的なタッチの獲得に、彼らの関心は移行した。オブジェクトが解体されたあとに、再びタッチというオブジェクトが出現したのである。この移行は、やがてフォービズムを生み、二十世紀の様々な表現主義絵画を生む事になった。

図55　グランド・ジャット島の日曜日の午後　1886年

粒子化にピリオドを打ったもう一つの原因は、同時代絵画の科学化である。もちろんスーラは、同時代のいかなる画家よりも、絵画の科学化を強く指向していた。しかし、スーラのめざした、粒子と色彩光学による絵画の科学化は、二十世紀の主流とはならなかった。単純で強度のある幾何学的オブジェクト(たとえばキュビズムの言葉を用いればキューブ〈立方体〉であり、セザンヌの言葉を用いれば、円錐と円筒と球)に、絵画を還元する事。セザンヌからキュビズムへと連続する流れ。それが二十世紀における絵画の科学化の主流となったのである。ここでも人々は粒子という繊細で曖昧な状態を維持し、持ちこたえる事ができなかった。幾何学的オブジェクトという、誰の目にもわかりやすい「科学の象徴」を求めてしまった。粒子の客観性が、客観的（幾何学的）オブジェクトへとすり換えられてしまったのである。

オブジェクトは一旦は粒子へと分解されたが、たちまち新たな二つのオブジェクト、表現主義的オブジェクト（タッチ）と幾何学的オブジェクトという形で再生したのである。十九世紀末から二十世紀初頭にかけての「絵画の革命」とは、このようなオブジェクトの解体と再生のプロセスであった。その根本の原因は、印象派の革命（粒子化）が、結局のところタブローというフレームの中だけの革命に留まった事にある。彼らはタブローを温存した。すなわち絵画の受容の形式、すなわち広い意味での絵画空間を温存してしまったのである。特権的な作者によって描かれ、受動的な鑑賞者によって受容されるというその一方性は、彼らの批判の圏外にあった。それゆえに、絵画は再びオブジェクトという蟻塚へと収束する事になったのである。では、彼らが温存した絵画の受容形式とは、どんなものであったのか。

具体的に言えば、それは額縁を前提とする鑑賞であり、レベルの低い複製写真を用いたディストリビューションであった。スーラといえども、その基本的な鑑賞形式を転換する事は考えもつかなかった。タブローは相変わらず額縁というフレームに入れられて、従来と同様の形式を持つ空間の中で鑑賞され、さらにより広い範囲での受容、伝達においては、写真による複製という方法が用いられた。しかし、当時の解像度の低い写真においては、そもそもスーラの繊細な粒子を伝達する事は不可能であった。そこには輪郭の不明瞭な、もやもやした絵画が映っているだけであった。粒子の一粒一粒を確認する事は不可能である。網膜上での粒子の混合も、鑑賞者による参加も、起こりようがなかったのである。この受容空間の決定的な粗雑さ。それに対する芸術家の無力。無関心。すでにスーラは自らの手法と絵画の受容空間とのギャップ、手法と時代とのギャップを感じとっていたに違いない。スーラは額縁の上にも、点描の粒子を描くという奇妙な癖を持っていた。絵画の革命を額縁の外側にまで拡張したいとする彼の意志が、額縁の上の粒子という形をとったに違いない。しかし、彼にできた事は、せいぜいがそこまで、すなわち額縁の上の粒子までであったのである。

建築についても同様の事があった。十九世紀末は、同じように粒子化の時代であった。この時、建築の粒子化には、二つのアプローチがあった。ひとつは美学的アプローチであり、ひとつは技術的アプローチである。印象派における粒子化は、美学と科学との統合によって達成されたが、建築における粒子化は当初から分裂していたのである。

建築の美学的粒子化とは、アール・ヌーボーである。十九世紀のヨーロッパの建築界は、古典主義建築対ゴシック建築という対立構造によって支配されていた。建築家達は二派に分かれて、激しく論争した。この対立構造の中に、実はすでにオブジェクト対粒子という

図56　シャルトル大聖堂南入口　古典主義建築と同じく、三角形の屋根型による統制が行われている。

対立が内蔵されている。古典主義建築はオブジェクト的であり、一方ゴシック建築は粒子的だからである。ゴシック建築を構成するエレメントと古典主義建築を構成するエレメントは、歴史家が指摘するように、驚くほどに、共通である（最も有名な指摘は、イギリスの建築史家ジョン・サマーソンによるもの。John Summerson, "Heavenly Mansions and Other Essays on Architecture", 1949、『天上の館』鈴木博之訳、一九七二）。それらはともに、三角形の屋根型を基本エレメントとし、その屋根型の求心性、安定性で、部分と全体とをともに統制することを原理としていた（図56）。にもかかわらず、二つの様式は対極的な印象を与える。一方（古典主義）の目的がオブジェクトの強度にあり、一方（ゴシック）の目的が、物質を細かく粒子へと分解する事にあるので、印象が対極化するのである。古典主義では、建築の量塊は台座の上に仰々しくセットされ、自立した重量感溢れるオブジェクトとして、強く自己を主張する。一方ゴシックは、石を材料に用いながら、量塊は徹底して細かく分節され、オブジェクトは執拗に回避された。

ゴシックの柱はわざわざ複数の細い柱を束ねた形状としてデザインされるのである（図57）。その結果重量感は消滅し、非物質的で軽やかな空間が、そこには出現する。同じ屋根型というモチーフを使いながら、その統合の手法、寸法の決定方法（スケーリング）の差異によって、かくも最終的な印象は分裂するのである。

この二つの様式の対立は、政治と宗教の対立でもあった。それゆえに、この二様式の対立は、十九世紀を二分し、どちらの様式が時代にふさわしいかという大論争、すなわち様式論争という形を取ったのである。敢えて単純化を行えば、政治権力の表象を目的とする建築においては、オブジェクト型、すなわち古典主義が用いられ、宗教的建築においては粒子型、すなわちゴシックが用いられる事が一般的であった。政治権力とは、上位から主体を抑圧する特権的存在であり、そのような形式、ベクトルに対して、オブジェクト型が選択されたのである。オブジェクトの強度、明快さが、政治権力の自己表現に適していると考えられたのである。一方、宗教空間においては、それぞれの個人が神と

図57　サン・ドニ大修道院教会堂

いう特権的存在を希求し捜し求めるベクトル、すなわち下から上を向くベクトルが空間にも求められた。神とは形のある具体的なオブジェクトではなく、非物質的で、不確定な存在でなければならなかったからである。ゴシックの粒子状の空間は、射し込む光の向きと強さによって、無限の変化を示す。神とはそのように各人に応じ、また時に応じ多様に出現するはずのものであった。

この両者よりも、さらに一層細かい粒子で構成された建築として、十九世紀末にアール・ヌーボーが登場した。それは、印象派が従来の絵画の重さ、暗さに対する批判であったのと同じ意味において、従来の建築の重さ、暗さに対する批判であった。そして、政治対宗教という対立構造に即していえば、アール・ヌーボーは政治でも宗教でもなく、交通に対応する建築様式であった。パリの地下鉄の入口の構造物にアール・ヌーボー様式が用いられたのは、偶然ではない。建築とは原則的に動く事のない、あまりにも重たい存在である。当時も、今も建築はこの宿命を逃れてはいない。鉄道をはじめとする交通手段の出現が、建築の重さを、あらためて認識させるきっかけとなった。その時、交通（地下鉄）に関わる建築だけは、少くとも軽いものでありたいと人々は考え、そこに軽やかな鋳鉄製の構造物を用いたのである（図58）。ゴシックが石を用いてかろうじて達成した軽ささえも、彼らが求める軽さに比較すれば、はるかに鈍重なものだったのである。政治と宗教とはベクトルの方向の差異はあったものの、ともに垂直的なコミュニケーションであった。

一方、交通とは水平的でフラットなコミュニケーションである。フラットなコミュニケーション・テクノロジーは驚くほどの勢いで進化し、やがて世界の構造を根底から覆すに至るのである。

しかし、印象派による粒子化が、時代の変化を先取りしながら、しかもきわめて短命であったように、アール・ヌーボーもまた、きわめて短命な様式であった。ひとつには、この粒子化が植物というモチーフに寄りかかってしまったからである。アール・ヌーボーの曲線は、植物の描く曲線をなぞったものであった。ギリシャの柱の頂部にアーカンサスの葉のモチーフが使われたように、植物というモチーフが呼び出されたのである。建築は何らかの原型のコピーであるというのが、古典主義建築の原則であり、病であった。古典主義とは、オブジェクトの強度を指向する運動であり、しかもそのオブジェクトを原型という権威で正当化しようとする運動だったのである。アール・ヌーボーでさえもが、何らかの原型のコピーでなければならないと、当時の建築家達は考えてしまったのである。それほどに、古典主義的な思考方法は、古典主義建築を批判する前衛の側にまで、深く浸透していたのである。

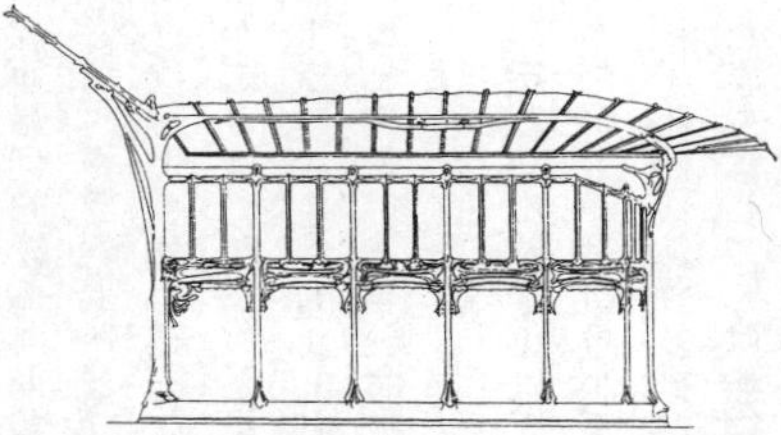

図58　パリの地下鉄入口　設計エクトール・ギュール　1899~1900年

絵画は何らかの「対象」を描かなければならないとする古典主義絵画の原則が、スーラをして、グランド・ジャット島のブルジョワジーの風俗を描かせた。同じように、建築家達は粒子化された繊細な建築を用いて、植物というオブジェクトを描いたのである。植物のか細さは、粒子化と見事に共振した。しかし、具体的な対象物を描いてしまった事が、スーラの絵をたちまち時代錯誤のものと見せたように、植物をモチーフにした事が、アール・ヌーボーを短命に終わらせる事になったのである。

対象を描く事、すなわち具象性への反省が、もうひとつの粒子化を生む事になった。その新たなる粒子化は工業化建築と呼ばれた。しかし工業化建築とは不思議な名称である。あたかも建築自身が工業ではないかのような命名だからである。アール・ヌーボーという粒子化が、鋳鉄技術に代表される新しい工業技術のサポートによってはじめて可能となった事も、ここでは無視されている。十九世紀末に登場したコンクリートの建築もアール・ヌーボーも、ともに工業化の範疇には含まれず、それらの先にくるべき建築の新しいあり方として、工業化建築が主張されたのである。工業化という言葉は、ある特殊なニュアンスを帯びたものとして使われた。では建築の工業化とは、いったい何の事だったのか。

十九世紀以前の西欧建築において、技術の基本は組積造であった。石や煉瓦をひとつずつ積み上げ、モルタルのような液状の物質を用いて固めながら建築物を作る方法が、組積造である。この方法で作られた建築物は、ひとつの鈍重な塊とならざるをえない。印象派以前の絵画の、ベタッとした重い平面が嫌悪されたのと同じ理由で、組積造の重さは嫌悪されたのである。一言で要約すれば、この塊を粒子へと分解する技術が、工業化と呼ばれたのである。ゆえに、当時の先端技術であった現場打ちコンクリート造（内部に鉄筋がセットされた型枠の中に液状のコンクリートを、現場で流し込む工法）は工業化とは呼ばれなかった。石をひとつずつ積むことと比較すれば、型枠の中に、一気に液状のコンクリートを流し込む技術は、はるかに工業化された技術である。工期も短縮されたし、労働力も削減された。しかし、粒子（エレメント）が分節されない技術は、工業化とは呼ばれなかったのである。

工業化とは、要するに粒子化であったのである。粒子という概念が、アール・ヌーボー、工業化などの単語で代用されたといってもいい。そして粒子化は、科学化でもあった。いくつかの単純な要素を設定し、すべてをその要素に還元する方法、すなわち要素還元法こそが自然科学の方法であった。この要素還元法をリテラルに現実の建築の工法に応用しようとしたのが、工業化だったというわけなのである。

さらに、工業化という用語の曖昧さを補う形で、乾式と湿式という概念も登場した。コンクリート造のように、水を混合した素材を用い、乾燥して初めて工事が完成する工法を、湿式と呼んだ。湿式の場合、粒子と粒子とは凝着し、粒としては認識されない。一方、水を使わず、粒子を分節されたままの形で組み立てる工法を、乾式（トロッケンバウ）と呼んだ。二十世紀初頭において、最も状況認識に長けた建築家であったワルター・グロピウスは、トロッケンバウが二十世紀を支配すると予感し、それをバウハウスの建築教育の柱に据えた（彼は一九一九年から二八年まで、バウハウスの校長を務めた）。要素還元法が時代を支配したように、乾式工法もまた時代を支配するだろうと、明敏な彼は判断したのである。コンクリートパネルを予め工場で製作し、それを現場で組み立てる工法を、彼は熱心に提唱している。粒子化は世紀の転換点の建築家達にとって最も重要なテーマだったのである。

にもかかわらず、工業化という粒子化もまた、挫折するのである。スーラの絵画が、弱く曖昧であると感じられたように、粒子による建築表現もまた、弱く、曖昧であると感じられたのである。二十世紀のコミュニケーション・システムが、粒子化された建築を、淘汰していった。ではどのような建築が強く、どのような建築がこの淘汰のプロセスを見事に勝ち抜いたのか。他ならぬル・コルビュジエが、強い建築を作り、勝ち残ったのである。

意外な事に彼もまた、粒子から出発している。一九一四年、彼が発表したドミノ住宅は、彼の出世作となっただけではなく、二十世紀で最も有名な建築ドローイングのひとつとなった（図59）。そこで提案されているものは、工場生産された床板と、同じく工場生産されたスチール・ビームとで構成された、まぎれもない乾式工業化住宅である。乾式（工業化）が二十世紀という新しい時代を席捲するという状況認識は、グロピウスと共通である。

しかしその後コルビュジエは、工業化というテーマを驚くほどあっさりと放棄してしまった。言説レベルにおいて、彼は最後まで新しい時代の新しい技術の必要性を説き続けている。しかし実作においての彼は、乾式工法に対してほとんど関心を示す事はなく、最後まで徹底して現場打ちコンクリートの建築家、すなわち湿式の作家だったのである。そして、その転向ゆえに、彼は近代建築運動のチャンピオンになりおおせたのである。

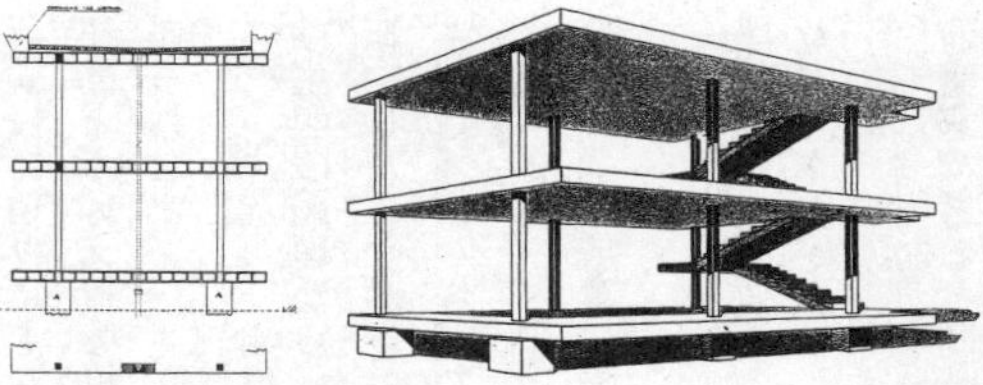

図59　ドミノ住宅　設計ル・コルビュジエ

　コルビュジエは、現場打ちコンクリートを用いて、「科学的」な形態、すなわち純粋幾何学形態を作る事に専心した。なぜなら乾式工法においては、工場で予め作ったパネルとパネルを現場で組み立てる時、そのジョイント部分に目地と呼ばれる線が生じてしまうからである。目地は、夾雑物であり、面の抽象性を破壊する。一方、現場打ちコンクリートにおいては、一本の目地を設ける事なく、ひとつの抽象的な純粋幾何学形態を作る事が可能であった(図5参照)。さらに形態の強度を獲得するために、コンクリートという物質から発せられる圧倒的な重量感、凝集力は、有効だったのである。しかもコンクリートははじめから重たく、固く、強いわけではない。コンクリートは水のようにしなやかに流れ続けていたにもかかわらず、突然凝結し強く固まるのである。このドラスティックで神秘的ともいえる転換が、コンクリートの強さを一層強調する事になった。コンクリートで作られたオブジェクトの強度を一層強くアピールする事になったのである。

その特質を理解し、徹底的に利用したのがコルビュジエという作家であった。しかも彼は生産の論理から、コンクリートに着目したわけではない。彼がオブジェクトの作家へと転向したきっかけとなったのは、絵画における粒子からオブジェクトへの転換であった。キュビズムから、スプレマティズム、ピュリズムへという絵画の流れは、粒子の放棄から、幾何学的オブジェクトへというプロセスであった。絵画における粒子の放棄は、建築における粒子の放棄に先行したのである。なぜなら絵画においては、純粋にコミュニケーション・システムのロジックに基づいて、いちはやく粒子が淘汰され、オブジェクトが勝利した。一方、建築においては、コミュニケーション・システムのロジックと生産システムのロジックとが競合し、その分だけ、粒子化が延命したのである。

この転換点において、コルビュジエは一種の輸入業者として巧妙にたちまわった。彼は建築家であると同時に、一人の画家としてアメデ・オザンファンと共にピュリズムという絵画運動を提唱した。彼は二つの領域にまたがって表現活動を展開し、その二つの領域の間の「貿易」によって名声を確立したのである。ピュリズムは幾何学的オブジェクトによって絵画を科学化しようという運動であり、絵画における粒子からオブジェクトへの転換のプロセスにおいて重要な役割をはたした。コルビュジエはその同じ転換を、建築の世界に輸入したのである。その輸入の成功によって、彼は近代建築運動のリーダーシップを獲得した。その輸入は絵画の論理による、建築の論理の抑圧でもあった。あるいはコミュニケーションの論理による、生産論理の抑圧でもあった。二十世紀においてはコミュニケーションの論理が生産論理に優先するという法則を、コルビュジエはすでに予感していたに違いない。古典派経済学が生産過程の研究で経済を説明しようとして破綻したのに対し、マルクスは流通過程に焦点をあて、二十世紀の経済学の支柱のひとつとなった。同様にしてコルビュジエもまた、生産過程よりも、流通、コミュニケーションに焦点をあて、二十世紀を支配するのである。しかも彼はコンクリートを主役にすることで、あたかも生産の論理が作品のなかを貫徹していたかのように擬装する。彼は二つの領域と二つの論理をまたいで活動し、巧妙に輸出入を繰り返し、結果として、コンクリート製の強度あるオブジェクトを、二十世紀建築の主役の座にまつりあげたのである。

もちろんコルビュジエの才覚だけで、すべてが変わったわけではない。そもそも二十世紀型のコミュニケーション・システムがオブジェクトを待望していたのであり、その結果、二十世紀建築はオブジェクトに支配される事となったのである。世紀の転換点における粒子化の実験はことごとく敗退せざるをえなかった。絶対的、一方的、威圧的で環境から切断されたオブジェクトが勝利したのである。もし、あえて再び粒子を取り戻そうとしたならば、すなわち曖昧で揺らぎ続ける相対的建築を取り戻そうとしたならば、われわれはコミュニケーションの部分に再度介入しなければならない。建築におけるコミュニケーション、すなわち建築の受容の形式について、再度批判的に検討し、その部分を反転しない限り、すべてはオブジェクトへと一方的に傾斜していくままなのである。生産の論理も、使い手の論理もすべてはコミュニケーションの論理に抑圧されたままなのである。

建築と人間とのコミュニケーション、すなわち建築の受容には、概ね三つのフェーズが存在する。ひとつは、現象論的受容である。具体的な身体が、現実の空間をどのように受容するかというフェーズである。

二つめのフェーズは、ミクロ・メディア論的受容である。現実の建築がどのような形でメディアに変換されるかというフェーズである。たとえば二次元の印刷媒体に、どのように建築が変換されるか。建築がどう図面化されるか、どのようなアングルで、どのような光を浴びて、どの程度の解像度の写真に写しとられるかである。

三つめのフェーズは、マクロ・メディア論的受容である。一旦メディアに変換された建築が、どのようにしてディストリビュート(配信)されるかというフェーズである。建築に関する本や雑誌が、どのような形で販売されるかであり、美術館がいかなる建築をどのような基準に基づいて選択し、いかなるビジターを前提にして、いかなるタイトルを付けてそれを展示するかというフェーズである。

受容に三つのフェーズが存在するという事が重要なのではない。三つのフェーズが、相互に連関し、フィードバックしあっているという事が、重要なのである。建築の形式は、建築をメディアへ転換する形式を誘導し、さらにその配信の形式を誘導する。それ以上に注目すべきは、配信の形式がメディアへの転換形式を誘導し、それがさらにさかのぼって、建築の形式自体を誘導するという現象である。その二つの逆向きのベクトルが、建築の世界を交互に揺さぶり続けるのである。それら二つのベクトルによって引きおこされる振動そのものが、建築の歴史を展開させる原動力であったといってもいい。

このポイントから眺めるならば、十九世紀以前の建築は、写真的建築である。透視図法的建築と言い換えてもいい。なぜなら透視図法によって建築をメディアに写しとり、配信するというのが、ルネサンス以来の基本的な方法であり、写真はその方法の延長線上にあったからである。透視図法と写真はともに、時間を捨象したメディアであった。すなわち両者はともに、建築を二次元で、しかも有限個の静止画像へと転換するメディアであった。さらに、二つの方法はともに距離を必要とした。対象と主体との間に、一定以上の距離があってはじめて、透視図法は歪みなく対象を写しとる事ができる。写真もまた同様に、レンズによる像の歪みを排除するために、距離を必要とした。

対象から距離を置いて立つ主体が、対象を観察するのである。それによって獲得される有限個の静止画像。このメディア形式が求めたものは、明確で絶対的なシルエット（輪郭線）をもつ建築である。一定以上の距離からの観察によっては、対象の質感、ディテールを把握する事は難しい。対象はもっぱら輪郭線情報によってのみ把握される。また、有限個の二次元情報で全体を伝達するために、対象の絶対性が要求される。主体と対象との関係性の変化、周囲の環境の変化（たとえば光の強さや方向の変化）に影響される事がないという意味での絶対性である。逆に相対的な建築とは、主体との関係性によって、全く違うものとして出現する建築の事である。虹のような性質を持つ建築の事である。相対的な建築において、有限個の二次元情報のみで、全体像を獲得する事は困難である。異なる図像を有限個積み重ねても、イメージは拡散する一方で、一向にひとつの全体へと収束する事はない。

それゆえ、粒子化された建築は、写真的な建築の対極にある。輪郭線は曖昧であるし、距離を置いて見た時、粒子の確認は困難である。あり方はきわめて相対的であり、光のあたり方次第で、透明なものとしても、不透明なマッスとしても出現する。一向に、ひとつの全体に収束する事はない。写真や透視図法は、決してこのような建築を歓迎する事はなかった。写真や透視図法は、強度があり、ぶれも揺らぎもない確固たるオブジェクトを待望し、その方向へと建築を誘導し続けたのである。

十九世紀以前の建築が、写真的であった事と同様の意味において、二十世紀の建築は動画（ムービングイメージ）的建築であった。二十世紀の建築が、実際に動画によって配信されたわけではない。書物や建築雑誌などの静止画で配信されながらも、その形式において動画的だったのである。動画的なるものが、建築の計画自体の中に折り込まれていたのである。では、動画的建築とは、どのような建築の事か。

二十世紀をリードしたヴィジュアル・メディアは動画である。映画であり、テレビである。にもかかわらず、二十世紀における動画情報のコスト、アクセシビリティ、操作性のもとでは、建築情報を動画の形で必要とするマーケットは存在しなかった。動画的な時代において、写真を用いて配信する事。これが二十世紀建築に与えられた最大のメディア的与件である。動画と静止画とのギャップを埋める事が、二十世紀の建築に課せられた、大きな課題であったというわけである。建築だけではない。二十世紀においては依然として、二次元の静止画像こそ支配的で最もポピュラーなメディアであった。動画的なるコミュニケーション・システムの先導と、写真的なメディアの残存。そのギャップにこそ、この時代の本質があり、このギャップがこの時代のあらゆる文化の形式を決定したのである。

建築において、このギャップに対する最も見事な解答を用意したのは、またしてもル・コルビュジエである。彼の出した解答は、建築の動線を、可視化するという手法であった（第一章参照）。彼はまず階段やスロープなどを他の建築の部位から切り離し、独立した形態を与えるのである。すなわち建築内部の動線をオブジェクト化するのである。さらに彼はそれらのオブジェクトを、わざわざ空間の中心的ポジションに露出した形で配置した

図60　サヴォア邸　設計ル・コルビュジエ　1931年　一階、螺旋階段、二階、屋上へのスロープ

(図60)。

静止画像とは時間の切断であるから、原理的に、そこに時間を表現する事は不可能である。それこそが、写真的なるものの最大の弱点であった。しかし、静止画像上に、階段やスロープなどの建築の動線を写しとる事はできる。動線とは主体が移動するための装置であり、移動は時間の関数であるから、動線を写せば、その画像上に時間というファクターを暗示する事ができるのである。写真的なるメディアの中では、すべてはオブジェクト化されていなければならない。逆にいえばオブジェクト化されていれば、時間でさえも写真の上に呼び出し、記述する事ができる。その巧妙な方法をコルビュジエは発明

したのである。

彼の建築写真に写しとられた動線のオブジェクトは、パソコンの画面上に配置されたGUI（グラフィカル・ユーザー・インターフェイス）の先取りであるといってもいい。GUIは、二次元の静止画像上にあけられた、時間への窓である。この窓をクリックすれば、主体は別の画面、別の時間へと、自由に移動する事ができる。しかしコルビュジエの建築写真の中の動線は時間をほのめかしはするが、実際には当然のこと、クリックのしようがない。コルビュジエのオブジェクトは、依然として一方的なメディアであり、主体とインタラクティブな関係をとり結ぶ事はできない。そこに映像と、コンピューターによって生成されるサイバースペースとの間の、質的な差異が存在するのである。

コルビュジエは単に時間を導入しただけではない。コルビュジエの手法は様々な意味において、映画的であった。ここで動画といわず、敢えて映画といったのには、もちろん理由がある。動画とは単に映像が動くという意味である。一方映画には、映像を見る主体を、映像の中の空間に接続（没入）させるための様々な仕掛けが込められている。その基本原理が、視線の循環運動である事を指摘したのはポスト構造主義であり、さらにその背後には先述した（第六章）後期のメルロ＝ポンティによる視覚的独我論に対する批判と、ラカンの精神分析がある。人は他者にみられている事を知る事ではじめて主体を確立するというのがラカンの説であり、ラカンはそのプロセスを象徴的同一化と呼んで重視した。

登場する人物の視線だけで映像を構成しても、すなわち主人公の目にカメラを取り付けて世界を写したとしても、それは映画とはならないというのが、ポスト構造主義の映画論の要点である。その映像をいくら見せられても、映像を見ている側の主体は、映画の中の空間には、接続されず、もどかしさ、不快感ばかりが募ることになる。不快感の最大の理由は、主体が当の自分自身のポジションを確認できない事にある。ところがその主体を眺めるもうひとつの視線がそこに出現した途端に、事態は一変する。第二の視線が出現した途端に、主体のポジションが確定し、われわれは映像の中の環境に接続されるのである。どちらか一方の視線だけでは不十分である。二つの視線が循環運動を行う事で、われわれは環境に接続され、そのカメラワークが、映画を映画たらしめるというわけである。

要約すれば写真的なるメディアにおいては、オブジェクトの絶対的な輪郭線が、接続の条件であった。動画的メディアにおいては、視線の循環運動が、接続の条件であった。

コルビュジエは映画作家ではない（実際には、彼は映画も撮影している。たとえばピエール・シェノールとの共同監督による『今日の建築』一九二九）。彼がもっぱら利用したメディアは、あくまでも写真であった。コルビュジエの行った事は、もうひとつの視線を、その写真の中に封入する事なのである。そのようにして彼は「動画的写真」を作製したのである。ではいかにしたら視線の封入は可能であり、動画的写真は可能となるのだろうか。彼はまたしてもオブジェクトに依存する事で、見事な解答を用意したのである。ビアトリス・コロミーナはコルビュジエの建築写真を分析し、彼が家具や眼鏡などの小道具の撮影によって、人物を暗示し、視線の存在を暗示したという指摘を行った(Beatriz Colomina, "Privacy and Publicity", 1994。コロミーナはこれらの家具、所持品がすべて住人ではない男性を暗示する事を指摘し、コルビュジエが探偵あるいは窃視者の視線を導入したのだという興味深い指摘を行っている。図60参照、二階テラスに置かれた家具。椅子は、人物を暗示する装置であるゆえ、彼にとってはテーブルよりもより重要な小道具であった。ここでは、われわれの視線の代入を容易にするために、椅子はわざわざ不自然にもテーブルから離して置かれている)。家具や眼鏡というオブジェクトを利用し、コルビュジエは視線の封入を行い、動画的写真を製作したというわけである。さらに動線もまた、大きな役割をはたした。オブジェクト化された動線は時間を暗示するだけではなく、視線をも暗示した。動線は、そのラインに沿って移動する人物を暗示し、その人物の視線を暗示したのである。ならば、いっその事、人物を写真の中に写せばよかったのではないか。しかし、コルビュジエは、人物を写す事はしなかった。生の人物を置いてしまったならば、われわれはそこに視線を代入する事ができない。身体が空白であるからこそ、代入が可能となるのである(図60参照、注意深く見れば、ここでもきわめて不自然な小道具の配置が行われている。柱に強引に家具が接続され、しかもそのテーブルの上部には、帽子とコートのようなものが置かれているのである。帽子とコートはわれわれをそこに誘いこみ、われわれは容易にそこに代入されてしまうのである)。他者の視線を暗示し、しかも同時にわれわれの視線の代入を可能にする事。その二つが共に重要だったのである。その時はじめて、循環運動が発生し、写真をながめている第三者が、そこに写されている空間に対して接続され没入するのである。

コルビュジエは、写真的建築を、動画的建築（正確には映画的建築）へと転換した。彼はオブジェクトを様々にデザインし、操作しながら、この困難な転換を可能にしてしまったのである。しかし、写真的なるメディアという限界の内部で、この転換を行うために、彼は依然としてオブジェクトに依存しなければならなかった。そこに時代の限界があり、それに拘束されざるを得なかったコルビュジエの限界がある。それゆえ、コルビュジエの建築は重く固いのである。強く人を引き込む力を持ちながら、一方で押し付けがましく、うっとうしいのである。

では、どのようにしたら、この拘束、限界から逃れる事ができるのか。この問題を考えるには、主体と環境との関係を再整理しなければならない。

まず、主体と環境との切断があった。そこが重要である。主体と環境とのシームレスで平和な接続が失われた時、すなわち「見知らぬ環境」が出現し、「見知らぬ環境」に主体が投げ出された時、その切断を解消するために、環境と主体とをつなぐ媒介として、メディアが登場するのである。そして同じ動機が、建築という媒介を出現させる。建築もまた、主体と環境とを接続する媒介である。それゆえ、ひとつの時代に属するメディアと建築は、類似の形式をとらざるをえない。そして建築が、その時代のメディアの上に表現されるのである。同一の環境の産物であり、同一の切断の産物であるがゆえに同一の形式を共有する建築とメディア。それらがお互いを写しあうことによって、共振し、増幅する。同一性はいっそう強化されるのである。

切断の後に、主体と環境とは、まずひとつの小さな点を媒介として接続される。まず点的な関係が発生する。メディアにおいては、透視図法がそれに相当する。透視図法とは点と点の接続である。観察する主体は固定された一点であり、対象もまた無限に連続する環境の中から選択された、動かぬ一点（オブジェクト）である。写真的関係もまた、その延長にあった。点と点とが、シャッターという一点を媒介にして接続される。無限に連続する時間の中から、シャッターが開放される一瞬という「点」が選択される。無限に連続する感覚要素の中から、視覚という「点」が選択される。すべての意味において、写真とは「点」であり、僅かにその針のような一点を通じて、すべてが接続される。

点的なメディアは、点的な建築とパラレルであった。一般に建築は環境の中での点（オブジェクト）であり、独立し孤立している。それゆえ透視図法は建築という点を対象とする事を好んだ。その時に、透視図法は最も効果を発揮したからである。写真もまた建築を好んで対象とした。メディアと対象とは共振する。点と点とが共振するのである。

線は点の拡張である。線的な建築とは、体験の連鎖としての建築であり、内部空間としての建築である。室内は体験の連鎖として認識されやすい。建築の外部が、環境の中に立つ点として認識されやすいのに対して、建築を室内として認識した時、建築は線として出現するのである。

同様に動画とは線である。動画とは「点」のメディアの空間的、時間的、感覚的拡張である。点は運動によって、線へと拡張される。対象は点から線へと空間的に拡張され、点的時間から線的時間へと拡張される。視覚のみの点のメディアから、聴覚をも包含する線のメディアへと拡張される。それらの拡張によって、主体はより広く、深く、環境と接合されるのである。

しかし、動画的関係はひとつの致命的欠陥を抱えていた。動画における関係性は、すべてワン・ウェイだったのである。運動も拡張も、撮影者のみに帰属した。撮影者という特権的存在の空間、時間、感覚のみが拡張され、ひとり彼のみが自由であった。受け手は、スクリーンの前という固定されたポジションに拘束され、ひと続きの時間の線分を、一方的に受容する事しか許されなかった。受け手は空間に対しても、時間に対しても、一切の介入を禁止されていた。環境と接続しているのではなく、環境の中の閉じられた一部（エンクロージャー）を、凍結された形で、受容するだけであったのである。

同様にして、線的な空間としての室内もまた、拘束された空間（エンクロージャー）であった。建築家という特権的存在のみが、すべての部屋の配列を理解し、室内の全体を超越的に理解している。動画においては映画監督が、そして室内においては建築家だけが、自由な運動を享受し、自由に空間と時間とを操作するのである。受け手はただ閉じた空間と時間、すなわちエンクロージャー（囲い込まれたもの）を与えられるだけであった。自由、しかし一方的な自由。ここに動画的関係、室内的関係の逆説が存在した。しかし、逆説が問題なのではない。真の問題は、この一方性が巧妙に隠蔽され、忘却されてしまう事である。映画におけるカメラワークと室内における動線計画とによって、この一方性は隠蔽されるのである。

それらはともに往復運動を原理としている。動画におけるカメラワークの原則は、主人公を見つめる他者の視線と主人公自身の視線との循環運動であり、室内における動線計画の原則は、全体を見渡す特権的視線と、部屋という単位の中に閉じこめられざるを得ない主人公の視線との循環運動である。その循環運動を励起するために、古典主義建築ではその中心部に大きく高く吹き抜ける空間を用意した。主人公はその場所で建築の全体を理解する特権的な視点を獲得し、建築全体と見事に接続されるのである。コルビュジエは、この装置のよりコンパクトで現代的なバージョンを考案したといってもいい。この装置が内蔵するコンパクトな動線体（螺旋階段やスロープ）と家具とを用いて、主体は見事に、全体性を獲得するのである。コルビュジエの発明によって、どんな小住宅の中にあっても、主体は建築の全体と、接続可能になったのである。

そして映像と空間におけるこれらの諸装置の発明によって、受け手は、エンクロージャー内部での特権的主体と自分とを同定する事が可能になった。その結果、受け手であったはずの自分が、主体的、自発的に空間と時間に介入しているという錯覚がうまれたのである。実際に、主体と空間との間にインタラクティブな関係があるわけではない。にもかかわらず、用意されたレール上での往復運動を、インタラクションであると錯覚してしまうのである。映画においては、この錯覚は感情移入と呼ばれる。室内においては、視線の貫通する中心的動線空間において、受け手は空間のすべてを理解し、支配したかの如き錯覚、陶酔を体験してしまうのである。

そして、この錯覚によって一方性は見事に隠蔽される。隠蔽されるのは、一方性だけではない。特権的な存在（メディア）によって与えられたひとつの限定された時空間（エンクロージャー）が、環境の全てであるという錯覚が生じる。受け手である主体が、環境の全体に対して、深く確実に接合されているという錯覚が生じる。それによってエンクロージャーの閉鎖性が隠蔽される。二十世紀を支配したのは、この錯覚でありこの隠蔽であった。

そして、この隠蔽の最も成功した実例が、テーマパークという空間形式であった。テーマパークは、典型的なエンクロージャーである。なぜならテーマパークは単に閉じているだけではなく、閉じていることを内部の人間に対して隠し通すからである。そのためにテーマパークでは外部との境界、すなわち塀を見せない。塀が見えたならば、来場者はその瞬間に夢から覚めてしまう。テーマパークにとって塀は不可欠であるが、にもかかわらず、見えてはいけないのである。そのマジックが成就するために、すべての視線は、内側へ、中心へと誘導される。外側の塀の方向に視線が向かってはいけない。中心には、視線の貫通する特権的スケールと形状の空間（たとえば巨大な幅員を持つブールバール）が用意され、その中心的な空間に身を置く事により、主体はその特権的ポジションに陶酔する。環境を支配し、環境に完全に接続されたかの如き錯覚に陶酔するのである。テーマパークは、この種の空間的錯覚を生成するための、最も洗練された科学的装置である。すなわち動画的空間装置の完成形である。屋外をも含む巨大な複合体でありながら、動画的、室内的原理がすべてを貫徹している。それゆえに、テーマパークは二十世紀という時代を見事に支配したのであり、テーマパーク以外の二十世紀の全ての施設もまた、この空間原理の模倣を試みたのである。

あらゆる領域において、二十世紀とはエンクロージャーの時代であった。映画、テーマパーク、境界の明確な箱物建築。ネーションステート、国家経済、株式会社。すべては、閉じていて、しかも内部においては、閉じている事を認識できない。視線は内側へ、中心へと誘導されるのである。ではなぜ二十世紀はエンクロージャーの時代となったのか。コミュニケーション・システムは、その発展段階の中途において、エンクロージャーを濫造するからである。相互的でシームレスなコミュニケーションが実現すれば、それぞれの主体は直接、環境の全体に対して接続される。その段階に到るまでの中途の段階において、エンクロージャーが出現する。コミュニケーションはその限定された内部においてのみスムーズであり、主体は、エンクロージャーに取り込まれ、そのエンクロージャーの内部において、環境全体との接続を錯覚させられるのである。このシステムはエンクロージャーが巨大化した時に自壊する。なぜならすべてのエンクロージャーは、基本的に自立不可能であり、現実的にも自立していないからである。エンクロージャーは、その外部を犠牲にし、外部によってサポートされている。エンクロージャーの巨大化は外部の喪失を意味し、巨大化によってエンクロージャーは自壊せざるを得ない。そして環境問題とは、エンクロージャーという問題の別称に他ならない。エンクロージャーが、その外部に対して要請する犠牲が環境問題という形で出現するのである。エンクロージャーが巨大化する時、エンクロージャー問題が、環境問題という形で顕在化するのである。

目的とするところは、エンクロージャーを映画的循環運動によって延命させる事ではない。エンクロージャーを延命させるのではなく、解体するのである。そのために、粒子化を行うのである。

粒子化とは、エンクロージャーの境界を透明にする事でも、半透明にする事でもない。即物的レベルで言えば、建築を透明にする事でも、半透明にする事でもない。表面のデザインや性能を変えても、建築の形式は変化しないからである。オブジェクトはオブジェクトのままであるし、エンクロージャーはエンクロージャーのままである。

表面を粒子化したとしても、同様である。表面の粒子化は、建築の外観を相対化する。すなわち主体と対象との関係性によって、様々に変化する「相対的」な外観が可能となる。ただし、表面がインタラクティブに変化したところで、オブジェクトという形式は、微動だにしない。そこで生起されるインタラクションは、用意されたレール上でのインタラクションでしかない。映画が用意されたレール上での主体と環境との循環運動であったように、そこでのインタラクションもまた、あらかじめ引かれたレールを逸脱する事はない。

問題は表面性状としての粒子化ではなく、形式としての粒子化というものがありえるかである。用意されたレール上での相互性（インタラクション）ではなく、レールそのものがインタラクティブに敷設可能かである。

オブジェクトを否定し、エンクロージャーを否定すれば、それらにかわるイメージとして想起されるのは庭園である。庭園は建築よりもはるかに開かれているからである。しかし、にもかかわらず庭園の作者はしばしば、庭園を閉じようと試みる。その内側に完結した、独自の世界を構築しようと試みる。なぜなら作者という存在が閉じた存在だからであり、表現という一方的な行為に固執しているからである。その時、庭園もまたエンクロージャーと化し、テーマパークと同じ途を辿るのである。そしていかなる自由な庭園においいても、庭園には作者によって経路が用意されている。レールはすでに敷設され、作者は依然として人々を支配しようとする。

さらに開かれた空間を求めるならば、庭園を捨てて、荒野にいきつかなくてはならない。作者という存在自体が開かれなければ、荒野は出現しない。表現という思いを解体する事。自ら踏み出すのではなく、訪れる人々をひたすら待ち、彼らに対して完全に開かれる事。その時境界もなく、経路もない空間が出現する。表面的にはただ無秩序に瓦礫や草が散乱しているだけである。何の手も加えられていない、加工前の粒子の群れ。にもかかわらず、足を踏みいれたならば突然に無数の場が出現し、無数の関係性の網の目が出現する。この状態は、ネットワーク社会と呼ばれる、ヒエラルキーの欠如したフラットな網の目と相似である。境界はなく、エンクロージャーはない。レールもなく、定められた経路もない。にもかかわらず、それぞれの主体は世界に対して確実に接続される。点（透視図法、写真、建築）から線（動画、室内、エンクロージャー）へと到り、網（ネットワーク、荒野）へと辿り着こうとしているのである。にもかかわらず、建築という形式だけがいまだに残存し、オブジェクト（障害）として網を乱すのである。

伊勢神宮のお白石は、そのような荒野を再現したものである。伊勢の建築は、自然の丸石を敷き詰めた大地の上に建設される。その石がお白石と呼ばれる（図61）。そして建築は二十年ごとに建て替えられる。上部の建築よりも、下にある地面の方がはるかに重要であるという事が、この式年遷宮と呼ばれる儀式によって示唆されるのである。その時、何の加工も施されていないただの丸石が敷きつめられている事が意味を持つ。加工の以前という意味で、それはお白石と呼ばれる。

図61　伊勢神宮のお白石

素木（シラキ）と同じシラである。さらに、その石の粒子の大きさが意味をもつ。あの寸法よりも小さければ、石の粒は粒子である事を喪失して、ひとかたまりの固く、重たい地面（マッス）として認識される。それは介入のしようのない物質。一方的で、絶対的な物質である。

逆に、あの寸法より以上に大きければ、石はそれ自身がオブジェクトとして自立し、突出する。絵画に喩えていえば、その石自身がひとつのタッチとなって、自己を主張するのである。それはもはや素材ではなく、結果である。何者をも待ってはいない。全ては終わっている。介入はあらかじめ拒絶されている。

お白石は大きすぎても小さすぎてもいけないのである。どちらの場合もオブジェクトを生成し、粒子は失われる。その中間にあって、どちらにころぶ事も許されない。そのための特別の寸法を死守しなくてはいけない。粒子として認識されるその特殊な大きさを持つ事によってはじめて、石は結果ではなく素材となり、介入を待つ物質、すなわちインタラクティブな物質となるのである。そしてもちろんその寸法は絶対的な数値として示されるものではない。相対的であり周囲の環境によってそのつど決定されるものである。たとえば伊勢神宮というひとつのシークエンスにおいて、樹木から人工の構築物までの様々な寸法を通過したあげくに、主体はお白石に到達する。その環境のすべて、その通過のプロセスのすべてがお白石の寸法を決定するのである。通過の速度、通過するすべての寸法との比較対照によって、粒子を粒子たらしめる寸法が決定されるのである。ゆえにあのお白石を他の場所にもっていったとしても、粒子として機能する保証はない。粒子の寸法はいつもそのように、一回一回丁寧に決定されなければならない。その気が遠くなるほどに地味な作業の結果としてお白石は粒子となり、純粋で穢れなき素材となり、すべてを待ちうける存在となり、すべてに対して開かれる存在となり、徹底して相対的な存在となりえるのである。形よりも、色よりもまず、的確な寸法を決定しなくてはならない。粒子性とはそのようにしてかろうじて達成される奇跡の別名である。

これは建築論であるだけではなく、都市論でもある。近代の都市計画は、オブジェクトとエンクロージャーという二つの手法によって、都市を統制しようと試みた。オブジェクトは静止画のフェーズに対応し、エンクロージャーは動画的段階に対応する。オブジェクトによる統制の典型は、モニュメンタルなオブジェクト型建築を視覚上の焦点の位置に配置して都市を統制しようとする、バロックの都市計画である。一方、エンクロージャーによる統制としてはテーマパークの方法があり、また、都市を商業地域、住居地域などのエンクロージャーに分割して統制しようとする、二十世紀のゾーニングと呼ばれる都市計画手法もまた、エンクロージャーの典型であった。

しかし、オブジェクトも、エンクロージャーも、都市の「高速化」によって、すでにその効力は失われている。まず移動を常態とする主体の出現は、バロック的な静止画の都市を過去のものとして、人、物、情報の移動速度の上昇によって、動画的手法もまた、すでに無効化している。

ゾーニングというエンクロージャーは、現代の都市速度には対応不可能であり、都市は俯瞰的にみれば、まったく乱雑な粒子の集合体でしかないにもかかわらず人と情報との高速度が、その乱雑な粒子を巧妙に接合し、分離するのである。

そのような都市に対応した「粒子の都市論」が書かれなくてはならない。百メートルおきにコンビニエンスストアが配置された都市は、すでに粒子状に分解された都市の出現を予告している。オブジェクトとエンクロージャーによる統制ではなく、粒子の計画としての都市計画が行われなければならない。統制としての計画ではなく、自由でランダムな人と粒子の運動を誘発するための「粒子の都市計画」、「都市の粒子化」が行われなくてはならない。いかなる粒子が都市には適切であるのか。小さすぎても、大きすぎても、粒子はオブジェクトを生成し、都市という運動の連鎖に対する障害（オブジェクト）として機能するであろう。粒子は都市内の様々な速度に対応して、そのサイズと「硬さ」とが決定されなければならない。ドゥルーズによれば、船の速度によって波が大理石の壁のように硬くなるように、絶対的な硬さというものはなく、硬さとは物質に作用する能動的な圧縮力の表現である。同様の事が粒子に対してもいえるだろう。粒子の粘性、硬度、密度は、粒子に対する能動的な速度と力との表現である。都市を粒子の自由な集合体として保つために、都市内の多様な速度と力とに応じて、それぞれの粒子のサイズ、粘性、硬度、密度とが決定されていかなければならないのである。

そのような作業の結果として、粒子は離散し、荒野が出現するのである。そこに足を踏み入れた主体は、存分に彷徨わなくてはならない。彷徨うという自由で能動的な行為を通じる事によってはじめて、われわれは荒野という環境と接続される。伊勢においては、お白石の上を、彷徨う事はできない。われわれはただ、垣根の外側に立って、粒子を眺めているだけである。垣根もまたルーバーに他ならず、粒子に他ならない。伊勢の垣根は四重に配置され、それぞれのピッチは異なっている。粒子のサイズは、慎重に計算され、四重のレイヤーが構成される。伊勢においてはすべてが粒子であり、伊勢のデザイナーは粒子の寸法に対してすこぶる繊細であった。しかし、残念ながら、伊勢のレイヤーの間を彷徨う事はできず、立ち入れない事の欠落を補うために、伊勢は垣根の内側に建築というオブジェクトを屹立させなくてはならなかったのである。オブジェクトを建てて、荒野を放棄しなければならなかったのである。

彷徨うとは粒子を踏みしめる事であり、粒子の奏でる音に耳を傾ける事である。粒子を眺めていても、そこに音は聴こえてこない。身体が粒子をなぞった時に、そこに音が発生する。粒子のピッチを視覚をもって認識するのではなく、時間軸の中で、身体を使ってスキャニングしなくてはならないのである。そこにはじめて、音がうまれる。音もそして色も、振動数をもつものすべては時間に従属し、時間の中で物質をなぞった時にはじめて音を出し、発色するのである。それゆえ、荒野をデザインしようとしたならば、作曲するようにして空間をデザインしなくてはいけない。時間の中に身投げをして、荒野の粒子に音を奏でさせなければいけないのである。

「石の美術館」のテーマは、石の粒子化であり、石に音を奏でさせることであった。敷地は、栃木県の那須町、芦野。芭蕉も訪れた古い街道沿いの集落である。朽ちかけた三棟の米蔵がたっていた。芦野石と呼ばれる地元の石で作られた蔵である。安山岩の系統の、グレーの色をした地味な石である。建設されたのは、昭和初期。建築史の上からみて特筆すべき建物ではない。しかしにもかかわらず、この米蔵を保存する事に意味があるように感

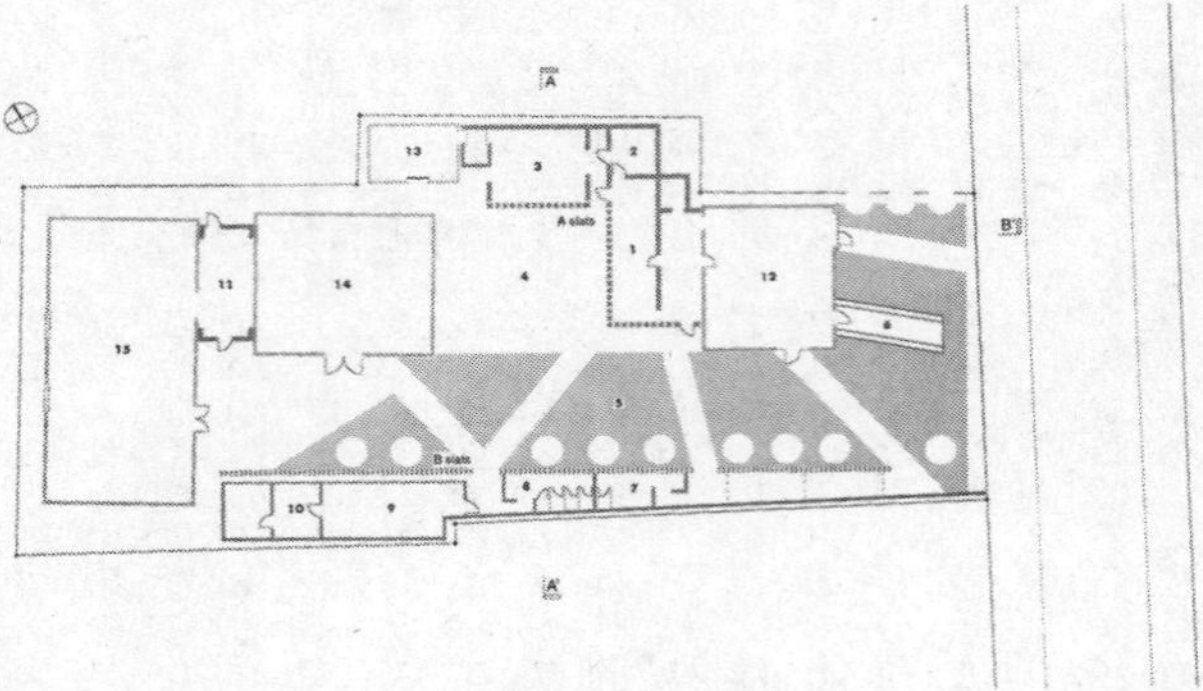

図62　石の美術館　設計　隈研吾建築都市設計事務所　2000年　配置図。既存の石蔵の壁は実線で示してあり、増築部分の壁はドットで示してある。

じられた。何も壊さずに、ひとつずつ足していくのである。足し算だけで作っていくのである。僅かに、微かに増築を重ねていくのである。その積み重ねによって、環境の全体を再編成することを提案した（図62）。

そのため、建築のようにではなく、垣根のように増築したいと考えた。建築のように閉じて完結するのではなく、垣根のように開放的で弱くありたいと思ったのである。その僅かに付け加えられた垣根のような構築物によって、既存のオブジェクト（石蔵）の間に何層ものレイヤーが生まれる事。曖昧で自由な荒野というフィールドが、そこに徐々に出現する事が狙いであった。そしてこのフィールドは空間的に開かれているだけではなく、アクティビティーにおいても開かれて、曖昧であるべきだと考えた。美術館という名称が仮に与えられているが、そこには美術品も地域の特産品も共に並び、食堂であり、地域の集会場であり、子供の遊び場なのである。これらのアクティビティーはこの施設の中で融けあっているだけではなく、施設の前面の古い街道の中にも、融け出し、散逸していくのである。

そのような垣根にはいかなる構法がふさわしいだろうか。伝統建築に対するこの種の増築はしばしばガラスで行われる。しかしガラスの透明さは、却って既存の石蔵と対比され、石蔵というオブジェクトを強く突出させてしまうように思われた。かといって、既存の石蔵と同じ芦野石で壁面を作ったとしても、いよいよ弱さや曖昧さを生み出す事はできない。同一の芦野石を使いながら、しかも石を粒子化してしまう事。石の粒子、石の垣根を作る事。そのようにして既存のオブジェクト（石蔵）の輪郭を曖昧にしてしまい、オブジェクトがその周囲の空気の中に融け出したような状態を作り出す事。それが目的であった。

石の粒子化は、決してやさしい作業ではない。石はきわめて重たく、しかももろい素材である。それゆえ、石はまず塊として処理され、塊をひとつずつ積みあげていくのが石の伝統的な工法である。この工法は組積造と呼ばれる。それによってできあがるのは、厚く重い壁である。組積造は西洋の古典主義建築の根幹にあり、それを支えてきた技術である。すなわちオブジェクト型の建築の中心にあった技術である。だからこそ、その組積造に挑みたいと考えたのであり、その技術的中心からオブジェクトを解体したいと考えたのであ

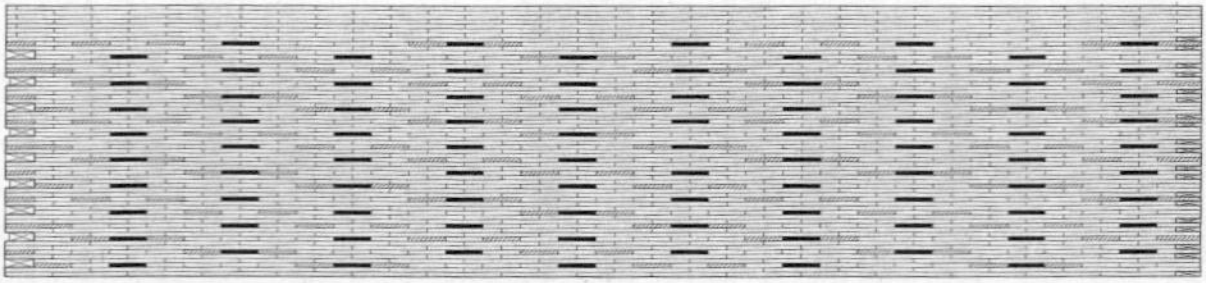

図63　石の美術館　2000年　組積造部分立面図　粒子状にあけられた開口は、一種の楽譜であり、音符であると考えた。

る。

いかにしたら重い壁から遠ざかり、組積造を解体する事ができるのか。まずはきわめて素朴な試みからスタートした。この組積造から石をひとつずつ抜き取るのである。不思議なことに、数個の石を抜きとるだけで、途端に壁の印象は軽く、弱くなる。マッスであり、ひとつに凝結していたはずの壁が、粒子の集合体として認識されるようになる（図63）。重いはずの石の壁が、僅かな孔によって突然軽やかに浮き立つのである。その時、質量と形相との間に亀裂が生じ、振動が発生する。それは存在と表象との間の振動であり、重いはずの本質と現前の軽さとの振動であり、不透明であるはずの属性と、現実の透明との振動である。物質の相対化とはそのような両義的状態であり、その時物質は振動し、音を奏でるように感じられる。石の抜き取り方、すなわち孔の穿ち方によって様々な音色をそこに作り出す事ができる。この時、設計作業はほとんど作曲の作業に漸近する（図63参照）。

さらに石を、より軽くより稀薄な存在へと転換するディテールを模索した。辿りついたのは石を木製の格子のように、薄くスライスしてしまう方法である。四〇ミリ×一五〇ミリの断面形状が、石の強度の限界であった。この寸法にカットした石の板を、四〇ミリ巾の溝を刻んだ石の柱に、ひとつずつ取り付けていくのである。石の施工法としての常識を大きく逸脱していた（図64）。ピッチは八〇ミリ。石の厚みが四〇ミリだから、石と石との間隔も四〇ミリという事になり、物質と空隙とが同寸法で繰り返される。そうすることで、物質と空隙という二つの状態を振動させようとしたのである。物質と空隙、実と虚、不透明と透明。これらのさまざまな二項対立が、振動を開始する。主体とこの曖昧な壁との間の角度、距離。光の順光、逆光。それら

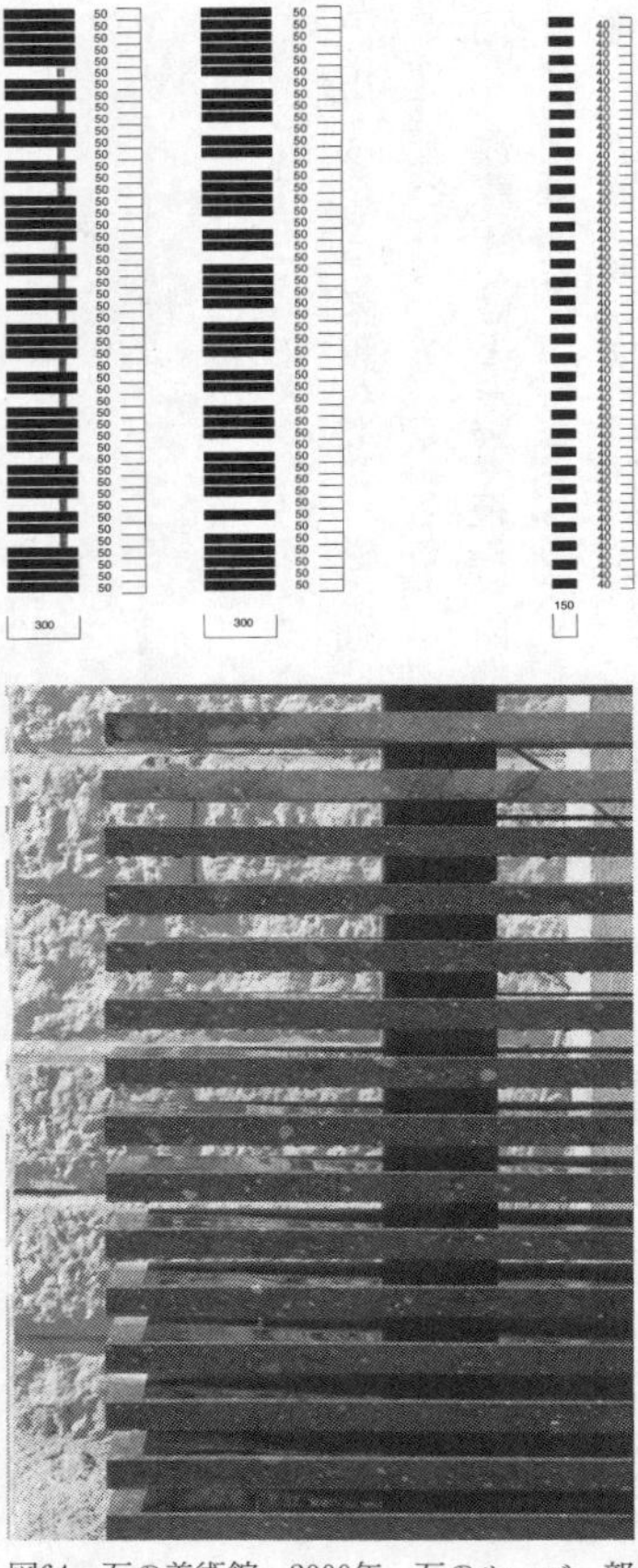

図64　石の美術館　2000年　石のルーバー部分の断面詳細図、ディテール

をパラメーターとして、振動が開始される。客体が、主体とは無関係に振動しているわけではない。身体と客体とが、共振を起こすのである。

石においては粒子化することに困難があった。石の本質は凝集力であり、固まろうとする力である。その力から石を解き放ち、粒子化することに困難があった。その意味において、石の対極に存在する素材は竹である。竹はそもそも粒子として存在している。石は粒子化することに困難があり、逆に竹は粒子を束ね、凝集させることに困難があった。円形の断面形状によって、束ねることが困難であるだけではなく、そのあまりにも艶やかな表面が、凝集することを強く拒み、内部に巣くう空洞が、いよいよ凝集を拒絶するのである。それゆえ凝集力を必要とする形式、すなわち建築という物質の存在形式に竹を使うことは難しい。竹はもっぱら垣根のような、凝集力を必要としない離散した形式のために用いられてきた。一方木という素材は、石と竹の中間にある。粒子化することも、凝集させることもともに容易である。それゆえ木は洋の東西を問わず、最もポピュラーな建築材料として用いられてきたのである。

西洋の建築の中心には、石の凝集力があった。石の凝集力を利用して、凝集力のある強いオブジェクトを作ろうとする指向性が、西洋の建築の根底に流れている。オブジェクトの凝集力を利用して、そのオブジェクトによって表象される組織や共同体を、より強く表現し、より強く凝集させることが目指されるのである。モダニズムとは、その西洋の建築的伝統に対するアンチテーゼとしてスタートしたはずであった。凝集力に対するアンチテーゼとしてスタートしたはずであり、オブジェクトを粒子へと解体する運動のはずであった。しかし、最終的に、コンクリートの凝集力がモダニズムを征し、粒子は敗退するのである。その時、コンクリートを最も巧みに用いたコルビュジエが、モダニズムのヒーローとなったのである。

コルビュジエのサヴォア邸（一九三一、図5参照）による決定的成功の後に、「敗者」であるタウトは、追われるようにして日本の地に辿り着いた。タウトは来日の翌日（一九三三）に桂離宮を訪れて、まず竹垣の前に立ち、しばし茫然とするのである。庭も建築も見る前に、ひとつの竹垣が、すでにタウトを打ちのめしてしまうのである。タウトは竹垣の前に立った自分をこう回想する。「ただ黙して佇むばかりであった。私はいった、——『これこそ実にモダンではありませんか。』」（ブルーノ・タウト『日本美の再発見』、篠田英雄訳、岩波書店、一九三九）

タウトは竹にモダンを見る。その粒子性にモダンを見るのである。すでにヨーロッパでは失われつつあった、彼がめざしたところのモダンを見るのである。彼は狂ったように竹を使い始めた。竹は決して扱いやすい建築素材ではない。しかも、タウトを招いた日本人達は「世界的建築家」タウトが、日本趣味に媚びるようにして竹を使うことに困惑した。それでもタウトは家具に、建築に竹を使い続けた。日向邸（図18参照）の中でも竹は執拗に使われている。広間の壁は細竹の竪張りで造作され、社交室の天井を飾る二、三百個はあろうかという豆電球は、ひとつひとつ竹の鎖に結びつけられ、それらを太い竹竿が束ねている。わずか三年の間に、彼は竹の可能性のほとんどを突き詰めている。これほどの集中を、彼のヨーロッパ時代に見いだすことはできない。やっとの事で彼はモダンの本質を見極めたのである。竹の粒子性の中に、モダンの本質を見いだしたのである。

建築とは物質の凝集（オブジェクト）の別名であり、塊を粒子に分解する作業、すなわち粒子化は凝集の反転である。かつてライプニッツが哲学においてこの反転を行った。デカルトは物質（オブジェクト）と精神とを分節したが、そのことによって物質は精神とは独立して存在する絶対的な塊（凝集）として定義されたのである。その塊の中には、天使も悪魔も入り込むことはできないとして、彼は中世的思考方法を切断したのである。そのデカルトがうみだしたオブジェクトを批判して、ライプニッツはモナドという粒子を提示した。注目すべきはこの粒子が、物質とも精神とも定義されていないことである。ライプニッツは物質と精神の分節自体が誤謬であり、この分節によって、われわれが物質から隔離される事を批判したのである。われわれがめざすところの粒子も、同様にして物質であり、同時に精神でもあらねばならない。

そしてあらゆる経験は、無数の微細な粒子の不安定な結合、振動、交錯から生成されるとライプニッツは考えた。世界は、これらの無数の可能世界に対して永遠に開かれていなくてはならないと考え、粒子はすべてを待ち続けなくてはいけないと、彼は考えた。そこに安定的、固定的な凝集や統合を捏造しようとするすべての試みをライプニッツは批判した。「モナドには窓がない」とは、そのような意味でライプニッツが発した言葉である。

窓を否定し続けなくてはならない。それは、とりも直さず、オブジェクトという安定と統合と凝集とを、限りなく回避し続けることに他ならないからである。

自著解説

隈研吾

海底の、一番深い場所で、この本を書いていたような気がする。書いた当時は、そこが一番深いところだとは思わなかった。しかし今振り返ってみると、その時僕は、暗い海の底を歩いていて、そのなかでもとびきり深く暗い穴のような場所を歩き、さまよっていたような気がする。

一九九八年から足かけ三年かけてこの本を書きおろし、二〇〇〇年に出版した。どのような意味で二〇〇〇年をはさむこの三年は海底だったのか、そしてその海底はいつごろから始まって、どこへ向かおうとしているのだろうか。

一九九〇年代の初め、俗にいうバブルがはじけた頃から、海底ははじまった。明るくはなやかで、すべてが浮き足立っていた一九八〇年代のバブルという時代が突然終わってしまって、暗くさびしい九〇年代の海底がはじまった。経済は低迷し、なかでも建築業界、不動産業界は最悪の状態にあった。建築、不動産こそがバブルの象徴、諸悪の根源という見方が生まれて、世論もジャーナリズムも建築を敵視する風潮が生まれた。敵視されれば当然こちらの気分は暗くなる。憂鬱だった。海底の気分だった。実際の僕の仕事をかえりみても、この「失われた一〇年」にはほとんど東京での仕事がなかった。地方の小さな町や村で、小規模のプロジェクトに関わりながら食いつないだ。

この本でとりあげたのは、それらの小さくて地味なプロジェクトである。基本的には仕事がなく暇だったから、その小さくて地味なものにたっぷり時間を割くこともできたし、あれこれと悩む余裕もありすぎて、このような「海底の本」ができたともいえる。

バブルがはじけて、海底が本格的に始まったのは確かだったが、実際には、海底はもっとずっと前からはじまっていたようにも感じる。僕が生まれたのは一九五四年。朝鮮戦争以降の高度成長時代のまっただなかで育った。生まれたのは横浜とはいっても、港町の横浜ではなく、渋谷と横浜を結ぶ東横線の大倉山で、高度成長が身のまわりの田園風景を悲しいほど劇的に変えていくのを目撃しながら、その速度に身を任せながら育っていったのである。東海道新幹線の開業は一九六四年。一〇歳である。歩いて一〇分の田んぼの中に、突如新幹線の巨大な駅が出現した。トンボとザリガニを追いかけていた田んぼの中に、巨大なコンクリートの塊が侵入し、またたく間に田んぼが消えてなくなってしまったのである。

そして東京オリンピックがやって来る。丹下健三、黒川紀章らの建築家がテレビの中で、とうとうと、さっそうと自作の建築物を語っていた。丹下の設計した代々木のオリンピックスタジアムは、天をつきさすように、とんがっていた。建築が輝いていた時代であった。コンクリートが、ピカッと輝いていた時代であった。

続いて一六歳の時に大阪万博が開かれた。一九七〇年。東京オリンピックに引き続く巨大国家イベントとしてひとつにくくられる事もあるが、一六歳の僕にも、たったの六年でまわりの空気が全く変わっているのがわかった。建築が全く輝いていないのである。「進歩と調和」という統合テーマ自体、注意深く読み込めば、焦点がすでに「調和」の方に移行しているのは明らかであり、高度成長や経済至上主義への反省がこの二回目の国家イベントの隠しテーマであることは、高校生の世間知らずの僕にも見え見えだった。六年間ですべてが変わってしまった。この時すでに海底ははじまっていたのである。

その芽生え始めた重苦しい海底気分にぴったしだったのは、万博のスイス館である。夕方の到着早々、安い夜間入場料金で会場に入ったが、アメリカ館やソ連館などの人気館は依然長蛇の列である。夕闇の中に、細くきゃしゃなアルミのパイプで積み上げた美しい樹木がたっていた。これは「館」ではまるでなかったが、なぜかスイス館と呼ばれていた。パビリオンを作らずに、環境の重要性を訴えて、スイスは広場の中に一本のアルミの木をたてたのである。高校生はしびれた。パビリオンという時代遅れの「オブジェクト」を否定して、広場というパブリックスペースを残し、そこにさりげなくつつましく、透明な樹木がたっていた。こういう時代に僕らは生きているんだ、と教えられた。六年前には天をさして叫んでいた丹下健三すら、やけに静かであった。彼の設計した「お祭り広場」の大屋根は、ただ水平にだらだらと続く退屈な構造物にすぎず、オブジェクトと呼ぶにはあまりに禁欲的であった。時代を読む天才であった丹下は、正確に一九七〇年という時を読んでいたのである。海底のはじまりを感じていたのである。その逡巡を唯一破っていたのが、岡本太郎作の「太陽の塔」で、この元気あふれるオブジェクトは、丹下の大屋根を突き破って天に向かって大声で叫んでいたが、この叫びは、時代の空気が読めない悪趣味にしか見えなかった。オブジェクトってなんて気持ち悪いんだろうとつぶやいて、ませた高校生はやたら冷めきっていたのである。

確かに、空気は決定的に変わっていた。知らぬ間に水位があがって、塔を、オブジェクトを、海底にのみこみ始めたのである。一九七〇年がさまざまな意味で、日本の転換点であった事を、統計的な指標が伝えている。成長の終焉、高齢化、少子化、女性の社会進出……それら今日的現象のすべてが、七〇年を境にして顕在化する。そんな時代に抗するようにして一人、岡本太郎作の異形のオブジェクトが大阪の曇天を指していたのである。

大学に入学したのは一九七三年であった。その年にさらに決定的な事件が起こる。第一次オイルショックである。トイレットペーパーがほとんどの店の店頭から消えうせた。なぜか大学の生協でだけはトイレットペーパーが手に入った。母親のために買いだめもした。

オイルショックの直前に、学科志願届の提出締切があり、迷うことなく建築学科と記入した。建築学科の志願者は、史上空前の数にのぼり、よほど成績がよくなければ建築学科へ進むのは難しいと告げられた。直後にオイルショックがやってきた。一夜にして、建設不況がやってきたのである。最大の難関をクリアして建築学科に入ったはずではあったが、いざ卒業という時になってみると、空前の就職難であった。はしごが突然はずされたのである。真っ暗な海底が、目の前にそのリアルな姿を見せたのである。

この海底的状況にどう対応すればいいか。かつて建築は時代をリードする輝かしい塔であった。しかし今や縮小し、煮詰まり続ける低成長の成熟社会の中で、建築は時代遅れの大げさな粗大ゴミでしかないのだろうか。資源を浪費し、エネルギーを浪費し、税金を消費するだけの粗大ゴミでしかないのだろうか。建築の世界全体に投げかけられた空前の大難問であった。一九七〇年代の末、答えを模索して、様々な動きがあり、大学も教育も揺れていた。大学を卒業しても、社会に出る気持ちにはなれなかった。大学院で教えていた建築家、原広司の研究室にいけば、何かありそうな気がしたのである。原広司は、世界の辺境に散らばる集落を研究していた。中東、南米、アジアの荒野にたたずむ貧しく小さな集落を調査するのが、原研究室の研究テーマであった。天を指す高度成長期の輝かしい建築群の対極であった。暗く深い海底にひっそりとたたずむような集落にこそ、建築の未来があると原広司は信じていた。この人についていけば、暗い海底の中に、何かが見えてくるかもしれないという期待があった。確信があったわけではないが、原の仙人のような風情は、海底の時代にふさわしい陰影があったのである。

原研究室に入っても、何かを教わったという覚えはない。アフリカのサハラ砂漠を調査したいから、準備をしろとだけいわれた。建築の研究の代わりに、車を借りる手配をし、黄熱病やコレラの予防接種に病院をまわり、文化人類学の本を読みあさった。

やっとたどりついたサハラ砂漠は、本当に海底のような場所であった。地中海岸のアルジェから南下し、徐々に高原にのぼっていく。地中海とサハラとの間に横たわるアトラス山脈である。そして突然に砂漠に向かって下り始めるのである。その坂道を下降する感触が、今も腰のあたりに残っている。ムザブの谷と呼ばれる不思議な渓谷へと下降をはじめた。ムザブの谷には、七つの集落がある。海底に七つのブルーのサンゴ礁が眠っているようだった。海底から少しもりあがったそのサンゴ礁で一晩を過ごすと、あとはただただフラットなサハラ砂漠という海底を、砂煙をあげながら進んでいくだけであった。

いかに海底を生きるか。建築家がそれぞれの方法で、海底にふさわしいサンゴ礁をデザインしようと試みた。原広司は集落に望みを託した。集落の暗さに望みを託した。安藤忠雄は、建築の要素をそぎ落としていく途を選んだ。いわゆるミニマリズムである。仕上げをそぎ落とし、装飾をそぎ落とし、コンクリート打ち放しという、これ以上そぎ落としようがない存在へ向かって、谷を下りていった。伊東豊雄はそれでも足りないと考えた。コンクリートは重すぎるし、強すぎると考えて、メッシュのような頼りない素材を用いて、霧のような、かすみのような、存在感の希薄な建築を目指したのである。底はどんどん深くなっていくようにも見えた。

底が深くなっていったのはもちろん日本だけではない。二〇世紀の工業化社会が終焉し、工業化社会を先導した建設業が時代の主役からこぼれ落ちていく現象は世界共通であった。しかし、実際のところ、ヨーロッパはすでに一九世紀末に一度海底を経験している。産業革命と都市改造の輝かしい一九世紀が終わり、ヨーロッパは一度、美しくさびしい黄昏の世紀末を経験した。重い終末意識がヨーロッパを支配した。彼らは終末や海底にすでに免疫を持っていたのである。

しかし日本にはその免疫はなかった。海底の問題は日本においてどこよりも切実であり、日本の建築家達は、もっともデリケートに、そして過敏に、この海底問題に対処した。エフェメラル（現象的）とも称される、半透過性を基本とする繊細な日本発の建築表現は、工業から情報テクノロジーへ、という社会、経済の動向ともパラレルであった。重厚長大な工業的文明から、軽やかで映像的な情報テクノロジーの支配する文明という転換は、コンクリートの重たい建築から、エフェメラルな軽やかな建築への変換と見事に並行していたのである。

しかしすべての物事は一本調子では進まない。オイルショックの不況から脱出した八〇年代の日本に、バブルという不思議な季節が訪れる。再び建築が息を吹き返したようにも見えた。土地の値段が急上昇し、俄然ディベロッパーが元気になり、次々と巨大開発プロジェクトがスタートした。海外からも多くの建築家が呼ばれ、建築家こそ、時代の寵児であるという逆転さえ起こった。

しかし本当に建築は再生したのだろうか。バブルとは、決して建築の再生ではなかった。金融のグローバリゼーションがバブルの正体であった。工業社会が終焉し、何が世界の経済をリードしていくかが見えない闇の中で、ボーダーを喪失し、途方もなく巨大化したマネーが行き先を求めて、とりあえず、建築、不動産というわかりやすく大きく金儲けのできそうな投資先に避難しただけであった。実際には、海底の闇は深まる中での、バブルという狂騒であった。海底という状況は終わらないどころか、むしろ深化しているのだから、バブルの崩壊は時間の問題でしかなかった。

さらに追い討ちがかかった。一九九五年の阪神大震災である。建築という存在がいかにもろくはかないものであるかを、人々は思い知らされた。建築＝オブジェクトという確かな存在さえ手に入れれば、人生は保証されるという根拠のない信仰が二〇世紀を支配していた。地震という圧倒的な自然の力で、確かであったはずの建築が一瞬に崩落した。建築は、一瞬の大地の揺れで無と化す。無と化しただけではなくローンだけが残った。建築はゼロではなくマイナスですらあった。建築への不信が広がり、オブジェクトへの不信が広がり、深まった。

個人的にさらにこの気分に追い討ちをかける事件があった。愛知万博での苦い経験である。二〇〇五年開催の愛知万博は、「愛・地球博」というニックネームを持つ、環境をテーマとする世界博覧会であった。準備段階での会場計画部会の座長を依頼されたのは、一九九八年である。思い出深く、自分の転換ともなった一九七〇年の大阪万博以来の日本での世界博覧会である。やりがいのある仕事だと感じ、意気込んだ。

しかし、最初からこの万博にはねじれた構造がひそんでいた。「海上の森」（海底ではなく）と呼ばれる丘陵地帯が敷地として選定され、その森と共生するような会場計画が求められた。しかし、そもそも森を会場として万博という二〇世紀型イベントを企画するという初めの設定に無理があった。会場計画部会は、この初期設定の無理をデザインの力で解決しようとあがいた。いかに自然と建築とを融合させるかを、部会でも語り合い、様々な「反オブジェクト」の建築物を提案した。しかし案はどれひとつとして受け入れられなかった。地元の環境団体、学識経験者、マスコミが、われわれの提案をすべて否定した。確かに自然を配慮した建築ではあるかもしれないが、「海上の森」の貴重な自然はそれでも破壊されるという理由で、われわれの提案は否定され続けた。この条件に対して、これ以上の解答はないだろうという思いで考え抜いた建築がことごとく否定され、疲れきった。今振り返れば、条件自体がねじれていたのである。数百万人の来場者を見込む二〇世紀型の大イベントを、「海上の森」で自然と共生した形で行うという条件自体に問題があったのである。結局、いざ具体的な設計にはいるという段階で、「海上の森」での万博という構想は放棄され、近接する既存の青少年公園へ、メイン会場が変更された。当初計画に携わっていた我々にかわって、安定感のある建築界の大先輩たちが中心となって、公園というすでに開かれた場所で会場計画をやり直すことになったのである。

建築はどんなにがんばっても、知恵をいくらしぼっても、所詮社会の敵とみなされる状況を肌で感じた。建築という仕事に携わっていること自体が悪であり、時代錯誤であり、どうしようもない悪の烙印を押されたに等しいと感じて、めいっぱい暗くなった。そんな時にテロが起こった。世界一美しい超高層ともいわれたツインタワーが、一瞬にしてガレキの山となったのである。建築は嫌われているし、かつ、予想していた以上にはかない。「海底」のすべての条件が重なった。重なりすぎた。

『反オブジェクト』は、このような空気の中で、このような底なしの海底の中で書かれた書物である。建築は時代遅れの無用の長物であり、粗大ゴミであるという認識が、この本を貫いている。その暗い気分の中で、なんとか建築に希望を見出したいという切実な感情だけがあった。安藤忠雄のミニマリズムも、伊東豊雄のエフェメラルな建築も、まだまだ生ぬるいような気がしていた。ミニマリズムやエフェメラルな衣装をまとっただけで建築がオブジェクトから抜け出せるとは思えなかった。深い海底の中で、もう少しの間、うずくまってじっと耳を澄ましていたいと思った。そうすれば、建築は何か語りだしてくれるだろうという、希望的観測だけで生きていた。耳を澄ますためには、現象学や、ラカンの方法が役に立った。作ることや、立ち上げることでなく、耳を澄ますことに意識を集中しようとしていた。

そのようにじっとしているうちに、聞こえてくるものがあった。物質のうたう声である。オブジェクトを否定し、形を否定しても、物質だけは否定しようがない。この僕の身体が物質そのものであり、物質を否定すれば、身体を否定せざるを得ず、この自分を否定せざるを得ない。その同じ物質で建築も構成されている。物質という否定しようのない、確実なものにたちかえったことで、自分の建築ははっきりと変わり始めた。海の底にあって、倒れもこわれもしようのない岩盤、物質に出会ったのである。底の底ではじめて、建築をつづけるための確かなきっかけを手に入れる事ができた。記号的なものに、金融的なものに抗するきっかけを手に入れることができた。まさにターニングポイントであった。海底にタッチして、息が切れてしまう前に、なんとか再び海面へと上昇を始めたのである。その自分自身にとってかけがえのない一瞬を記録したのが、この「反オブジェクト」という本である。

本書は二〇〇〇年七月一〇日、筑摩書房より刊行された。
写真提供：隈研吾建築都市設計事務所

北一輝　渡辺京二
明治天皇制国家を批判し、のち二・二六事件に連座して刑死した日本最大の政治思想家北一輝の生涯。毎日出版文化賞受賞の名著。（臼井隆一郎）

経済政策を売り歩く人々　ポール・クルーグマン　伊藤隆敏監訳　北村行伸／妹尾美起訳
マスコミに華やかに登場するエコノミストたち。実はインチキ政策を売込むプロモーターだった！　危機に際し真に有効な経済政策がわかる必読書。

クルーグマン教授の経済入門　ポール・クルーグマン　山形浩生訳
経済にとって本当に大事な問題って何？　実は、生産性・所得分配・失業の3つだけ⁉　楽しく読めてきちんと分かる、経済テキスト決定版！

増補 ケインズとハイエク　間宮陽介
真の自由主義とは何か。20世紀を代表する思想家が突き当たった「自由」の探求を通して、二人の思想の本質を明らかにする。新たに補論を増補。

宇宙のエンドゲーム　フレッド・アダムズ／グレッグ・ラフリン　竹内薫訳
膨張し続ける宇宙の運命は⁈ その過程を5つに分けて徹底解明し〈予測〉する。天文物理学の新成果を盛り込み挑む宇宙年代史。キーワード索引・年表付。

バイオフィリア　E・O・ウィルソン　狩野秀之訳
自然保護は人間の本能であり「バイオフィリア＝人間が生得的に備えている生命への愛」に由来する。生物多様性を説く著者が贈る科学エッセイ。

ドーキンスvs.グールド　キム・ステルレルニー　狩野秀之訳
「利己的な遺伝子」か「断続平衡説」か？　両者の視点を公正かつ徹底的に検証して、生物進化における大論争に決着をつける。（新妻昭夫）

自己組織化と進化の論理　スチュアート・カウフマン　米沢富美子監訳　森弘之ほか訳
すべての秩序は自然発生的に生まれる、この「自己組織化」に則り、進化や生命のネットワーク、さらに経済や民主主義にいたるまで解明。

不思議の国の論理学　ルイス・キャロル　柳瀬尚紀編訳
アナグラム、暗号、初等幾何や論理ゲームなど、キャロルの諸作品から精選したパズル集。華麗な〝本や苦〟離れ技をご堪能あれ。（佐倉統）

経済と文明
カール・ポランニー
栗本慎一郎／端信行訳
文明にとって経済とは何か。18世紀西アフリカ・ダホメを舞台に、非市場社会の制度的運営とその原理を明らかにした人類学の記念碑的名著。

暗黙知の次元
マイケル・ポランニー
高橋勇夫訳
非言語的で包括的なもうひとつの知。創造的な科学活動にとって重要な〈暗黙知〉の構造を明らかにしつつ、人間と科学の本質に迫る。新訳。

知恵の樹
H・マトゥラーナ／F・バレーラ
管啓次郎訳
生命を制御対象ではなく自律主体とし、自己創出を良き環と捉え直した新しい生物学。現代思想に影響を与えたオートポイエーシス理論の入門書。

メルロ＝ポンティ・コレクション
M・メルロ＝ポンティ
中山元編訳
意識の本性を探究し、生活世界の現象学的記述を実存主義的に企てたメルロ＝ポンティ。その思想の粋を厳選して編んだ入門のためのアンソロジー。

心身の合一
モーリス・メルロ＝ポンティ
滝浦静雄／中村文郎／砂原陽一訳
近代哲学において最大の関心が払われてきた問題系、心身問題。三つの時代を代表する対照的な哲学者の思想を再検討し、新しい心身観を拓く。

命題コレクション 哲学
坂部恵
加藤尚武編
ソクラテスからデリダまで古今の哲学者52名の思想について、日本の研究者がひとつの言葉（命題）を引用しながら丁寧に解説する。

変容の象徴 上・下
C・G・ユング
野村美紀子訳
神話的なイメージや象徴的表現の分析による心の構造の探求。精神分析学の新しい地平を切り開いた巨星ユングの記念碑的主著。

哲学入門
バートランド・ラッセル
髙村夏輝訳
誰にも疑えない確かな知識など、この世にあるのだろうか。近代哲学が問い続けてきた諸問題を、これ以上なく明確に説く哲学入門書の最高傑作。

論理的原子論の哲学
バートランド・ラッセル
髙村夏輝訳
世界は原子的事実で構成され論理的分析で解明しうる――急速な科学進歩の中で展開する分析哲学。現代哲学史上あまりに名高い講演録、本邦初訳。

ジンメル・コレクション　ゲオルク・ジンメル　北川東子編訳　鈴木直訳

都会、女性、モード、貨幣をはじめ、取っ手や橋・扉にまで哲学的思索を向けた「エッセーの思想家」の姿を一望する新編・新訳のアンソロジー。

否定的なもののもとへの滞留　スラヴォイ・ジジェク　酒井隆史／田崎英明訳

ラカンの精神分析手法でポストモダン的状況を批評してきた著者が、この大部なる主著でドイツ観念論に対峙し、否定性を生き抜く道を提示する。

反解釈　スーザン・ソンタグ　高橋康也他訳

《解釈》を偏重する在来の批評に対し、《形式》を感受する官能美学の必要性をとき、理性や合理主義に対する感性の復権を唱えたマニフェスト。

孫臏兵法　金谷治訳・注

『史記』『漢書』に記載されながら、二千年にわたって姿を隠していた幻の兵書の全訳。戦国時代を反映した、人間の生死を賭けた知恵と行動の原理。

言葉にのって　ジャック・デリダ　林好雄／森本和夫／本間邦雄訳

自らの生涯をたどり直しながら、現象学やマルクスとの関係、嘘、赦し、歓待などのテーマについて肉声で語った、デリダ思想の到達点。本邦初訳。

死を与える　ジャック・デリダ　廣瀬浩司／林好雄訳

キルケゴール『おそれとおののき』、パトチュカ『異教的試論』などの詳細な読解を手がかりに、デリダがおそるべき密度で展開する宗教論。

声と現象　ジャック・デリダ　林好雄訳

フッサール『論理学研究』の綿密な読解を通して、「脱構築」「痕跡」「差延」「代補」「エクリチュール」など、デリダ思想の中心的〝操作子〟を生み出す。

雄羊　ジャック・デリダ　林好雄訳

ガダマーとの終りのない対話、そしてツェランの詩「雄羊」の読解を通して、他者との出合いの秘密を明らかにした、デリダ生前最後の重要著作。

省察　ルネ・デカルト　山田弘明訳

徹底した懐疑の積み重ねから、確実な知識を探り世界を証明づける。哲学入門者が最初に読むべき、近代哲学の源泉たる一冊。詳細な解説付新訳。

哲学原理
ルネ・デカルト
山田弘明／吉田健太郎／久保田進一／岩佐宣明訳／注解
『省察』刊行後、その知の全てが記された本書は、デカルト形而上学の最終形態といえる。第一部の新訳と解題・詳細な解説を付す決定版。

旧体制と大革命
A・ド・トクヴィル
小山勉訳
中央集権の確立、パリ一極集中、そして平等を自由に優先させる精神構造――フランス革命の成果は、実は旧体制の時代にすでに用意されていた。

ニーチェ
ジル・ドゥルーズ
湯浅博雄訳
〈力〉とは差異にこそその本質を有している――ニーチェのテキストを再解釈し、尖鋭なポスト構造主義的イメージを提出した、入門的な小論考。

ヒューム
ジル・ドゥルーズ／アンドレ・クレソン
合田正人訳
ロックとともにイギリス経験論の祖とあおがれる哲学者の思想を、二〇世紀に興る現象学的世界観の先どり、《生成》の哲学の嚆矢と位置づける。

カントの批判哲学
ジル・ドゥルーズ
國分功一郎訳
近代哲学を再構築してきたドゥルーズが、三批判書を追いつつカントの読み直しを図る。ドゥルーズ哲学が形成される契機となった一冊。新訳。

スペクタクルの社会
ギー・ドゥボール
木下誠訳
状況主義――「五月革命」の起爆剤のひとつとなった芸術＝思想運動――の理論的支柱で、最も急進的かつトータルな現代消費社会批判の書。

神的な様々の場
ジャン＝リュック・ナンシー
大西雅一郎訳
デリダの思想圏を独創的に継承するナンシー。思考とは単独者の測り知れない重みを測ることだとし、壮大な問題系を切り開く先鋭的な論考。

作者の図像学
ナンシー／フェラーリ
林好雄訳
現代思想の旗手が、バルザック、プルースト、ボルヘス、ジッド、川端康成など、十五枚の肖像をめぐって展開する作者のイコノグラフィー。

存在と時間 上・下
M・ハイデッガー
細谷貞雄訳
哲学の根本課題、存在の問題を、現存在としての人間の時間性の視界から解明した大著。刊行時すでに哲学の古典と称された20世紀の記念碑的著作。

倫理問題101問
マーティン・コーエン
樽沼範久訳
何が正しいことなのか。医療・法律・環境問題等、私たちの周りに溢れる倫理的なジレンマから101の題材を取り上げて、ユーモアも交えて考える。

哲学101問
マーティン・コーエン
矢橋明郎訳
全てのカラスが黒いことを証明するには？ コンピュータと人間の違いは？ 哲学者たちが頭を捻った101問を、譬話で考える楽しい哲学読み物。

マラルメ論
ジャン＝ポール・サルトル
渡辺守章／平井啓之訳
思考の極北で〈存在〉そのものを問い直す形而上学的〈劇〉を生きた詩人マラルメ——固有の方法的批判により文学の存立の根拠をも問う白熱の論考。

存在と無I（全3巻）
ジャン＝ポール・サルトル
松浪信三郎訳
人間の意識の在り方（実存）をきわめて詳細に分析し、実存主義を確立した不朽の名著の文庫化。第I巻は、即自と対自の峻別から基礎的意識まで。

存在と無II
ジャン＝ポール・サルトル
松浪信三郎訳
II巻は第三部「対他存在」を収録。私と他者との相剋関係を論じた「まなざし」論をはじめ、愛、憎悪、マゾヒズム、サディズムなど具体的な他者論を展開。

存在と無III
ジャン＝ポール・サルトル
松浪信三郎訳
III巻は、第四部「持つ」「為す」「ある」を収録。この三つの基本的カテゴリーとの関連で人間の行動を分析し、絶対的自由を提唱。（北村晋）

ペンと剣
エドワード・W・サイード
D・バーサミアン聞き手
中野真紀子訳
ポストコロニアル批評の第一人者が『オリエンタリズム』等の自著とパレスチナ問題を語る。幅広い批評領域の真髄と情熱が集約された一冊。

文化と抵抗
エドワード・W・サイード
D・バーサミアン聞き手
大橋／大貫／河野訳
戦争とテロリズム、文化と歴史、抵抗の重要性。オリエンタリズムに異議を唱えてきたサイードが、闘病生活の中で放つ最晩年の肉声。本邦初訳。

パルチザンの理論
カール・シュミット
新田邦夫訳
二〇世紀の戦争を特徴づける「絶対的な敵」殲滅の思想の端緒を、レーニン・毛沢東らの《パルチザン》戦争という形態のなかに見出した画期的論考。

資本主義を語る　岩井克人

人類の歴史とともにあった資本主義的なるもの、結局は資本主義を認めざるをえなかったマルクスの逆説。人と貨幣をめぐるスリリングな論考。

クレオール主義　今福龍太

植民地に産声をあげたクレオール文化。言語・民族・国家など、自明な帰属からの解除を提唱する、文化の混血主義のしなやかなる宣言。（西成彦）

増補　敗北の二十世紀　市村弘正

人間の根源が危殆に瀕するほどの災厄に襲われた二十世紀。知識人たちの応答とわれわれに残された可能性に迫る省察の結晶。（熊野純彦）

増補　〈私〉探しゲーム　上野千鶴子

「脱近代の波頭」をとらえて時代の変動を告げた卓抜な世紀末ウォッチングに、その後の新しい時代のうねりを分析した新章を増補する。（鶴見俊輔）

プラグマティズムの思想　魚津郁夫

アメリカ思想の多元主義的な伝統は、九・一一事件以降変貌してしまったのか。「独立宣言」から現代のローティまで、その思想の展開をたどる。

音を視る、時を聴く［哲学講義］　大森荘蔵＋坂本龍一

音の時間的空間的特性と数学的構造とは。音楽と哲学、離れた二つが日常世界の無常と恒常の間で語りつくされる。一九八二年の名対談がここに。

恋愛の不可能性について　大澤真幸

愛という他者との関係における神秘に言語学的な方法論で光を当てる表題作ほか、現代思想を駆使し社会の諸相を読み解く力作。（永井均）

資本主義のパラドックス　大澤真幸

ポスト近代を考えるうえで資本主義をどう位置づけるか。近代を構成する要素を抽出し、この社会の帰結過程を予測する意欲的社会論。（多木浩二）

増補　虚構の時代の果て　大澤真幸

オウム事件は、社会の断末魔の叫びだった。衝撃的事件から時代の転換点を読み解き、現代社会と対峙する意欲的論考。（見田宗介）

新編 新宗教と巨大建築 五十嵐太郎

なぜ近代以降の宗教建築は、不気味なものと見なされてきたのか。新宗教をその建築や都市計画から読み解き話題を呼んだ書の書下ろし付増補版。

錯乱のニューヨーク レム・コールハース 鈴木圭介訳

過剰な建築的欲望が作り出したニューヨーク／マンハッタンを総合的・批判的にとらえる伝説の名著。本書を読まずして建築を語るなかれ！（磯崎新）

東京都市計画物語 越澤明

関東大震災の復興事業から東京オリンピックに向けての都市改造まで、四〇年にわたる都市計画の展開と挫折をたどりつつ新たな問題を提起する。

新版大東京案内（上） 今和次郎編纂

昭和初年の東京の姿を、都市フィールドワークの先駆者が活写した名著。上巻には交通機関や官庁、デパート、盛り場、遊興、味覚などを収録。

新版大東京案内（下） 今和次郎編纂

モダン都市・東京の風俗を生き生きと伝える貴重な記録。下巻には郊外生活、特殊街、花柳街、旅館と下宿、細民の生活などを収録。（松山巖）

東京 下町山の手 E・サイデンステッカー 安西徹雄訳

江戸の面影の残る下町と新興の山の手。文明開化から大震災まで、モダン都市への変貌を描くアメリカ日本文学研究の泰斗によるエレガントな東京論。

東京の空間人類学 陣内秀信

東京、このふしぎな都市空間を深層から探り、明快に解読した定番本。基層の地形、江戸の記憶、近代の都市造形が、ここに甦る。図版多数。（川本三郎）

東京の地霊《ゲニウス・ロキ》 鈴木博之

日本橋室町、紀尾井町、上野の森…。その土地に堆積した数奇な歴史・固有の記憶を軸に、都内13カ所の土地を考察する「東京物語」。（石山修武）

空間の経験 イーフー・トゥアン 山本浩訳

人間にとって空間と場所とは何か？ それはどんな経験なのか？ 基本的なモチーフを提示する空間論の必読図書。（A・ベルク 小松和彦）

トポフィリア　イーフー・トゥアン　小野有五／阿部一訳

人間にとって場所は何を意味するか。トポフィリア＝場所愛をキーワードに人間の環境への認識・価値観を探究する。建築・都市・環境の必読書。

東京　都市の明治　初田亨

近代化がすすむなかで、街並はどう変貌したか。棟梁・職人と、市井の人々のエネルギーはいかに発揮されたのか。東京論の先駆。（陣内秀信）

増補　明治の迷宮都市　橋爪紳也

百貨店、パノラマ館、博覧会。急速に近代化する大都市の中で、人々が群り遊興する〈仮象の街〉が生み出された。闊達な「都市の記憶」が蘇る！

日本の景観　樋口忠彦

日本人が慈しんできた風景とは何か？　いくつかの原型に遡り美しく命名し、また現代に再生させる道を探る、景観工学の代表作。（芦原義信）

ヴァン・ゴッホ　アントナン・アルトー　粟津則雄訳

狂気の淵で生きた詩人にして前衛演劇の実践者による傑作美術論。表題作のほか「神経の秤」「芸術と死」を収録。異様な精神の生が浮かび上がる。

青山二郎全文集（上）　青山二郎

物を観ることを頭から切りはなし、眼に映った物だけを信じる「眼の哲学」を築き、美術、社会、人物の「真贋」の奥義を極める全エッセー集。

青山二郎全文集（下）　青山二郎

美とはそれを観た者の発見であり創作だとして日本文化を生き、多くの識者に絶大な影響を与えた著者の、貴重な未刊行手記を含む全文業。（高橋英夫）

少女古写真館　飯沢耕太郎

「少女」という儚い瞬間。移ろいゆくものに魅せられてきた写真がその奇跡のような一瞬の姿を捉える。撮り継がれた東西の少女写真を多数収録。

シュルレアリスムとは何か　巖谷國士

20世紀初頭に現れたシュルレアリスム——美術・文学を縦横にへめぐりつつ「自動筆記」「メルヘン」「ユートピア」をテーマに自在に語る入門書。

死を見つめる美術史　小池寿子

死者たちの声に耳を澄ましてみよう。哀悼、腐敗、祈り、鎮魂――死の豊かな表象を読み取り、宇宙論・運命論へと思索を深める美術史の旅。

増補 シミュレーショニズム　椹木野衣

恐れることはない、とにかく「盗め！」。独自の視点より、八〇／九〇年代文化を分析総括し、多くのシーンに影響を与えた名著。（福田和也）

ゴシックとは何か　酒井健

中世キリスト教信仰と自然崇拝が生んだ聖なるかたち。その思想をたどり、ヨーロッパ文化を読み直す。補遺としてガウディ論を収録した完全版。

グレン・グールド 孤独のアリア　ミシェル・シュネデール　千葉文夫訳

鮮烈な衝撃を残して二〇世紀を駆け抜けた天才ピアニストの生と死と音楽を透明なタッチで描く、最もドラマティックなグールド論。（岡田敦子）

20世紀美術　高階秀爾

混乱した二〇世紀の美術を鳥瞰し、近代以降、現代すなわち同時代の感覚が生み出した芸術が、われわれにとって持つ意味を探る。増補版、図版多数。

ピカソ 剽窃の論理　高階秀爾

過去の画家たちの作品を独自に変容させ自らの作品とした天才画家ピカソ。その表現を徹底的に解明し、創造の本質に迫る碩学の書。（大岡信）

日本近代美術史論　高階秀爾

圧倒的な西洋文化に開眼した明治の日本美術。高橋由一から藤島武二まで。日本的感性の挫折と革新を鮮やかに論証する名著。（酒井忠康）

世紀末芸術　高階秀爾

伝統芸術から現代芸術へ。19世紀末の芸術運動には既に抽象芸術や幻想世界の探求が萌芽していた。新時代への美の冒険を捉える。（鶴岡真弓）

鏡と皮膚　谷川渥

「神話」という西洋美術のモチーフをめぐり、芸術の認識論的隠喩として二つの表層を論じる新しい身体論・美学。鷲田清一氏との対談収録。

ちくま学芸文庫

反《はん》オブジェクト　建築《けんちく》を溶《と》かし、砕《くだ》く

二〇〇九年五月十日　第一刷発行

著者　隈 研吾（くま・けんご）

発行者　菊池明郎

発行所　株式会社 筑摩書房

東京都台東区蔵前二―五―三　〒一一一―八七五五

振替〇〇一六〇―八―四一二三

装幀者　安野光雅

印刷所　中央精版印刷株式会社

製本所　中央精版印刷株式会社

乱丁・落丁本の場合は、左記宛に御送付下さい。
送料小社負担でお取り替えいたします。
ご注文・お問い合わせも左記へお願いします。
筑摩書房サービスセンター
埼玉県さいたま市北区櫛引町二―六〇四　〒三三一―八五〇七
電話番号　〇四八―六五一―〇〇五三

ISBN978-4-480-09217-5 C0152